Trabalho e resistência na "fonte misteriosa"

Nise Jinkings

Trabalho e resistência na "fonte misteriosa"

Os bancários no mundo da eletrônica e do dinheiro

Imprensa Oficial SP

FICHA CATALOGRÁFICA ELABORADA PELA
BIBLIOTECA CENTRAL DA UNICAMP

Jinkings, Nise

J564t Trabalho e resistência na "fonte misteriosa": os bancários no mundo da eletrônica e do dinheiro. / Nise Jinkings. – Campinas, SP: Editora da Unicamp; São Paulo: Imprensa Oficial do Estado, 2002.

1. Trabalho. 2. Sindicalismo. 3. Sindicatos. 4. Bancários. I. Título

CDD - 331
- 331.88
- 331.88113321

ISBN: 85-268-0539-8

Índices para catálogo sistemático:

1. Trabalho	331
2. Sindicalismo	331.88
3. Sindicatos	331.88
4. Bancários	331.88113321

Imagem de capa
Foto nº 1: Passeata na Rua São João, centro de São Paulo, durante a greve nacional bancária de março de 1987. Ao fundo, o prédio matriz do Banespa. Foto de Esdras Martins. Arquivo do Centro de Documentação do SEEB-SP.

2002
Editora da Unicamp
Caixa Postal 6074
Cidade Universitária – Barão Geraldo
CEP 13083-970 – Campinas – SP – Brasil
Tel./Fax: (19) 3788-7728/7783/7786
vendas@editora.unicamp.br
www.editora.unicamp.br

Imprensa Oficial do Estado
Rua da Mooca, 1921
CEP 03103-902 – São Paulo – SP
Tel.: (11) 6099-9800 – Fax: (11) 6692-3503
www.imprensaoficial.com.br
imprensaoficial@imprensaoficial.com.br
SAC 0800-123401

Associação Brasileira de Editoras Universitárias

ABDR – Associação Brasileira de Direitos Reprográficos
Cópia não autorizada é crime. Respeite o direito autoral.
EDITORA AFILIADA

Aos bancários que vislumbram as possibilidades permanentes da resistência do trabalho contra sua condição estranhada.

A meu pai, Raimundo Jinkings, e a Luiz Azevedo, meu companheiro, que nos anos 60 e 80 dedicaram-se com determinação às lutas sindicais bancárias e da classe trabalhadora.

À minha mãe, Isa, e aos meus filhos, Isabella, Lênin e Yaná, com muito amor.

[...] [na] época atual, [...] mais do que em qualquer outro tempo, o dinheiro domina as leis, a política e os costumes. Instituições, livros, homens e doutrinas, tudo conspira para minar a crença numa vida futura, sobre a qual o edifício social se apóia há mil e oitocentos anos.

HONORÉ DE BALZAC, "Eugênia Grandet", in *A divina comédia*

Vivemos num mundo conquistado, desenraizado e transformado pelo titânico processo econômico e tecnocientífico do desenvolvimento do capitalismo, que dominou os dois ou três últimos séculos. Sabemos, ou pelo menos é razoável supor, que ele não pode prosseguir *ad infinitum*.

ERIC HOBSBAWM, *A era dos extremos*

Sumário

Prefácio

A sociedade contemporânea presencia um duplo e complexo movimento que de algum modo lhe dá dinâmica e "sentido": por um lado, temos o predomínio da *financeirização* da economia, de conseqüências devastadoras em tantas partes do mundo; de outro, vivenciamos o apogeu da *superfluidade* da produção de mercadorias. Não é difícil constatar que esse "sentido" é destrutivo em sua própria lógica: a financeirização da economia desmonta núcleos produtivos, convertendo-se na forma "mais alienada, mais fetichizada da relação capitalista", na felicíssima caracterização de Marx. E dinheiro se reproduz sem passar (necessariamente) pela mediação produtiva. Converte-se, portanto, numa verdadeira *fonte misteriosa*, em que dinheiro gera mais dinheiro...

A produção, por sua vez, na lógica da *mercadorização do mundo*, não faz outra coisa senão estampar a enorme destrutividade que caracteriza o capitalismo em nossos dias, com seu caráter involucral, marcado pelo desperdício e pela superfluidade onde, quanto mais mercadorias são inventadas e esparramadas pelo mercado mundial (este *frankstein sem alma*), menor é o tempo de vida útil dos produtos.

O resultado todos estamos vendo: destruição, precarização, eliminação de postos de trabalho, desemprego estrutural, um mundo conduzido pela *razão instrumental* que não é outra coisa senão a vigência da completa *desrazão.*

Estas mutações também atingiram em cheio o chamado "setor de serviços", cada vez menos público e *cada vez mais mercadorizado.* Ele também vivencia este quadro tendencial: cada vez mais "racionalizado", cada vez mais *liofilizado*, amplia vorazmente seu *trabalho morto*, possibilitado pelo maquinário tecnocientífico, desempregando *trabalho vivo.* Se, no passado recente, ele empregou os excedentes do trabalho industrial, hoje também contribui para o monumental exército de trabalho sobrante que o mundo presencia.

É exatamente aí que reside o eixo do belo livro de Nise Jinkings, *Trabalho e resistência na "fonte misteriosa".* Dando continuidade ao seu feliz trabalho anterior, *O mister de fazer dinheiro: automatização e subjetividade no trabalho bancário* (Boitempo, 1995), traz um desenho analítico amplo e claro do que vem se passando dentro dos bancos, quando o olhar não é o da "rentabilidade", o da "lucratividade", mas se volta para o universo dos homens e das mulheres que trabalham dentro do universo (quase escrevia *inferno*) bancário.

Na melhor linhagem (que, entre nós, tem como estudos pioneiros as ricas análises críticas presentes nos livros de Liliana Segnini, as radiografias de Ary Minella, entre outros), Nise Jinkings mostra como os trabalhadores bancários, cujo objeto de *labor* é a mercadoria-dinheiro, vivenciam o cotidiano no trabalho pela representação fetichizada na qual o *dinheiro parece gerar mais dinheiro*, sem qualquer mediação produtiva.

Ladeados pelas máquinas informatizadas, muitas vezes separados por *baias* (o que, aliás, estampa a singeleza da "modernidade" patronal financeira), os trabalhadores e as trabalhadoras realizam um conjunto infindável de operações de registro e de controle, de transferência e redistribuição dos valores originados no mundo produtivo, transformando a *mercadoria-dinheiro* em capital produtor de juros, num processo que toma a aparência de *dinheiro criando mais dinheiro*.

Na atualidade, diz Nise Jinkings, sob a volátil forma de impulsos eletrônicos, o capital-dinheiro circula em *tempo virtual* de uma parte a outra do mundo, quanto mais se desenvolve o mundo (destrutivo) da financeirização. Operando e manipulando símbolos de valor cada vez mais abstratos, desconhecendo freqüentemente o *telos* último de suas atividades (que podem estar conectadas com a economia política do narcotráfico ou com a produção de armas, para dar dois exemplos), seccionados e fragmentados como máquinas falantes, são compungidos a "vender serviços bancários de todo tipo", para poderem "pagar seus próprios salários", como dizem de modo despudorado os gestores e as personificações do mundo financeiro.

Resultado estampado por Nise Jinkings: os que vivem de salário dentro dos bancos vêm padecendo de grande parte das malezas que atingem o mundo do trabalho: lesões (as LERs) são cada vez mais freqüentes; as terceirizações, as precarizações, os *estressamentos*, as incertezas, inseguranças e angústias, o medo diário do desemprego. E não param aqui as conseqüências nefastas: vários estudos e estatísticas têm mostrado o aumento do número de suicídios no espaço dos bancos. Os bancários convertem-se em "eleitos", "escolhidos" para os planos de "demissão voluntária", depois de anos ou mesmo décadas de dedicação ao trabalho. E o capital financeiro diz que esta lógica é inevitável. Com dose crítica certeira, Richard Sennet diz que estamos presenciando, neste universo de degradação do trabalho, um processo de *corrosão do caráter*, que, sabemos, atinge em enorme escala os gerentes, gestores, enfim, as personificações do capital financeiro.

A autora também demonstra como a tecnicização e racionalização do trabalho vêm possibilitando um monumental aumento da produtividade e dos lucros bancários. Cheios de processos *on-line* — que articulam instantaneamente as agências — e dos sistemas de *home banking*, que conectam diretamente o cliente e o banco, quanto mais os "consumidores" têm a ilusão de "interagir" diretamente com os bancos, *maior é o processo de liofilização, enxugamento, precarização e desemprego*. Mais contribuem, freqüentemente sem saber (e sem receber nenhuma remuneração), para que o *dinheiro financeiro crie mais dinheiro, desempregando trabalhadores*. E, ao executar este *trabalho bancário transferido*, contribuíram para que o número de bancários no país caísse de aproximadamente 800 mil, no final dos anos 80, para menos de 400 mil em fins de 90. Mais desemprego para milhares de homens e mulheres.

Estudando com sensibilidade e força analítica o que se passa no mundo dos bancos, com o olhar atento para os que vivem do trabalho e do salário, Nise Jinkings mostra ainda como vem se realizando a divisão sexual do trabalho nos bancos, seguindo um movimento de feminização da categoria que, entretanto, não significa uma efetiva igualdade de condições de trabalho e de salário. Analisa como os métodos de gestão e racionalização do trabalho e as estratégias de poder recriadas nos bancos vêm enfraquecendo a organização dos sindicatos e a resistência no interior dos bancos, diluindo em grande medida as clivagens existentes entre os bancos públicos e os privados.

Livro sensível, bem escrito, analiticamente denso e sustentado em forte documentação empírica, com o qual os leitores poderão compreender melhor os milagres da *fonte misteriosa* e como este processo vem atingindo em cheio o mundo do trabalho bancário.

Ricardo Antunes

Apresentação

Mais intensamente nos anos 90, quando políticas de liberalização, desregulamentação e privatização impulsionaram um processo de reestruturação produtiva nos diversos setores da economia brasileira, desencadeou-se um movimento complexo e acelerado de transformações no sistema financeiro nacional. Tal movimento, subordinado à dinâmica financeira internacional e aos interesses do capital privado, resultou em mudança violenta nas condições de trabalho, emprego e salário dos trabalhadores nos bancos. O objetivo deste livro é analisar as possibilidades de resistência dos bancários diante deste quadro problemático, marcado pelo desemprego, precarização, retrocesso de direitos sociais e fragmentação do trabalho.

O estudo buscou as mediações entre o trabalhador bancário — seu trabalho e ação sindical —, os bancos, o sistema financeiro nacional e o internacional, o mundo do trabalho e o capitalismo mundializado. Desse modo, as singularidades da reestruturação capitalista no universo bancário e o modo como ela invade os ambientes laborais e as condições de existência dos trabalhadores são pensados como fenômenos que revelam o que acontece no conjunto da vida social, submetida aos movimentos de valorização do dinheiro.

Um tratamento analítico inicial das formas como se estrutura o desenvolvimento social na atualidade e das novas bases sobre as quais se reproduzem as condições de domínio do capital sobre o trabalho é oferecido na introdução do livro. Aí estão sistematizadas algumas interpretações de estudiosos da sociedade capitalista contemporânea sobre os movimentos de mundialização do capital — dominados pela esfera financeira — e seus nexos com princípios e programas de ação neoliberais, com a inserção subordinada do Brasil nesses movimentos e com o processo de intensa mudança no sistema financeiro internacional e nos sistemas bancários nacionais.

No primeiro capítulo, a análise da reestruturação do sistema financeiro brasileiro persegue uma articulação entre a expansão e internacionalização do sistema nos anos 60, 70 e 80 e as transformações que determinaram sua configuração na década de 90. Com efeito, as políticas monetárias e financeiras dos governos instaurados após o golpe militar de 1964, em conformidade com as exigências da acumulação monopolista de capital, criaram as bases essenciais do modelo de sistema financeiro oligopolizado, privatizado e internacionalizado, concebido segundo os preceitos neoliberais. Neste sentido, a política financeira brasileira dos anos 90 é menos uma ruptura de um processo iniciado há anos do que um aprofundamento da dominação do grande capital privado transnacional no país.

As profundas mudanças nos padrões de trabalho nos bancos, baseadas no uso intensivo da tecnologia informacional e microeletrônica, são analisadas no segundo capítulo. De fato, as potencialidades do desenvolvimento tecnológico e científico da atualidade são revertidas em simples ferramentas das estratégias de mercado e de reorganização do trabalho nas instituições financeiras. O movimento de migração do tradicional atendimento nas agências bancárias para o atendimento eletrônico — através de centrais telefônicas, caixas automáticos, Internet e sistemas de *home banking*[1] — e a progressiva substituição do papel-moeda pelo cartão magnético convertem as agências em pequenas lojas eletrônicas de "produtos" financeiros. Tais inovações, que permitem uma enorme redução de custos às empresas, fazem-se acompanhar de modificações drásticas na organização e no conteúdo do trabalho nos bancos e atingem agudamente o emprego, hipertrofiando uma população trabalhadora excedente no setor. Ao mesmo tempo, a introdução de práticas do poder organizacional destinadas a maximizar a produtividade do trabalho — sintetizadas em programas de "qualidade total" e "remuneração variável" — soma-se aos atuais padrões da reestruturação produtiva como fatores de fragmentação do trabalho e de encolhimento das relações de solidariedade nos ambientes produtivos.

Com efeito, os bancários defrontam-se com processos extremamente dinâmicos de tecnicização e reorganização do trabalho, que degradam de modo acelerado suas condições laborais e de emprego. Em um contexto de rápida destruição de postos de trabalho e de difusão de formas precárias de contratação nos bancos, milhares de trabalhadores sujeitam-se a práticas de controle e dominação que intensificam e disciplinam mais seu trabalho. O modo concreto como essas formas contemporâneas de controle afetam o cotidiano de trabalho do novo bancário que se forja na sociabilidade contemporânea, marcada por formas dramáticas de retrocesso econômico, social e político, está sistematizado no terceiro capítulo.

No quarto e último capítulo do livro, analisamos a fragilização das práticas coletivas de resistência dos trabalhadores e os dilemas do sindicalismo bancário, no quadro/cenário contemporâneo de forte ofensiva do capital contra a classe trabalhadora e de seus mecanismos de organização política e sindical. De fato, a luta sindical bancária e as ações de resistência nos locais de trabalho enfrentam maiores obstáculos, diante das conseqüências da reestruturação produtiva do capital. Diferentemente dos anos 80, quando o sindicalismo bancário realizou movimentos grevistas, assembléias e passeatas que aglutinaram grande quantidade de trabalhadores em todas as regiões do país, na década de 90 os sindicatos têm-se defrontado com dificuldades crescentes para organizar e mobilizar os bancários nas lutas por melhores condições de trabalho e salariais.

Diferentes procedimentos e fontes de pesquisa empírica viabilizaram este estudo, que abrangeu as décadas de 80 e 90. Como a finalidade do trabalho era compreender as repercussões da intensa e dinâmica transformação na estrutura produtiva dos bancos sobre a ação de resistência dos trabalhadores, a investigação teve de enfrentar este tempo acelerado de mudanças. Desse modo, os procedimentos de coleta de dados desenvolvidos ao longo da pesquisa estenderam-se até o período de redação final do livro.

Com o intuito de analisar diferentes experiências de trabalho, de organização sindical e de resistência nos bancos privados e nos estatais, foi adotada uma perspectiva metodológica centrada, de um lado, em um banco estatal que se converteu em exemplo paradigmático dos efeitos destrutivos da desmontagem do sistema financeiro estatal no país, o Banco do Brasil; e, de outro, nos três maiores conglomerados financeiros privados nacionais, que têm assumido papel destacado nas mudanças tecnológicas e organizacionais do setor: Bradesco, Itaú e Unibanco.

A escolha deste enfoque baseia-se na tradicional diversidade de condições de trabalho, de emprego e salariais entre bancários de bancos privados e estatais, as quais cindiram esses trabalhadores em segmentos econômica e politicamente distintos. Nos dias de hoje, tais distinções ganham novo significado diante dos programas de desestatização do sistema financeiro nacional, que vão conformando o conjunto do sistema à lógica de lucratividade do capital privado e a seus métodos de gestão do trabalho.

Os dados documentais foram levantados em uma pesquisa minuciosa na Federação Brasileira dos Bancos (FEBRABAN), na Associação Nacional das Instituições do Mercado Aberto (ANDIMA), no Sindicato dos Bancários e Financiários de São Paulo, na Confederação Nacional dos Bancários (CNB) e no Departamento Intersindical de Estatística e Estudos Socioeconômicos (DIEESE). Buscamos detalhar e articular os movimentos da reestruturação produtiva nos bancos e o trabalho fragmentado e individualizado que geram a mudança nos traços profissionais do bancário, as formas atuais de pressão e controle nos ambientes laborais e a crise do sindicalismo neste quadro.

Foram consultados jornais, periódicos e revistas da imprensa especializada na área financeira e tecnológica, além de inúmeras publicações sindicais e patronais; documentos institucionais dos bancos, relativos a seus programas de reorganização e automatização do trabalho; pesquisas e textos sindicais, acadêmicos e de consultores financeiros que analisam variadas dimensões das transformações no universo bancário; e, ainda, documentos originados das formulações, avaliações e propostas de dirigentes e assessores sindicais sobre a dinâmica do conflito e as estratégias defensivas dos sindicatos em face das políticas empresariais e estatais recentes.

No VII Congresso Nacional dos Funcionários do Banco do Brasil, realizado no Rio de Janeiro entre 25 e 27 de julho de 1996, foi distribuído aos bancários participantes um questionário[2] com perguntas relativas à mudança organizacional, tecnológica e gerencial no banco e sua repercussão nas condições laborais, às ações defensivas dos bancários diante dessas modificações e às possibilidades da luta sindical no novo contexto. O questionário visou captar as impressões e análises de dirigentes e militantes sindicais, em um momento de intensificação das políticas de desmontagem do sistema financeiro estatal, que atingiam brutalmente as condições de trabalho e tolhiam práticas de resistência dos trabalhadores. Com um tempo médio de 15 anos de atividade no Banco do Brasil, esses bancários viveram, portanto, o momento de ascenso do sindicalismo brasileiro nos anos 80, quando foram deflagrados importantes movimentos grevistas no país, nasciam as atuais centrais sindicais e cresciam as taxas de sindicalização nos diversos segmentos profissionais, o que enriquece suas reflexões sobre o momento atual.

O conteúdo dos questionários preenchidos, que sintetizou a perplexidade, o sofrimento e a indignação dos bancários do Banco do Brasil em face dessas políticas, orientou e fundamentou o desenvolvimento dos trabalhos da investigação empírica. Com efeito, a partir das questões e análises extraídas desses questionários, foram pensados os temas a serem aprofundados em entrevistas semi-estruturadas.

Ao longo do processo de pesquisa, foram realizadas 30 entrevistas com dirigentes e delegados sindicais, assessores do sindicato, membros de Comissões Internas de Prevenção de Acidentes (CIPAS) e bancários sindicalizados, na cidade de São Paulo. As entrevistas foram gravadas e desenvolvidas a partir de tópicos temáticos previamente elaborados. A seleção e classificação das informações obtidas resultaram na sua organização a partir de quatro categorias gerais, que constituíram os capítulos do livro: a reestruturação capitalista no sistema financeiro nacional; os movimentos de tecnicização e reorganização do trabalho nos bancos; o novo bancário que surge destas transformações e suas condições de trabalho; e as repercussões deste processo de intensa mudança sobre a capacidade de luta sindical dos trabalhadores.

As distintas abordagens e análises dos entrevistados — cujo ponto em comum é a vivência da resistência individual e coletiva no âmbito bancário — sobre a reestruturação produtiva nos bancos e seu impacto no sindicalismo bancário iluminaram dimensões diferenciadas deste processo, compondo um quadro muito concreto do modo como a extrema mercantilização da vida social, no limiar do século XXI, ocupa a realidade cotidiana dos bancários.

Ao finalizar este trabalho, originalmente apresentado como tese de doutorado ao Instituto de Filosofia e Ciências Humanas da UNICAMP, gostaria de agradecer a todos os amigos, colegas de curso, professores e pesquisadores que, por coincidências pessoais e/ou proximidades intelectuais, contribuíram para os resultados do estudo. Um agradecimento especial a Ricardo Antunes, que me orientou com entusiasmo e paciência, e aos demais professores-doutores que aceitaram gentilmente compor a banca examinadora: Octavio Ianni, Liliana Segnini, Edith Seligmann-Silva e Ary Minella. Ao apoio financeiro da FAPESP, durante quatro anos e meio de estudos e pesquisas, e à disponibilidade de sindicalistas e funcionários do Sindicato dos Bancários de São Paulo e da Confederação Nacional dos Bancários, assim como de técnicos do DIEESE, na cessão de textos e publicações utilizados na pesquisa documental. Aos fotógrafos que autorizaram a publicação de seus trabalhos neste livro e aos bancários que o enriqueceram e viabilizaram com seus depoimentos.

Notas

[1] Sistemas eletrônicos que permitem a conexão do computador do cliente ao do banco.

[2] O questionário, elaborado pela autora, foi respondido por 86 dos cerca de 180 bancários delegados ao congresso.

Introdução

A difusão pelo mundo das experiências neoliberais e suas políticas de liberalização do comércio, privatização da economia e desregulamentação dos direitos do trabalho, a expansão sem precedentes dos mercados financeiros internacionais e a introdução de modalidades "flexíveis" de produção são características marcantes do desenvolvimento capitalista mundial da atualidade. Tais movimentos, que atingem todas as esferas da vida social, repercutem intensamente nas formas de pensar, agir e sentir, nos sistemas de poder, nos hábitos de consumo e nas atitudes culturais, nas maneiras de organização espacial e do tempo, nas condições de existência e trabalho.

É o que nos mostram autores como David Harvey, ao sugerir que talvez o capitalismo esteja em um momento de transição entre o modo de acumulação de capital fordista-keynesiano e um novo regime, que ele chama provisoriamente de "acumulação flexível" e se desenvolve em um "período de rápida mudança, de fluidez e de incerteza". Ou Richard Sennett, quando analisa as conseqüências sobre a vida diária desse "novo capitalismo flexível", que promete maior liberdade e possibilidades de escolha ao atacar a burocracia rígida, a rotina, a carreira estabelecida, mas dissemina o medo e a ansiedade, quebra laços sociais e desorienta a resistência, impõe novos instrumentos de dominação e controle. Ou, ainda, Eric Hobsbawm, ao nos contar a história do período que ele denomina "décadas de crise", desde o início dos anos 70, quando o mundo "resvalou para a instabilidade e a crise" (Harvey, 1993; Sennett, 2000; Hobsbawm, 1997).

Diversos cientistas sociais interpretam as atuais transformações na sociedade capitalista como mecanismos engendrados pelo capital, na tentativa de superação de suas próprias contradições e limites. François Chesnais analisa a conjuntura mundial dos anos 90 como caracterizada por uma "depressão econômica longa". O autor ressalta que as formas assumidas pelos movimentos de mundialização dos grandes grupos industriais, de distribuição (comércio) e do capital monetário "exercem, de modo estrutural, um efeito depressivo sobre a acumulação". Ao pensar as relações e os "encadeamentos cumulativos" que realimentam esse efeito depressivo, em escala mundial, assinala seus diferentes impactos sobre os países e conjuntos continentais (Chesnais, 1996, pp. 302-4).

Segundo Chesnais, a intensa mobilidade e concentração do capital, a expansão da esfera financeira, os processos de liberalização e desregulamentação e a mudança tecnológica resultam em destruição e precarização do emprego; queda dos rendimentos do trabalho assalariado e redistribuição da renda em favor dos rendimentos rentistas, com diminuição do consumo doméstico; crise fiscal e redução da capacidade de intervenção estatal, com diminuição das receitas e das despesas públicas, aceleração de privatizações e desregulamentação, além de ataque ao emprego público; investimento de "média ou fraca dinâmica", decorrente das seguintes características no comportamento do investimento, acentuadas pela mundialização:

alta seletividade na localização da produção, propensão a aquisições e fusões, prioridade à reestruturação e racionalização, efeito atrativo dos investimentos de capitais disponíveis em aplicações financeiras. Tais mecanismos, que têm caráter "cumulativo e realimentador" da crise, são agravados pela intensificação dos movimentos do capital monetário e a constante ameaça de risco "sistêmico" que ronda a esfera financeira (idem, op. cit., pp. 304-7).[1]

Chesnais (1999) denomina "regime de acumulação mundial predominantemente financeiro" o desenvolvimento marcado pelo crescimento acelerado da esfera financeira e pelo lugar de destaque das grandes instituições financeiras transnacionais (bancárias e não bancárias)[2] nos movimentos contemporâneos de concentração do capital. Estas expansões financeiras — que, segundo Giovanni Arrighi, são próprias de períodos de crise e de reorganização da economia capitalista, em ambiente de acirramento da pressão concorrencial entre países — são elemento essencial da atual reestruturação do capital. Conforme a reflexão de Arrighi, a economia mundial capitalista tem-se desenvolvido pela alternância de fases dos processos de acumulação de capital, que ora se baseiam numa "expansão material — no curso da qual uma massa crescente de capital monetário é canalizada para o comércio e para a produção" —, ora se firmam numa "expansão financeira, no curso da qual uma massa crescente de capital é revertida para sua forma monetária e ruma para empréstimos e especulação" (Arrighi, 1996b, p. 30; ver também Arrighi, 1996a).

Michel Chossudovsky fala na existência de um novo ambiente financeiro global desde a segunda metade dos anos 80. Refere-se, especialmente, às políticas de desregulamentação financeira e ao processo acelerado de fusões de empresas que privilegiaram grandes grupos financeiros privados. Convertidos em agentes internacionais do capital monetário, estes "criadores de dinheiro" atuam como promotores do aumento da riqueza privada por meio de transações especulativas e da manipulação das taxas de juros. Segundo o autor, o movimento mundial de operações com divisas estrangeiras somava 1 trilhão de dólares ao dia em meados dos anos 90, dos quais apenas 15% correspondiam a empreendimentos e negócios reais de mercadorias (Chossudovsky, 1995, pp. 12-14).

A relativa autonomização do capital financeiro é um fenômeno inerente a determinado desenvolvimento da força produtiva do trabalho, quando o capital necessita existir crescentemente na forma de capital-dinheiro, de maneira que flua livremente para criar novas possibilidades de valorização. Pensando este movimento na totalidade, Karl Marx formulou a noção de capital como sujeito, como forma autônoma à qual está subordinado o trabalho assalariado. Sua reflexão sobre a autonomia e absolutização do valor — antecipada nos *Manuscritos econômico-filosóficos* e desenvolvida em *O capital* — ganha contornos mais claros na sua análise da circulação do capital produtor de juros, na qual este circula diretamente como valor, cuja finalidade manifesta é obter mais-valia.

De fato, embora o capital se realize como valor que se acresceu no processo imediato de produção, no fluxo do capital produtor de juros o movimento de valorização do capital-dinheiro aparece dissociado dos processos de produção e circulação do capital, como "fonte misteriosa, autogeradora de juro". Pois, apesar de o juro resultar da mais-valia extorquida do trabalhador na produção, ele se apresenta imediatamente aos olhos como mercadoria produzida autonomamente pelo capital, sem a mediação do trabalho. Esta, segundo Marx, é "a forma mais reificada, mais fetichista" da relação capitalista, porque, nela, as relações sociais de produção ficam totalmente mistificadas e o capital toma a aparência de "dinheiro que gera mais dinheiro":

> O capital em sua marcha completa é unidade do processo de produção e de circulação, proporcionando por isso determinada mais-valia em período dado. Na forma do capital produtor de juros, esse resultado aparece diretamente, sem a intervenção dos processos de produção e de circulação. O capital aparece como fonte misteriosa, autogeradora de juro, aumentando a si mesmo. [...] O capital produtor de juros é o fetiche autômato perfeito — o valor que se valoriza a si mesmo, dinheiro que gera dinheiro, e nessa forma desaparecem todas as marcas de origem. A relação social reduz-se a relação de uma coisa, o dinheiro, consigo mesma. [...] Torna-se assim propriedade do dinheiro gerar valor, proporcionar juros, do mesmo modo que dar pêras é propriedade de uma pereira (Marx, 1985, pp. 451-52).

A externalização do capital financeiro, analisada por Marx, alcança a forma mais perfeita nos dias de hoje, diante do crescente poder de controle dos grandes grupos financeiros privados sobre os movimentos do desenvolvimento econômico mundial. Este domínio de um capital financeiro fortemente concentrado e centralizado efetiva-se em três dimensões, segundo a análise de Chesnais: a primeira diz respeito à relativa autonomização da esfera financeira em relação ao setor produtivo e a instâncias de controle das autoridades monetárias; a segunda remete ao "fetichismo" próprio dos movimentos de valorização do capital financeiro; a terceira decorre do poder de decisão e da liberdade de operação dos gestores das carteiras financeiras mais internacionalizadas, que "decidem quais os agentes econômicos, de quais países e para quais tipos de transação", que participarão da mundialização financeira (Chesnais, 1999, pp. 11-14).

O sentido excludente da mundialização do capital e a dupla polarização que ela integra são uma dimensão essencial do capitalismo contemporâneo. Por um lado, uma polarização interna a cada país, agravada pelo desemprego e expressa no distanciamento crescente entre os mais altos e os mais baixos rendimentos. Por outro, uma polarização internacional, que acentua os fatores de hierarquização entre países e aprofunda a divisão entre as nações situadas "no âmago do oligopólio mundial", os países que participam de modo subordinado dos movimentos de valorização do capital e aqueles que não mais interessam a este (idem, 1997, pp. 19-23).

Novos padrões de concorrência no mercado internacional contribuem para a desestabilização de moedas nacionais e a ruína das economias dos países periféricos. De fato, esta nova "ordem", que beneficia mais intensamente a grande burguesia transnacional, fortalece as grandes potências internacionais à custa da dependência crescente dos países menos desenvolvidos, ao mesmo tempo em que provoca um aumento dramático dos níveis de exclusão social.

Paralelamente, a sofisticação dos mecanismos de dominação do capital financeiro mundial impede que os países periféricos ou semiperiféricos construam projetos próprios de desenvolvimento econômico. Os programas de "macroestabilização" e "ajuste estrutural", impostos a esses países por organismos como o Fundo Monetário Internacional e o Banco Mundial nos processos de renegociação de suas dívidas externas, provocam o empobrecimento de centenas de milhões de pessoas. Como enfatiza Chossudovsky, a mundialização da economia, que transforma países em territórios econômicos abertos e economias nacionais em "reservas" de força de trabalho barata e de riquezas naturais, "enfraquece o Estado, mina a indústria voltada para o mercado interno e empurra as empresas nacionais para a falência" (1995, p. 12).

Este regime de acumulação, que aprofunda as relações de dominação entre classes sociais e países, tem raízes num processo de interação, desde o início dos anos 80, entre o movimento de fortalecimento do capital privado, industrial e bancário, e as crescentes dificuldades de valorização do capital produtivo. E se sustenta nas políticas de liberalização e de desregulamentação, difundidas a partir da "revolução conservadora" desencadeada nos Estados Unidos e na Inglaterra, como lembra Chesnais (1999, pp. 16-18).

Com efeito, nas duas últimas décadas, a mundialização do capital e a liberalização econômica têm-se realimentado mutuamente, num movimento que sustenta as receitas neoliberais para a dinamização do desenvolvimento capitalista. Perry Anderson assinala que é neste contexto que se difundem e fortalecem as bases teóricas dos programas econômicos do chamado *neoliberalismo*: a oposição aos mecanismos de regulação social e da economia pelo Estado do período fordista, tidos como limitadores do livre curso da acumulação de capital e da concorrência de mercado, e a desigualdade como fenômeno inerente e imprescindível ao crescimento econômico (Anderson, 1996).

Ao relacionar os princípios neoliberais à doutrina da "mão invisível" e às idéias de liberdade econômica concebidas por Adam Smith nos primórdios do capitalismo industrial, no último terço do século XVIII, Octavio Ianni assinala que "o que distingue o neoliberalismo pode ser o fato de que ele diz respeito à vigência e generalização das forças do mercado capitalista em âmbito global". Segundo o autor, "Enquanto o liberalismo baseava-se no princípio da soberania nacional, ou ao menos tomava-o como parâmetro, o neoliberalismo passa por cima dele, deslocando as possibilidades de soberania para as organizações, corporações e outras entidades de âmbito global" (1997, pp. 78-79).

Maria Célia Paoli critica o projeto de sociabilidade que marca o capitalismo contemporâneo e busca se afirmar como inevitável e irreversível, atando a vida política e social aos movimentos de "um mercado sem limites e sem fronteiras sociais". Segundo a autora, ao decretar ultrapassadas as bases históricas, econômicas e políticas do chamado Estado de Bem-Estar social, tal projeto "decreta uma espécie de esvaziamento do mundo social como condição do que entende como 'democracia', ainda por cima agregando-lhe a idéia de um admirável mundo novo e de uma reatualização final da liberdade" (Paoli, 1999, p. 8).

Os movimentos contemporâneos da reestruturação capitalista são chamados por João Manuel Cardoso de Mello de "contra-revolução liberal-conservadora", por meio da qual retornam com intensidade redobrada as tendências essenciais do capitalismo como regime de produção cuja finalidade última é a busca da riqueza abstrata. Esta "abstração destrutiva" desnuda-se no regime de acumulação predominantemente financeiro, no qual o capitalismo aparece em toda a concretude como "uma gigantesca máquina de produzir desigualdades". O autor refere-se às disparidades entre os baixos níveis de crescimento econômico das últimas décadas e as potencialidades de aplicação do conhecimento científico e técnico, não fosse ele mediado pelo capital. Com efeito, enquanto se agudizam os custos sociais e políticos do neoliberalismo, seus ideólogos enfrentam um impasse: seu objetivo fundamental — a reativação da dinâmica capitalista em escala global, após a crise recessiva dos anos 70 — não foi alcançado (Cardoso de Mello, 1997, pp. 20-24).

As taxas de crescimento econômico têm permanecido baixas mesmo nas regiões de capitalismo avançado, onde os níveis de investimento produtivo têm seguido uma curva descendente quando se observam as cifras apresentadas nos anos 70, 80 e 90. Como informam os dados apresentados por Dominique Plihon, a taxa de crescimento médio anual do PIB no conjunto dos países que constituem o chamado G7[3] foi de 3,6% na década de 70, passou a 2,8% nos anos 80 e caiu para 2% na primeira metade da década de 90. Esta desaceleração do crescimento econômico teve graves conseqüências no mercado de trabalho, visíveis nas altas taxas de desemprego e subemprego no mundo dominado pelas políticas neoliberais. Plihon assinala o crescimento do desemprego na Comunidade Européia, de 3,7% nos anos 70 para 9,5% entre 1990 e 1995 (1999, pp. 100-2). Em estudo sobre a insegurança salarial nos EUA em face das reestruturações econômicas em curso, Loic Wacquant observa que, apesar da taxa oficial de desemprego no país ser baixa em relação às dos países europeus, metade dos norte-americanos tem medo da perda do emprego e 37% sentem-se em situação de insegurança (Wacquant, 1996, p. 68).

Baseado em dados da Organização de Cooperação e Desenvolvimento Econômico (OCDE), Maxime Durand analisou os movimentos e flutuações do crescimento econômico nos países capitalistas membros da instituição, assinalando os sinais de redução desse crescimento nos EUA, Japão e no conjunto da Europa Ocidental, em meados dos anos 90. Polemizando com as previsões otimistas dos economistas da OCDE sobre os rumos da economia mundial — satisfeitos com as altas taxas de lucro das empresas e o controle dos níveis inflacionários nos países de alta renda —, o autor critica a dimensão regressiva do capitalismo contemporâneo, no qual "tudo vai bem do ponto de vista da lógica do lucro". Trata da deterioração das condições de vida da classe trabalhadora, denunciando um montante de 32,5 milhões de desempregados entre os habitantes dos países da OCDE e uma massa salarial arrochada pelas políticas neoliberais, em escala mundial (Durand, 1996, pp. 16-17).

Em sua análise das relações econômicas contemporâneas e de suas conseqüências sociais e políticas na chamada periferia do capitalismo, Pierre Salama mostra como aumentaram as desigualdades sociais no mundo e se agravaram os níveis de pobreza desde os anos 80, particularmente em países da América Latina, África e Ásia. Segundo dados do Programa das Nações Unidas para o Desenvolvimento (PNUD) sistematizados pelo autor, no final da década de 80 cerca de 20% da população mundial — que vivia quase integralmente nos países mais industrializados — detinha 82,7% do conjunto da renda produzida no planeta. Em países latino-americanos e africanos, como Brasil, Guatemala, Chile, África do Sul, Quênia e outros, a renda média dos 40% mais pobres correspondia a aproximadamente um quarto da renda média do conjunto da população no final dos anos 80 (Salama, 1999, pp. 29-31)[4].

A atual inserção internacional do Brasil aprofunda sua subordinação aos dinamismos das economias hegemônicas e do mercado mundial de capitais e agrava os problemas econômicos e sociais do país. A política econômica e financeira dos anos 90, sujeita às pressões do grande capital privado transnacional, desenvolve programas de liberalização monetária e abertura comercial, desregulamentação salarial e privatização que intensificam as desigualdades de renda, precarizam o trabalho e aumentam drasticamente a pobreza.

De acordo com a análise de Jorge Mattoso, as políticas brasileiras adotadas no governo de Fernando Henrique Cardoso, iniciado em 1995, resultaram em déficits crescentes da balança comercial; fraco crescimento econômico, sujeito a movimentos de retração das atividades produtivas; elevação da dívida líquida do setor público e sucessivos ajustes fiscais, que deterioraram a ação do Estado no campo social e econômico; mudança na estrutura do comércio exterior, com grande aumento das importações nos setores tecnologicamente mais desenvolvidos; "especialização produtiva regressiva", seguida de um processo de desnacionalização — em face da substituição de componentes nacionais por importados nas cadeias produtivas mais complexas — e de desindustrialização, com a substituição da oferta de produtos nacionais por importados. Sob este conjunto de condições materiais que desmontam as instituições reguladoras da economia e da sociedade, expandem-se o desemprego estrutural e a dualidade no mercado de trabalho. O economista assinala que em 1998 as taxas médias anuais de desemprego, segundo cálculo do IBGE, eram 50% maiores do que as observadas em 1994, ao mesmo tempo em que crescia vertiginosamente o trabalho precário e informal. Ao concluir sua análise, Mattoso lembra que

> a década de 80 foi considerada uma década perdida, pela crise da dívida e seus efeitos sobre a estagnação e inflação. No entanto, se na década de 80 não se construiu um novo projeto nacional, tampouco destruíram-se as estruturas preexistentes. [...] Na década de 90, conformou-se um extraordinário processo regressivo das estruturas da produção e do emprego nacional, sem que tampouco se constituísse um novo projeto nacional (1999, pp. 115-32).

Seguindo na mesma direção, Maria da Conceição Tavares qualifica de "desconstrução nacional" o processo que resulta da maior submissão política, econômica e cultural do Brasil aos movimentos de mundialização do capital com hegemonia norte-americana, fortalecida na última década.[5] Segundo a autora, na atual conjuntura de estagnação com desemprego, os desequilíbrios sociais agravam-se e evoluem para um "estilhaçamento societário que inclui das elites heterônimas às classes trabalhadoras" (Tavares, 1999, p. 297).

A grandes parcelas da classe trabalhadora em todo o mundo, o atual regime de acumulação capitalista destina as mais brutais formas de exploração, combinando as modalidades absoluta e relativa de apropriação de mais-valia, de modo particular. Nos dias de hoje, formas modernas de exploração da força de trabalho — apoiadas na introdução da tecnologia microeletrônica nos ambientes produtivos — convivem com formas mais antigas e limitadas, baseadas no prolongamento da jornada de trabalho.

Num contexto de liberalização, desregulamentação e mundialização dos mercados, desenvolvem-se nas empresas modelos de racionalização do trabalho alternativos ao taylorista/fordista que objetivam recuperar o ciclo reprodutivo do capital. No curso deste movimento contemporâneo de reestruturação produtiva,[6] mudanças sustentadas na tecnologia microeletrônica e informática e marcadas pela versatilidade e flexibilidade da produção repercutem com intensidade sobre as condições de trabalho, de remuneração e de contratação dos assalariados. A veloz transformação tecnológica, organizacional e gerencial permite um aumento drástico da produtividade e gera grandes excedentes de força de trabalho. Generaliza-se o trabalho precário e informal, com a crescente flexibilização do emprego e dos salários, enquanto recrudescem em escala mundial os níveis de desemprego. Nos locais de trabalho, disseminamse mecanismos de controle e gestão que procuram obscurecer a determinação antagônica que funda a apropriação do trabalho pelo capital, ao perseguir a adesão e mobilização dos trabalhadores ao projeto contemporâneo de acumulação capitalista.

A capacidade de organização política e sindical da classe trabalhadora é fortemente atingida pela reestruturação do capital, que dissemina o desemprego e o subemprego pelo mundo. Como assinala Ricardo Antunes, este processo de reestruturação engendra uma classe trabalhadora mais complexa e fragmentada, constituída de uma força de trabalho apta a operar equipamentos microeletrônicos, mas também de uma grande massa de trabalhadores sub-remunerados e em condições precárias de emprego, desvinculados dos sindicatos. As tendências de queda dos níveis de sindicalização e de redução do número de greves, na maioria dos países capitalistas, são significativas das dificuldades maiores da luta sindical nos anos 90, em escala mundial (Antunes, 1999, pp. 36-45).

Neste regime, que Harvey chamou de *acumulação flexível*, o capital ganha liberdade sem precedentes na busca incessante de autovalorização. De fato, ajustando a produção às exigências e requisitos da concorrência mercadológica; transferindo os espaços produtivos para regiões com padrões salariais mais baixos; abusando da contratação de assalariados em condições precárias e informais; selecionando e controlando uma força de trabalho tida como mais integrada ao modo atual de extração de ganhos de produtividade, num quadro de expansão descontrolada de uma população trabalhadora supérflua e de queda na capacidade organizativa dos sindicatos, o capital usufrui de condições privilegiadas para exercer domínio sobre o trabalho (Harvey, 1993, pp. 115-77).

As políticas de liberalização e desregulamentação financeiras, generalizadas na década de 80 nos países mais industrializados, implicaram profundas transformações no sistema financeiro internacional. Segundo Plihon, ele convertia-se em um "mega-mercado único de dinheiro", caracterizado por uma dupla unidade: *de lugar*, já que as praças financeiras mundiais estão interconectadas, em face dos recursos da comunicação eletrônica; *de tempo*, por funcionarem sem interrupção. A abolição progressiva, no decorrer da década, dos mecanismos estatais de controle dos movimentos de capitais e das taxas de juros acelerou o circuito internacional do capital financeiro e resultou num crescimento vertiginoso dos fluxos financeiros internacionais. O autor analisa a natureza especulativa do sistema financeiro internacional contemporâneo e sua frágil relação com o financiamento do comércio e dos investimentos produtivos na economia mundial, assinalando que o peso das transações financeiras transnacionais passou de 10% do PIB, em média, em 1980, para mais de 100% do PIB em 1992, em países industrializados (Plihon, 1999, pp. 103-15).

Estes movimentos da mundialização financeira tiveram um efeito desestabilizador nos sistemas bancários nacionais que atingiu, de formas diferenciadas, tanto os países de capitalismo avançado como os periféricos. No atual regime dominado pela esfera financeira, a emergência de grandes investidores institucionais e organizações não bancárias, que se beneficiaram com a transformação dos ativos financeiros em títulos que podem ser negociados nos mercados de capitais, implicou mudança no papel reservado aos bancos nesses movimentos. Suplantados em suas funções de intermediários financeiros, os bancos voltam-se para os mercados de capitais, desenvolvendo atividades puramente especulativas, ao mesmo tempo em que diversificam seus serviços e produtos, utilizando novos instrumentos financeiros.

Segundo Itzhak Swary e Barry Topf, os bancos são mais vulneráveis na realidade marcada pela liberalização e mundialização financeira e pela intensificação da concorrência nos mercados nacionais e internacionais. Enfrentando a competição das instituições não bancárias que dominam os mercados de capitais e de grandes bancos estrangeiros, num contexto de desmantelamento da regulamentação protetora dos sistemas financeiros nacionais, os bancos têm sua participação na intermediação financeira fortemente reduzida. O futuro do sistema bancário internacional, de acordo com os autores, é de incremento da concentração de capital e de declínio no seu papel no conjunto da esfera financeira, na qual "os bancos internacionais serão só outro tipo de intermediários que participam no processo dos fluxos de capital entre países" (Swary e Topf, 1993, pp. 544-46).

Desde os anos 80, um movimento de reestruturação dos sistemas bancários nacionais tem sido deflagrado, com o objetivo de enfrentar o novo contexto financeiro mundial. Conforme Swary e Topf, tal processo, que atinge de modo similar países de todo o globo, é mais intenso em nações onde havia sistemas fortemente regulados e protegidos, como Japão e Estados Unidos. De qualquer modo, um quadro de grande aumento de liquidações, fusões ou incorporações e privatizações de instituições bancárias generalizou-se no mundo capitalista avançado nos anos 80, atingindo grande parte de países periféricos e semiperiféricos na década de 90. Esses movimentos, acompanhados de medidas de racionalização produtiva, resultam em índices crescentes de desemprego e subemprego e no aumento da intensificação do trabalho nos ambientes laborais bancários (idem, op. cit., pp. 11-12).

Na Inglaterra, a reestruturação do sistema financeiro converteu-o em um dos mais concentrados do mundo capitalista, segundo a análise de Adam Tickell. Concentrado em termos geográficos — em Londres — e em termos de poder, nas mãos de um pequeno grupo de grandes bancos e companhias de seguro. Paralelamente, os processos de reorganização produtiva implicaram o fechamento de 2 mil agências bancárias dos quatro maiores bancos ingleses, entre 1989 e 1995, assim como a perda de 130 mil empregos, aproximadamente, entre 1991 e

1996 (Tickell, 1997, pp. 13-18). Já nos Estados Unidos, quando da fusão do Chase National Bank com a Chemical Banking Corporation, foram demitidos imediatamente 11 mil bancários, dentre os 74 mil que totalizavam a força de trabalho das duas instituições, como assinala Wacquant (1996, p. 70).

Nas economias periféricas, as relações de dependência e subordinação aos dinamismos das economias hegemônicas tornam ainda mais vulneráveis e instáveis os mercados financeiros e os sistemas bancários. No Brasil, mais intensamente desde a segunda metade da década de 90, um processo drástico de reestruturação desencadeia-se no sistema financeiro, para "adaptá-lo" aos movimentos dos mercados mundiais de capitais. Sob a pressão dos organismos financeiros internacionais representantes dos interesses do grande capital transnacional privado, aumenta expressivamente a participação estrangeira no sistema, enquanto se aprofunda a concentração de capital no setor. Simultaneamente, o desenvolvimento de programas de privatização de instituições estatais reduz a presença do Estado e fortalece o capital privado nacional e estrangeiro. Num cenário de acirramento da concorrência internacional e de relativa estabilização da moeda no país, os bancos diversificam produtos e serviços e desenvolvem novas estratégias mercadológicas e de rentabilidade, ao mesmo tempo em que intensificam seus investimentos em tecnologia, objetivando reduzir custos operacionais e elevar a produtividade do trabalho.

A este complexo processo de transformações institucionais e estruturais no sistema financeiro nacional, somam-se mudanças derivadas dos movimentos intensivos de reorganização do trabalho nos bancos. Com efeito, as novas formas produtivas constitutivas da acumulação flexibilizada de capital incidem drasticamente sobre a organização, o conteúdo e as condições de trabalho dos bancários. Em um quadro de crescentes índices de desemprego e subemprego no setor, muitos bancários sujeitam-se à sobrecarga de tarefas e ao prolongamento de jornadas laborais, em uma realidade de trabalho marcada pelo medo, insegurança, desgaste da saúde, suicídios.

Neste contexto, que conjuga intensa reestruturação no sistema financeiro internacional e nos sistemas bancários nacionais com transformações produtivas que agravam e aperfeiçoam a exploração capitalista do trabalho, os bancários vivem a instabilidade do emprego e a intensificação do trabalho, de modo singular. De fato, esta fração da classe trabalhadora, diretamente vinculada aos movimentos do capitalismo mundial dominados pela esfera financeira — já que lida, na sua atividade diária, com o *capital-dinheiro* que circula globalmente na forma de impulsos eletrônicos —, está entre os mais atingidos pelas mudanças atuais no modo como o capital se reproduz.

No capítulo que se segue, analisamos as particularidades do processo de reestruturação no sistema financeiro nacional, pensadas nas suas relações com as transformações mais gerais no capitalismo mundial. Buscamos destacar os nexos entre as políticas brasileiras que tornam o sistema cada vez mais dominado pelos interesses especulativos do grande capital privado nacional e estrangeiro, as atuais estratégias de rentabilidade dos bancos e o movimento intenso de reorganização do trabalho bancário, com efeitos dramáticos sobre os trabalhadores.

NOTAS

[1] Para István Mészáros, o capitalismo contemporâneo vive "um *depressed continuum*, exibindo as características de uma cumulativa, endêmica, mais ou menos permanente e crônica crise, com a última perspectiva de uma profunda crise estrutural". Em sua análise, o autor afirma que os limites do capital permanecem estruturalmente insuperáveis e revela os traços destrutivos do capitalismo contemporâneo e das formas por meio das quais o capital maneja as determinações objetivas do desenvolvimento socioeconômico, na busca por solucionar suas contradições internas (Mészáros, 1995, pp. 596-600).

[2] Segundo Chesnais, hoje, as organizações capitalistas mais poderosas são "os grandes fundos de pensão por capitalização, os grandes fundos de aplicação coletiva privados (os Fundos Mutuais), os grupos de seguros, especialmente os engajados na 'indústria' de pensões privadas e, enfim, os enormes bancos multinacionais [...]" (1997, p. 32).

[3] Estados Unidos, Japão, Alemanha, França, Itália, Inglaterra e Canadá.

[4] Conforme dados da United Nations Conference for Trade and Development (UNCTAD, 1997, p. 106, apud Salama, 1999).

[5] Para um estudo aprofundado da predominância política e econômica dos Estados Unidos na hierarquia das relações internacionais das últimas décadas, consultar Tavares e Fiori (1997). Uma instigante análise das relações de poder no mundo do século XX e das guerras imperialistas que fortaleceram a hegemonia norte-americana encontra-se também em Sader (2000).

[6] Por reestruturação produtiva entendo o conjunto amplo de mudanças nas condições técnicas e sociais dos processos de produção e de trabalho, engendradas pelo capital para enfrentar suas contradições internas e aumentar a força pro-

dutiva do trabalho. O processo contemporâneo de reestruturação do capitalismo, que cria novas formas de produção de mais-valia, objetiva superar as limitações do modo de organização do processo de trabalho constitutivo do taylorismo e do fordismo.

Capítulo 1

A REESTRUTURAÇÃO CAPITALISTA NO SISTEMA FINANCEIRO NACIONAL

Nos anos 90, o sistema financeiro nacional foi reestruturado para que se "ajustasse" aos movimentos dos mercados globais de capitais, viabilizados por políticas de liberalização e desregulamentação da economia. Os governos brasileiros adotaram os princípios neoliberais e o programa de reformas e de ajuste econômico global sintetizados no chamado Consenso de Washington,[1] criando as condições propícias para o livre fluxo do capital especulativo no país. Tais políticas contemplavam os interesses de importante fração da burguesia financeira local que, desde o final dos anos 70, exigia a adoção de medidas de liberalização da economia.

Graças a essas medidas, a vulnerabilidade externa da economia brasileira e sua dependência da dinâmica capitalista das nações hegemônicas aumentaram enormemente. As políticas de abertura comercial, desregulamentação financeira e cambial e privatização em setores fundamentais da economia favoreceram os interesses financeiros privados internacionais, enquanto desmontavam a estrutura indutora de desenvolvimento estatal. Em resumo, a adoção de políticas macroeconômicas e reformas liberalizantes — consagradas no Consenso de Washington e traduzidas nas imposições de organismos internacionais como o Fundo Monetário Internacional (FMI) e o Banco Mundial — conduz a uma desarticulação da estrutura industrial, acentuando o predomínio do capital financeiro privado sobre a esfera produtiva e tornando mais dramáticos os problemas sociais do país.

Seguindo os passos das reestruturações dos sistemas financeiros nas economias capitalistas centrais, o processo de reorganização da esfera financeira no Brasil constitui um novo modelo, mais concentrado e internacionalizado. De fato, os níveis de concentração e centralização de capital crescem no sistema financeiro nacional, num contexto de acirramento da pressão concorrencial, no mercado interno, entre grandes grupos financeiros privados nacionais e estrangeiros. Paralelamente, enquanto aumenta aceleradamente a participação de bancos estrangeiros no setor, as atuais políticas reduzem e enfraquecem o sistema financeiro estatal, com a privatização ou liquidação de instituições.

Novas estratégias de rentabilidade são adotadas pelos bancos, diante do quadro de relativa estabilidade monetária a partir do programa de ajuste financeiro e de combate à inflação chamado de Plano Real.[2] Para compensar a perda de receitas com a valorização do capital-dinheiro circulante no mercado financeiro, fato comum durante duas décadas de alta inflação, as instituições financeiras expandem suas rendas com outros tipos de atividades que não se restringem ao âmbito financeiro, como serviços de intermediação de negócios e engenharia financeira. Além destas novas operações de serviços, a venda de produtos financeiros e a cobrança de tarifas bancárias convertem-se em fontes importantes de lucratividade do setor. Neste cenário, os bancos redefinem seu perfil operacional, segmentando a clientela e restringindo os serviços e produtos mais sofisticados às camadas sociais de renda mais elevada, consideradas "clientes preferenciais".

A este movimento intenso de reestruturação no sistema financeiro nacional, articula-se um processo contínuo e acelerado de avanço tecnológico e de racionalização produtiva. Os atuais movimentos de automatização aperfeiçoam sistemas de comunicação eletrônica de dados, que substituem progressivamente o atendimento na agência bancária tradicional. Programas de reorganização operacional reduzem de modo drástico a estrutura administrativa dos bancos, fechando agências e centrais de processamento de dados, de serviços e de compensação. Enquanto milhares de bancários são demitidos, caem vertiginosamente os custos relativos com forças de trabalho graças à flexibilização do emprego, da jornada laboral e dos salários.

O legado da reforma bancária de 1964

Os movimentos recentes de acelerada expansão, modernização e internacionalização do sistema financeiro nacional estão solidamente alicerçados na política econômica e monetária do regime instaurado pelo golpe militar de 1964. De fato, profundas modificações na estrutura e no modo de funcionamento do sistema financeiro foram produzidas a partir da ampla reestruturação do aparelho estatal brasileiro, que Maria da Conceição Tavares e José Carlos de Assis chamaram de "modernização autoritária". Como assinalam os autores, a intervenção militar,

> [...] embora apoiada na ideologia liberal-conservadora das classes dominantes, não veio [...] para restabelecer uma democracia liberal-conservadora de estilo clássico.

> Ao contrário. Veio para afirmar, modernizar e tornar mais abrangente o papel do Estado na sociedade e na economia, através de um restrito pacto de dominação entre elites civis e militares [...] (Tavares e Assis, 1986, p. 11).

Sob tal pacto, o regime militar imporia ao país um conjunto de mudanças institucionais para garantir a acumulação capitalista em novas bases, após a exaustão do ciclo de crescimento econômico dos anos 50.

O sistema financeiro nacional, considerado estratégico para o desenvolvimento econômico do país, seria objeto de reformas que resultaram em uma crescente expansão e diversificação financeira e em um agudo processo de concentração de capital no setor, com a formação de grandes grupos financeiros nacionais e estrangeiros. Implementadas ainda nos anos 60, tais reformas criavam mecanismos de controle e fiscalização da moeda e do crédito na economia, estruturavam o mercado de capitais, institucionalizavam a correção monetária na remuneração de aplicações, permitiam aos agentes financeiros do país tomar empréstimos externos e repassá-los internamente, articulando o sistema financeiro nacional ao internacional (Tavares, 1980).

Na essência, este movimento de expansão e reorganização do sistema financeiro privilegia o grande capital financeiro privado nacional e internacional, em conformidade com os requisitos da acumulação monopolista. Todavia, além desta política mais ampla de apoio ao grande capital, os governos militares desenvolveram uma política específica, direcionada ao incentivo da concentração e centralização bancárias.

Ary Minella destaca medidas estatais que aceleraram a concentração da riqueza privada no setor, como a criação de incentivos fiscais para fusões e incorporações de bancos e a política de restrição à abertura de novas agências bancárias privadas, o que estimulou a expansão dos grandes bancos pela incorporação dos menores. Segundo ele, "os instrumentos fiscais, legais e de apoio econômico adotados especificamente para o sistema bancário, portanto, favoráveis à burguesia bancário-financeira, vieram [...] reforçar as condições de acumulação dos capitais existentes" (Minella, 1988, p. 171).

Como resultado, os dez maiores bancos privados aumentaram sua participação relativa no setor, em volume de depósitos, de aproximadamente 32% em 1965 para cerca de 43% em 1970, ao mesmo tempo em que diminuía rapidamente a quantidade de instituições bancárias (idem, op. cit., p. 150).[3]

Um movimento duplo desenvolve-se, portanto, no interior deste processo de intensa concentração dos recursos financeiros, sob o comando de grandes conglomerados privados. Se, de um lado, esse movimento implica a concentração crescente da riqueza privada como propriedade de capitalistas individuais ou grupos financeiros, de outro revela-se no confronto entre capitais individuais que concorrem entre si. Isso porque, como já assinalava Marx ao analisar os modernos instrumentos da concorrência capitalista no século XIX, apesar de o capitalismo ser um regime concentracionário, sua história é também a de dispersão e concorrência entre unidades de capital contrapostas. É a partir desta formulação que o pensador distingue conceitualmente *concentração* de *centralização*:

> Essa dispersão do capital social em muitos capitais individuais ou a repulsão entre seus fragmentos é contrariada pela força de atração existente entre eles. Não se trata mais da concentração simples dos meios de produção e de comando sobre o trabalho, a qual significa acumulação. O que temos agora é a concentração dos capitais já formados, a supressão de sua autonomia individual, a expropriação do capitalista pelo capitalista,

> a transformação de muitos capitais pequenos em poucos capitais grandes. Este processo se distingue do anterior porque pressupõe apenas alteração na repartição dos capitais que já existem e estão funcionando [...]. O capital se acumula aqui nas mãos de um só, porque escapou das mãos de muitos noutra parte. Esta é a centralização propriamente dita, que não se confunde com a acumulação e a concentração (Marx, 1989c, pp. 726-27).

Tais processos de concentração e centralização, que deram origem à estrutura oligopolizada do setor bancário dos anos 90, desencadearam-se simultaneamente a um movimento de diversificação e especialização dos instrumentos financeiros. Como observa Tavares (1980), verificava-se uma mudança na composição dos ativos financeiros, que modificou o papel dos diferentes grupos de instituições no interior do sistema e acirrou a concorrência entre eles. Entre 1964 e 1970, diminuía a participação dos ativos monetários (papel-moeda e depósitos à vista), enquanto crescia relativamente a presença de títulos característicos das instituições não bancárias no sistema financeiro nacional.

De fato, a organização institucional do sistema financeiro nacional passava a incluir grande número de empresas financeiras especializadas em formas determinadas de captação de recursos — financeiras, bancos de investimento, companhias de seguro, sociedades de crédito imobiliário e cadernetas de poupança, instituições vinculadas à operação da bolsa de valores etc. Tal mudança na estrutura do sistema, que acirraria a concorrência entre as empresas por clientes e recursos, implicou um aprofundamento da concentração financeira. Com efeito, as instituições de grande porte ampliaram sua atuação no mercado, controlando crescente número de empresas não bancárias e constituindo grandes conglomerados financeiros.

Estes movimentos de especialização e concentração acompanharam a crescente internacionalização do sistema financeiro nacional, já que o capital externo passava a ter participação expressiva nos diversos segmentos do mercado financeiro. Minella (1988) observa que, em 1980, dez dentre os 15 maiores bancos de investimento estavam associados ao capital internacional. No mesmo período, verificava-se um predomínio de empresas controladas pelo capital estrangeiro entre as instituições de arrendamento mercantil (*leasing*), enquanto se acelerava a participação de grandes grupos internacionais nas empresas seguradoras e nas companhias financeiras.

A maior presença do capital externo em instituições do sistema não monetário devia-se, em grande parte, a uma política restritiva do governo brasileiro quanto à participação dos bancos estrangeiros no sistema de bancos comerciais. Note-se que as relações do sistema financeiro interno com o capital internacional baseavam-se no conceito de reciprocidade, segundo o qual seria aplicado ao capital estrangeiro a ser investido no país o mesmo "tratamento jurídico concedido ao capital nacional em igualdade de condições".[4] No entanto, prevalecia a orientação de garantir o controle nacional sobre o sistema bancário comercial, no decorrer dos anos 60, 70 e 80.

Tal restrição não significou um efetivo impedimento à internacionalização do sistema financeiro nacional. Ao contrário, este movimento de transnacionalização foi intensificado pelas reformas dos anos 60, que assentaram as bases da articulação entre o mercado financeiro nacional e o internacional. Mônica Baer destaca três medidas que considera decisivas neste processo: a Lei Bancária de dezembro de 1964, que promoveu a especialização financeira; a Resolução nº 63, de 1967, que possibilitou aos bancos instalados no país contratar empréstimos no mercado financeiro internacional para repassá-los internamente; e a instituição da correção cambial em 1968, como parte do mecanismo mais geral de indexação da economia, que praticamente equipararia os riscos de captação externa aos de uma fonte interna de financiamento (Baer, 1986, pp. 13-19).

Este conjunto de medidas coincidia com a expansão vigorosa do sistema financeiro internacional privado, quando grandes bancos transnacionais protagonizaram um movimento de ciranda financeira em escala global, sem nenhum controle das autoridades monetárias nacionais. Tavares e Assis (1986) analisam esse movimento de crescimento descontrolado do crédito interbancário no final dos anos 60 como um "fenômeno sem precedentes no mundo capitalista", que abarcou mais de 3 mil bancos e endividou os países periféricos, particularmente os da América Latina.

O Brasil aprofundava sua trajetória de endividamento externo em pleno período do "milagre", entre 1968 e 1973, quando altas taxas de crescimento econômico no país coincidiam com a estabilização dos índices inflacionários em cerca de 20% a 25% ao ano. Como observam Tavares e Assis, a expansão da dívida externa brasileira, naquele momento em que se alcançava uma balança comercial equilibrada, era injustificável em termos de política macroeconômica e apenas servia aos interesses do capital privado nacional e multinacional (op. cit., pp. 91-95).

O padrão monopolista de desenvolvimento econômico consolidado no Brasil após o golpe militar de 1964 mantinha e aprofundava as relações de dependência e de subdesenvolvimento relativo, típico das economias periféricas. A análise de Florestan Fernandes sobre a irrupção do capitalismo monopolista no Brasil evidencia seu caráter de desenvolvimento subordinado ao dinamismo das economias hegemônicas e do mercado capitalista mundial e suas particularidades em relação ao desenvolvimento das economias capitalistas centrais:

> [...] a autonomização do desenvolvimento capitalista exige, como um pré-requisito, a ruptura da dominação externa (colonial, neocolonial e imperialista). Desde que esta se mantenha, o que tem lugar é um desenvolvimento capitalista dependente e, qualquer que seja o padrão para o qual ele tenda, incapaz de saturar todas as funções econômicas, socioculturais e políticas que ele deveria preencher no estágio correspondente do capitalismo. É claro que o crescimento capitalista se dá, acelerando a acumulação de capital ou a modernização institucional, mas mantendo, sempre, a expropriação capitalista externa e o subdesenvolvimento relativo, como condições e feitos inelutáveis (Fernandes, 1981, pp. 290-91).

O endividamento externo atrelava a economia brasileira e, particularmente, a política monetária e financeira aos movimentos do sistema de crédito internacional. O sistema financeiro nacional, articulado ao mercado mundial pela reforma bancária, favorecia o grande capital externo instalado no país e tinha as condições de operação diretamente afetadas pela dinâmica financeira internacional. Baer (1986) cita um conjunto de instrumentos institucionais que promoveu uma crescente abertura do mercado financeiro nacional nos anos 60 e 70. Exemplos destes mecanismos foram as medidas que regularizaram a captação de recursos externos no país, facilitando o acesso do capital produtivo aos mercados internacionais de capital, e autorizaram as empresas estrangeiras aqui locadas a contratar empréstimos diretamente no exterior.

É importante assinalar a crescente participação dos bancos privados nacionais e estrangeiros sediados no Brasil no processo de endividamento externo, na qualidade de intermediários dos bancos privados internacionais. De fato, ao abrigo da Resolução nº 63 do Banco Central do Brasil, os bancos comerciais e de investimento puderam contratar empréstimos diretamente no exterior, para serem repassados às empresas nacionais. Tal medida, que privilegiava o grande capital financeiro privado nacional e internacional, implicava altos índices de lucratividade do setor bancário privado e o agravamento do endividamento externo do país. Ao mesmo tempo, compelia os bancos brasileiros a desenvolver relações com o mercado financeiro internacional, forçando-os a se equiparar às condições competitivas das instituições estrangeiras.

Minella comenta o apoio de significativo segmento da burguesia bancária nacional às pressões exercidas pelo grande capital transnacional para que se ampliasse a abertura financeira do país. De fato, particularmente os banqueiros que estabeleciam ou mantinham vínculos estreitos com o capital externo, representantes de grandes conglomerados financeiros privados nacionais, assim se manifestavam. Tais vínculos desenvolviam-se não somente na área financeira, mas também por meio de investimentos conjuntos em empresas de setores diversos da economia. Segundo dados do autor, no início dos anos 80, oito dos maiores bancos nacionais privados possuíam associações com o capital estrangeiro em, no mínimo, 46 empresas (Minella, 1988, pp. 213-28).

No que tange à presença do capital bancário brasileiro no exterior, Minella (op. cit.) destaca os fatores que considera determinantes para sua expansão: o crescimento e diversificação do comércio exterior; o aumento dos empréstimos externos das empresas; a concorrência entre bancos nacionais e estrangeiros sediados no país; as oportunidades especulativas nos "paraísos fiscais". Estes movimentos de expansão, desencadeados com intensidade nos anos 70, resultaram na constituição de uma rede internacional de grandes bancos brasileiros, com cerca de 167 dependências (sucursais, agências e escritórios de representação) em 1980, segundo dados citados pelo autor (op. cit., pp. 229-32).

Em síntese, um conjunto de fatores externos e internos contribuiu para o aprofundamento da internacionalização do sistema financeiro nacional. A participação do capital externo no sistema cresceu significativamente após a reforma bancária, seja pelo aumento de instituições estrangeiras entre os bancos privados comerciais,[5] seja por meio de sua maior presença no mercado de empresas seguradoras, de arrendamento (*leasing*), das financeiras e dos bancos de investimento, seja ainda por investimentos conjuntos dos bancos brasileiros e dos internacionais em empresas de setores produtivos diversos. Simultaneamente, as relações dos bancos nacionais (ou estrangeiros com sede no país) com instituições estrangeiras para obtenção de empréstimos que eram repassados internamente aceleravam o processo de endividamento externo e aumentavam a dependência das instituições nacionais em relação ao capital externo. Por fim, é importante registrar a expansão dos grandes bancos nacionais para o exterior como mais um indicativo do processo de internacionalização financeira iniciado no Brasil nos anos 60.

À medida que se expandia e diversificava o sistema financeiro nacional, solidificava-se o predomínio da esfera financeira sobre a produtiva e aumentava o peso econômico do setor. Segundo dados compilados por Carlos Eduardo Carvalho, a participação das instituições financeiras no produto interno bruto (PIB) aumentou de 6,3%, na primeira década dos anos 70, para 19,5% no final da década de 80. Ao mesmo tempo, ao longo dos anos 80, a rentabilidade líquida dos bancos esteve sempre muito mais elevada que a de empresas vinculadas a outros setores econômicos. O autor relaciona o aumento do peso econômico do setor e seus altos níveis de lucratividade aos efeitos combinados de índices inflacionários e da política monetária do período (Carvalho, 1992, pp. 86-87).

De fato, uma relação de causalidade se estabeleceu entre a rentabilidade bancária e o processo inflacionário, ao longo dos anos 80, quando a economia brasileira teve uma taxa média anual de inflação sempre superior a 200%. O início da década assistiu a um agravamento da crise financeira, num quadro de instabilidade dos fluxos financeiros, das taxas de juros e das regras de indexação, aumento da dívida interna e externa, estagnação das operações de crédito e déficit público. Neste contexto de instabilidade monetária, as atividades e os lucros dos bancos fixaram-se, prioritariamente, no circuito de valorização do capital-dinheiro disponível no mercado financeiro. Este movimento especulativo, que gera um círculo vicioso de acumulação improdutiva, distanciou o sistema financeiro nacional de suas funções tradicionais de intermediação bancária — captação de recursos e concessão de empréstimos —, segundo análise de Tavares (1980).

A implementação no país do programa de estabilização econômica conhecido como Plano Cruzado, em fevereiro de 1986, afetaria os mecanismos especulativos de rentabilidade dos bancos, durante alguns meses. Diante deste fato, um conjunto de procedimentos para redução de custos operacionais foi adotado no setor financeiro. André Accorsi (1990) informa que mais de mil agências bancárias foram fechadas, cerca de 120 mil trabalhadores foram demitidos e rigorosas políticas de seletividade da clientela passaram a ser implementadas nos bancos.

Com a queda do Plano Cruzado, no primeiro semestre de 1987, os lucros dos conglomerados financeiros voltavam a se destacar na economia nacional. Aprofundava-se a assimetria entre a acumulação de capital no setor produtivo e a acumulação baseada nos movimentos puramente especulativos do capital-dinheiro. Como assinala Álvaro Zini (1982), o capitalismo financeiro brasileiro desenvolvia-se desarticulado da esfera produtiva.

A liberalização econômica nas aspirações da burguesia financeira

A adoção de medidas de liberalização da economia brasileira foi proposta por representantes da burguesia financeira no decorrer de toda a década de 80. Com efeito, os presidentes dos principais órgãos de representação dos banqueiros no Brasil reivindicavam para o país a implementação de programas neoliberais, semelhantes aos que se irradiavam nos países de capitalismo central, desde o final dos anos 70 (Minella, 1992).

Já em 1979, o então presidente da Associação de Bancos do Estado de São Paulo (ASSOBESP) e da Federação Brasileira das Associações de Bancos (FEBRABAN) contrapunha-se com veemência à intervenção do Estado na economia e conclamava o conjunto do empresariado a atuar de modo "compatível com os princípios da livre empresa, da liberdade de iniciativa e da economia de mercado". Segundo o banqueiro, o processo de intervenção estatal na economia brasileira "parece ter tido o efeito de congelar a capacidade de ação da iniciativa privada".[6]

A defesa dos princípios liberais pelos banqueiros teria continuidade nos anos seguintes. A partir de meados dos anos 80, a desregulamentação do sistema financeiro nacional converteu-se em tema privilegiado dos discursos e das pressões dos capitalistas financeiros. De acordo com o presidente da FEBRABAN/FENABAN (Federação Nacional dos Bancos) à época, o Estado se envolveu "demasiado na atividade financeira, quer por participação excessiva, quer por ordenação desnecessariamente rígida do setor bancário privado".[7]

A temática da desregulamentação do sistema financeiro adquiriu proeminência no decorrer dos debates que culminariam na Constituição de 1988. No processo constituinte, a discussão sobre os rumos do sistema financeiro nacional ocorreu paralelamente ao debate em torno das bases jurídico-institucionais de uma nova ordem, distinta da que imperou durante os 20 anos de ditadura militar. São expressivas daquele momento as críticas formuladas por alguns dos mais destacados empresários do país aos direitos trabalhistas contemplados na Constituição, considerados "onerosos", assim como ao direito de greve, tido como "um retrocesso". Os empresários opunham-se também ao que qualificavam como "tendência ao fechamento da economia ao capital estrangeiro", alegando que os países capitalistas centrais movimentavam-se em direção oposta, promovendo uma crescente "inter-relação" no mercado mundial.[8]

Os representantes da burguesia bancário-financeira contrapunham-se a importantes aspectos da nova Carta. Mantinham seu discurso contra a intervenção do Estado na economia e identificavam no déficit público a origem da crise monetária e financeira que atingia o Brasil dos anos 80. Ao mesmo tempo, o vínculo ideológico desta fração de classe com os princípios neoliberais transparecia também nas críticas de seus representantes às medidas constitucionais disciplinadoras dos investimentos do capital estrangeiro no país e da remessa de lucros. De acordo com o presidente da ASSOBESP/FEBRABAN/FENABAN à época, era necessário alterar "algumas definições da [Carta] Constituinte contrárias ao progresso do país [como] as distinções insustentáveis entre empresa nacional e estrangeira, a consagração do princípio da reserva de mercado e outras decisões que afastam o capital estrangeiro do Brasil".[9]

Mais especificamente sobre o sistema financeiro nacional, esses representantes dos banqueiros exigiam sua desregulamentação e "desestatização", opondo-se às propostas do congresso constituinte. Segundo eles, o governo brasileiro favorecia as instituições financeiras estatais em detrimento dos bancos privados, por meio de um "conjunto de regulamentos perversos". Portanto, já era tempo de "pôr fim a esse regime de concorrência desigual e às barreiras erguidas ao longo dos anos pela burocracia".[10]

Foi objeto de ataque veemente dos banqueiros, por exemplo, a limitação da taxa de juros reais em 12% ao ano, pelo congresso constituinte. Tal medida, que não chegou a ser regulamentada, recebeu o apoio de representantes dos setores produtivos da economia, que protestavam contra os altos encargos praticados no mercado financeiro. Quanto aos representantes da burguesia financeira, questionavam a própria capacidade reguladora do Estado, pressionando por "respeito às forças do mercado que determinam a taxa de juros e o prazo dos empréstimos".[11]

Na mesma perspectiva liberal, o Banco Mundial ditava as diretrizes que deveriam orientar a reorganização do sistema financeiro nacional, defendendo o livre movimento da concorrência, de forma que propiciasse ao mercado um "papel mais importante". De fato, a instituição condicionava seu apoio financeiro ao processo de reforma do sistema, propondo a implementação de um programa de medidas direcionadas à desregulação e absoluta liberalidade dos fluxos de capitais externos no país, além da redução do "porte e campo de atuação dos bancos oficiais". Alguns aspectos essenciais dessas diretrizes eram a eliminação da interferência governamental nos mercados de crédito e o desenvolvimento dos mercados de capitais privados; a liquidação ou privatização dos bancos estaduais e a revisão dos papéis dos bancos federais; a redução do nível e da variância das "exigências de reserva legal para todos os instrumentos e instituições financeiras".[12]

Em grande medida, tais políticas para o sistema financeiro nacional seriam adotadas no decorrer da década de 90, quando os princípios e programas de ação neoliberais irradiavam-se mais intensamente para os países de economia periférica. Entretanto, já no Brasil dos anos 80, o sistema financeiro apresentava algumas características que o aproximavam do sistema financeiro mundial, dominado pelo capital privado transnacional. A análise de Marcos Arruda evidencia os seguintes aspectos, que marcavam o sistema brasileiro na segunda metade da década:

- a dominância dos grandes conglomerados financeiros privados e a redução da presença do Estado no sistema;
- um crescente processo de concentração e centralização no setor bancário privado;
- um movimento de transnacionalização, que seguia três vias: "a internalização dos grupos financeiros estrangeiros; a internacionalização das atividades de um número crescente de grupos financeiros brasileiros, privados e oficiais; e o endividamento externo" (Arruda, 1988, pp. 17-18).

O sistema bancário brasileiro dos anos 90 e a política neoliberal

A inserção externa da economia brasileira se modificaria, ao longo da década de 90. Como em outros países da América

Latina, um conjunto de medidas internas de liberalização econômica possibilitou e estimulou a ampliação dos fluxos de capitais estrangeiros no país. De fato, desde o governo Fernando Collor (1990-1992), um movimento de abertura comercial e financeira atrelava cada vez mais a política econômica e monetária brasileira aos interesses do grande capital transnacional, representados em organismos financeiros internacionais como o FMI, o Banco Mundial e o Banco Interamericano de Desenvolvimento (BID). O Brasil se inseria, de modo subordinado e dependente, na atual fase de internacionalização do capital que Chesnais (1999) qualificou de regime de acumulação mundial predominantemente financeiro.

Este processo de abertura econômica desencadeava-se num contexto de expansão e intensa transformação do sistema financeiro internacional, marcado pela liberalização e desregulamentação financeiras. Conforme apontam Freitas e Schwartz (1992), a taxa de crescimento dos mercados financeiros superou largamente as de produção e de comércio nos anos 80, enquanto aumentava rapidamente o volume de transações com moeda estrangeira em países da Europa Ocidental, Estados Unidos e Japão.

No entanto, esta forte expansão das operações financeiras mundiais não se estendeu de modo universal. Chesnais ressalta o caráter excludente destes movimentos, quando explicita o significado do termo "mundialização do capital":

> Não é todo o planeta que interessa ao capital, mas somente partes dele, mesmo que suas operações sejam poluidoras a nível mundial, no plano da ecologia como em outros. Ligar o termo "mundialização" ao conceito de capital significa dar-se conta de que, graças ao seu fortalecimento e às políticas de liberalização que ganhou de presente em 1979-81 e cuja imposição foi depois

> continuamente ampliada, o capital recuperou a possibilidade de voltar a escolher, em total liberdade, quais os países e camadas sociais que têm interesse para ele (1996, p. 18).

Na década de 80, os fluxos financeiros internacionais concentraram-se nos países capitalistas centrais e em alguns do Leste Asiático. Somente na década seguinte eles atingiriam a América Latina, num movimento de revalorização dos mercados da região, após um refluxo de investimentos estrangeiros em países latino-americanos no decorrer dos anos 80. Segundo Freitas e Prates (1998), esses investimentos assumiram as formas predominantes de *fluxos de porta-fólio*[13] e de investimento direto estrangeiro pela participação acionária nas instituições financeiras locais.

No Brasil, a internacionalização financeira vinculou-se à dinâmica produtiva e desenvolveu-se mediante o endividamento externo das empresas, nos anos 70 e 80, num contexto de rápida expansão do sistema financeiro internacional privado (Baer, 1986). Nos anos 90, a reinserção internacional do país foi determinada por um conjunto de fatores externos e internos, vinculados, por um lado, aos movimentos atuais do mercado financeiro internacional e seu novo modo de funcionamento e, por outro, aos programas e reformas neoliberais implementados internamente.

José Luís Fiori observa que, quando das eleições presidenciais de 1989, um consenso favorável à adoção das políticas de estabilização e reformas estruturais de cunho neoliberal, propostas pelo Consenso de Washington, havia-se cristalizado entre as frações da classe dominante que governam o país. Segundo o autor, esse consenso construía-se em torno do reconhecimento da natureza estrutural da crise econômica e política que afetava a sociedade brasileira da segunda metade dos anos 80. Tal crise sinalizava o esgotamento do modelo de desenvolvimento vigente no país desde a década de 30 e apontava, de acordo com estas forças políticas, a necessidade premente de um programa de ajuste macroeconômico e de reestruturação produtiva, além de uma reforma do Estado, de inspiração neoliberal (Fiori, 1993, pp. 150-53).

As estratégias política e econômica do governo Collor desenvolveram-se neste contexto e concretizaram-se num amplo programa de "estabilização" e reformas institucionais de cunho liberalizante, cujos fundamentos seriam mantidos e aprofundados nos governos posteriores. Fiori assinala a "prioridade absoluta para o mercado como orientação e caminho para uma nova integração econômica internacional e modernidade institucional" nesse governo e cita as seguintes medidas, constitutivas do seu programa econômico: reforma administrativa, patrimonial e fiscal do Estado; renegociação da dívida externa; abertura comercial; liberação dos preços; desregulamentação salarial (op. cit., p. 153).

No que se refere à abertura financeira, transformações institucionais importantes possibilitaram a diminuição das restrições à entrada de investidores estrangeiros no mercado de capitais brasileiro e a ampliação do acesso de empresas sediadas no país a fontes externas de financiamento. Tais mudanças, que objetivaram "adaptar" a legislação nacional às transformações mais gerais do sistema financeiro internacional, viabilizaram uma nova inserção da economia brasileira no mercado mundial. Assim, para facilitar a captação de recursos no mercado financeiro internacional, foram ampliadas as opções de instrumentos financeiros à disposição das instituições financeiras e empresas não financeiras, ao mesmo tempo em que se reduzia a tributação incidente sobre esta modalidade de empréstimos em moeda estrangeira. Por sua vez, a entrada de investidores estrangeiros no mercado financeiro nacional recebeu forte impulso em 1991, com a abertura do mercado acionário e de renda fixa ao capital externo. Foram instituídos canais independentes de investimento com diferentes graus de atratividade, conforme a tributação incidente sobre os ganhos de capital, com o intuito de estimular os investimentos de porta-fólio estrangeiros no país (Prates, 1997).

Segundo Prates, os processos de abertura financeira de uma economia desenvolvem-se em três níveis:

> No primeiro nível, são permitidos tanto o endividamento de residentes no mercado internacional de capitais quanto o investimento de não-residentes no mercado financeiro doméstico — essas transações são denominadas *inward transations.* O segundo nível de abertura envolve a posse de ativos externos e a transferência de capital por parte de residentes, e o endividamento de não-residentes no mercado interno — transações denominadas *outward transations.* Nesse nível de abertura, existe total conversibilidade da conta de capital. O terceiro nível de abertura refere-se à conversibilidade interna da moeda, ou seja, à liberdade de posse e de relações de débito e crédito entre residentes em (ou denominados em) moeda estrangeira (op. cit., p. 7).

No Brasil, o processo recente de internacionalização financeira abrangeu o primeiro nível de abertura, conforme a classificação de Prates, nas duas dimensões: captação de recursos no mercado internacional de capitais e entrada de investidores estrangeiros no mercado nacional. Da mesma forma, foi ampliada a abertura financeira no segundo e terceiro níveis, a partir de mudanças institucionais no mercado de câmbio, que liberalizaram os fluxos de capitais no mercado nacional e facilitaram os movimentos de remessa de divisas para o exterior.

Simultaneamente, aumentaram os investimentos diretos estrangeiros no sistema financeiro nacional, mediante a participação acionária em instituições financeiras locais e a instalação de filiais e subsidiárias no mercado brasileiro. Como assinalam Maria Cristina Freitas e Daniela Prates, tal movimento foi desencadeado pela pressão concorrencial no sistema internacional, marcado pelo recrudescimento da concentração e centralização dos capitais e pela diluição de fronteiras nos papéis das instituições financeiras bancárias e não bancárias. Neste quadro de agudas transformações na esfera financeira mundial, grandes bancos dos países capitalistas centrais buscaram novos espaços de atuação, adotando uma estratégia de diversificação geográfica de atividades (Freitas e Prates, 1998, pp. 185-86).

Segundo as autoras, esta expansão de grupos financeiros internacionais no Brasil e em outros países da América Latina foi viabilizada pelas políticas nacionais favoráveis ao capital estrangeiro nos anos 90, que aboliram ou reduziram as restrições à participação externa nos sistemas financeiros domésticos. Ao lado destas medidas de liberalização e das novas estratégias mercadológicas de bancos sediados nos países capitalistas centrais, a crescente participação estrangeira nos sistemas financeiros de países latino-americanos foi estimulada pela implementação de programas de estabilização monetária na economia desses países e pela perspectiva de lucros elevados, com a manutenção de altas taxas de juros nos mercados financeiros locais (idem, op. cit., p. 186).

A abertura do sistema financeiro nacional ao capital estrangeiro aprofundou-se ao longo do governo de Fernando Henrique Cardoso, que consolidaria a implementação de programas neoliberais no país. Como epicentro de sua política econômica, o governo FHC desenvolveria um programa de estabilização monetária baseado, fundamentalmente, numa absorção crescente de capitais externos. O chamado Plano Real, implantado progressivamente desde 1993, fazia-se acompanhar de medidas estatais de ajuste fiscal, liberalização financeira, privatização e abertura comercial indiscriminada, que conduziriam a um maior endividamento externo e à desarticulação da estrutura industrial do país.

Tal política atrairia grandes grupos financeiros internacionais ao país, ávidos pelas possibilidades de lucros. De acordo com Freitas e Prates (1998), a abertura do mercado de capitais, os processos de privatização e de reestruturação industrial e, ainda, as operações relacionadas ao financiamento da renovação da infra-estrutura econômica local incentivaram fortemente o investimento direto estrangeiro no sistema financeiro nacional.

Assim, desfrutando de ampla liberdade de acesso ao país, as instituições financeiras externas puderam escolher entre a participação no capital social de bancos privados nacionais, a aquisição do controle acionário de instituições por meio de processos de privatização ou liquidação, ou, ainda, a instalação (ou expansão) de sucursais e subsidiárias no mercado local. Como resultado desse processo de internacionalização, a presença de conglomerados transnacionais no mercado financeiro nacional cresceu significativamente na década de 90. Especialmente nos últimos anos da década, quando se acirrou o movimento de reestruturação no sistema financeiro nacional, quase duplicou a quantidade de instituições financeiras controladas pelo capital externo no país, conforme a tabela elaborada pela Associação Nacional das Instituições do Mercado Aberto (Quadro 1).

QUADRO 1

PARTICIPAÇÃO ESTRANGEIRA NO SISTEMA FINANCEIRO NACIONAL*							
Quadro consolidado	Jan./ 94	Jan./ 95	Jan./ 96	Jan./ 97	Jan./ 98	Jan./ 99	Var./ 98-99
I — Banco comercial privado nacional com controle estrangeiro	1	1	1	1	1	1	0
II — Banco múltiplo nacional com controle estrangeiro	18	20	20	23	29	42	13
III — Banco comercial estrangeiro com filial no país	19	17	17	17	16	16	0
Subtotal (com controle)	38	38	38	41	46	59	13
IV — Banco comercial privado com participação estrangeira	2	2	2	2	2	2	0
V — Banco múltiplo nacional com participação estrangeira	30	28	29	26	23	21	-2
Subtotal (sem controle)	32	30	31	28	25	23	-2
Total	70	68	69	69	71	82	11

* Até 1997, os dados foram extraídos da PCOS210 e, a partir de 1998, da PCIF700, do SISBACEN.

Fonte: Banco Central do Brasil

Elaboração: ANDIMA

A presença externa cresceu ainda mais no início desta década, quando o grande banco privado espanhol Santander comprou o Meridional/Bozano,[14] em janeiro de 2000, e o Banco do Estado de São Paulo (Banespa) — maior banco estadual brasileiro —, em leilão de privatização realizado em novembro do mesmo ano. Com tais aquisições, o banco espanhol converteu-se no terceiro maior banco privado integrante do sistema financeiro nacional. Segundo cálculos do Dieese (2001), em 1992 os bancos com controle estrangeiro detinham 6,9% do total dos ativos do sistema financeiro nacional; em 2000, esta taxa era de 27,4%. No mesmo período, os bancos estatais tiveram sua participação reduzida de 52,7% para 36,5%, enquanto os privados nacionais mantinham relativamente estável sua presença no sistema.

O aumento expressivo da participação estrangeira é simultâneo a um movimento de concentração e centralização de capital no setor. Especialmente após a implantação do Plano Real, observou-se crescente predominância de grandes conglomerados privados, nacionais e estrangeiros, no sistema financeiro local. Ao mesmo tempo, diminuiu o número de instituições bancárias, de 245, em 1994, para 194 em 1999, enquanto a quantidade de agências caía de 18.199 para 16.158, no mesmo período. Em 1999, dos 194 bancos, 15 eram estrangeiros, 52 eram privados nacionais com controle estrangeiro e 12 nacionais com participação estrangeira (Febraban, 2000).

Em março de 2000, os 50 maiores bancos do sistema bancário nacional por ativos totais eram responsáveis por 94% do total dos ativos e 89% do patrimônio líquido do sistema bancário nacional. O Quadro 2 revela o predomínio do capital privado — nacional e estrangeiro — no setor, especialmente no que se refere ao lucro líquido auferido pelos bancos privados no primeiro trimestre do ano, que representava 68,3% do total da lucratividade das 50 instituições selecionadas.

QUADRO 2

PARTICIPAÇÃO POR TIPO DE CAPITAIS NOS 50 MAIORES BANCOS POR ATIVOS TOTAIS (EM R$ MIL)							
Bancos	Nº de bancos	Ativo total	%	Patrimônio líquido	%	Lucro líquido	%
Federais	5	349.593.729	42,29	23.924.885	33,33	545.020	20,78
Estaduais	4	57.224.831	6,92	6.278.626	8,75	286.300	10,92
Privados nacionais	12	179.853.638	21,76	19.113.925	26,62	1.223.132	46,65
Privados com controle estrangeiro	24	181.456.313	21,95	16.130.989	22,47	332.064	12,67
Privados com participação estrangeira	5	58.521.956	7,08	6.341.843	8,83	234.584	8,98
Total	50	826.650.467	100	71.790.268	100	2.621.100	100
Total 50 maiores bancos		826.650.467	94	71.790.268	89	2.621.100	93
Total demais instituições bancárias		47.435.496	6	8.186.483	11	173.258	7
Total do sistema bancário		874.085.963	100	79.976.751	100	2.794.358	100

Fonte: Banco Central do Brasil. Balancetes março/2000

Elaboração: Nise Jinkings

Estes movimentos recentes de internacionalização, centralização e concentração de capital desenvolveram-se no bojo das transformações pelas quais passava o sistema financeiro brasileiro, na segunda metade dos anos 90. Como já assinalamos, o sistema era palco de um conjunto de mudanças que visavam adequá-lo à atual dinâmica financeira internacional e à sua lógica especulativa, dominada pelas prioridades de valorização imediata do capital-dinheiro.

Assim, no âmbito de importantes mutações no mercado mundial, vinculadas a processos de desregulamentação e liberalização financeira e à difusão de novos instrumentos de engenharia financeira, desencadeou-se um movimento drástico de reorganização do setor financeiro no país. Tal movimento se intensificaria após o Plano Real, quando a rápida queda da inflação e a entrada de grandes grupos financeiros externos no país compeliram as instituições bancárias nacionais a buscar novas estratégias de rentabilidade e de inserção no mercado nacional e internacional.

Não seria demasiado lembrar que as medidas de ajuste monetário que compuseram o Plano Real prejudicaram uma parcela considerável da receita dos bancos, já que no período hiperinflacionário, marcado pela chamada "ciranda financeira", seus lucros dependiam, principalmente, do circuito de valorização dos ativos financeiros. Segundo dados do Banco Central, em toda a década de 80, até o ano de 1993, as receitas inflacionárias anuais do sistema bancário situaram-se numa média de aproximadamente 9 bilhões de dólares. Em contrapartida, em 1995 caíam para 499 milhões de dólares.[15]

Todavia, a redução das receitas inflacionárias dos bancos não significou uma queda importante na rentabilidade do setor. Segundo dados do DIEESE (1995), a rentabilidade média dos nove maiores bancos privados nacionais foi de 12,7% em 1994, próxima dos 13,2% obtidos no ano anterior. Ao mesmo tempo, o lucro líquido desses bancos aumentou cerca de 10% em 1994, em relação a 1993, enquanto crescia significativamente a produtividade do trabalho. Estes resultados apontam a estreita articulação entre os interesses da burguesia financeira e a política monetária nacional, que implementou um conjunto de medidas de preservação dos mecanismos de lucratividade do setor, em conjuntura de estabilização da moeda.

De fato, os interesses setoriais da burguesia financeira são perfeitamente contemplados nas atuais políticas governamentais. Minella (1998) relaciona as seguintes políticas de favorecimento ao grande capital financeiro nacional e internacional: medidas de socorro ao sistema e de subsídios para fusão e incorporação de bancos; desregulamentação do sistema financeiro; manutenção de altas taxas de juros; liberação de tarifas bancárias; redução da carga tributária sobre os bancos; fundos de investimento com alta rentabilidade.

Segundo o autor, o poder da burguesia financeira no país explicita-se na sua forte articulação, não somente com grandes grupos econômicos, mas também com órgãos de caráter político-ideológico:

> Tais órgãos contam com a participação ou estão organicamente vinculados a integrantes das elites intelectuais e políticas, e sua abrangência é nacional e internacional. Estabelecem uma rede complexa de relações com organismos diversos de assessoria, consultoria, de apoio técnico — em âmbito privado, universitário —, órgãos da grande imprensa e aparatos estatais de decisão, o que lhes garante um enorme potencial de influência sobre as definições das políticas que afetam o setor (op. cit., p. 171).

Assim, naquele cenário de relativa estabilização monetária e de intensificação da concorrência no mercado local entre conglomerados nacionais e internacionais, as instituições financeiras expandiram seus rendimentos por meio de novas fontes. Beneficiadas com as altas taxas de juros, obtiveram ganhos consideráveis com a intermediação de títulos e valores mobiliários, constituindo-se o que alguns autores chamaram de "indústria de fundos". Ao mesmo tempo, a liberação das tarifas bancárias propiciou um aumento drástico das receitas oriundas da prestação de serviços, no setor. Segundo levantamento da ANDIMA (1999a), a média mensal das receitas derivadas da prestação de serviços cresceu cerca de 220% entre 1994 e 1998. Como resultado das medidas governamentais e das estratégias de mercado das instituições financeiras, o lucro líquido acumulado em 1999 pelos 50 maiores bancos por volume do ativo

— exceto Banrisul e Banestado — somou 9,97 bilhões de reais, valor 69,04% superior a 1998 (DIEESE, 2000c).

As políticas estatais adotadas diante da crise bancária, desencadeada em março de 1995, são mais uma evidência do seu conteúdo altamente favorável ao grande capital financeiro. Num contexto de instabilidade financeira após a crise mexicana do final de 1994, o fluxo de capital externo na América Latina reduziu-se subitamente. No Brasil, um conjunto de medidas de contenção monetária foi adotado para enfrentar a fuga de capitais e, supostamente, resguardar o Plano Real, fundado na absorção de capital estrangeiro e na sobrevalorização cambial. Iniciava-se um movimento recessivo na economia brasileira, com violenta restrição ao crédito e elevação da taxa de juros, que implicaria queda da atividade produtiva e dos níveis de emprego. Como analisa Paul Singer, o desafio brasileiro, desde a crise financeira de 1995, deixava de ser a inflação (que se mantinha em níveis baixos) e passava a ser a "vulnerabilidade da economia ao movimento dos capitais" (Singer, 1999, p. 34).

A política monetária brasileira "anticrescimento" (Singer), que visava atrair capitais externos, afetaria as carteiras de créditos dos bancos, que passavam a apresentar altos índices de inadimplência. Com as receitas advindas da intermediação financeira comprometidas e já sem os ganhos derivados dos movimentos especulativos do capital monetário em época de inflação desenfreada, diversas instituições bancárias viram ameaçada sua sobrevivência no cenário econômico nacional. Ao mesmo tempo, problemas relacionados à gestão fraudulenta de instituições apontavam falhas na atuação fiscalizadora e nos instrumentos de controle do Banco Central. Estas foram algumas manifestações da crise financeira e bancária no Brasil pós-Plano Real, marcada pela liquidação de 34 instituições — bancos, corretoras e distribuidoras de títulos e valores mobiliários — em 1997 (ANDIMA, 1999a).

Em escala internacional, os anos 90 assistem à multiplicação de crises originadas na esfera monetária e financeira e ao aumento dos "riscos de estagnação econômica global",[16] diante da contínua queda nos níveis de crescimento na maioria dos países capitalistas centrais. Ao analisar as peculiaridades dessas crises que abalam o mundo financeiro no contexto da economia liberal mundializada e suas relações com a produção e o investimento, Chesnais (1999, pp. 252-53) formula a hipótese de que "haveria uma relação de mão dupla entre a esfera financeira e a esfera de criação do valor". Por um lado, os sobressaltos financeiros, com seus efeitos negativos sobre o sistema de crédito, acentuam a tendência de desaceleração da produção e do investimento; por outro, o contexto de acentuada queda do crescimento econômico propicia o desencadeamento de crises e abalos financeiros.

É nesta conjuntura crítica mundial de repetidos choques financeiros e de baixos níveis de investimento produtivo que conceitos como o de "risco sistêmico" ganham lugar de destaque nos textos e discursos de especialistas da área. Em países como o Brasil, que participam de modo subordinado da mundialização financeira e onde a vulnerabilidade econômica e financeira é maior, os riscos de propagação das crises são maiores, e seus efeitos destrutivos, mais graves. Quando da crise do México, em 1994-1995, o medo de um "efeito dominó", por meio do qual fossem "contagiadas" as economias latino-americanas, levou o governo brasileiro a intensificar suas políticas de reestruturação do sistema financeiro, implementadas desde o Plano Real. Tais políticas, que tiveram forte impacto sobre a composição do sistema, tornaram-no ainda mais concentrado e centralizado.

Destaca-se, a esse respeito, a implantação do Programa de Estímulo à Reestruturação e ao Fortalecimento do Sistema Financeiro Nacional (PROER),[17] com a alegada finalidade de "sanear" o sistema. O programa criava linhas de crédito, benefícios fiscais, além de subsídios e incentivos, disponibilizando recursos para a fusão ou incorporação de instituições financeiras insolventes, beneficiando grandes instituições financeiras privadas. Segundo Minella (1998), o PROER havia consumido mais de 20 bilhões de reais dos cofres públicos até 1997, o que equivalia a todo o orçamento destinado à saúde naquele ano e a quase o dobro dos custos com a educação.

Conforme estudo da ANDIMA (1999a), o intensivo processo de reestruturação na esfera financeira local vincula-se, principalmente, a movimentos de mudança de controle acionário e de incorporação de instituições, com presença crescente de grandes grupos financeiros, nacionais e estrangeiros. O estudo aponta que mais de um terço dos novos grupos controladores é estrangeiro. O Quadro 3 explicita as principais alterações na composição do sistema financeiro, desde o Plano Real.

QUADRO 3

REESTRUTURAÇÃO DO SISTEMA FINANCEIRO (1994-1998)

Alterações	1994	1995	1996	1997	1998
De controle acionário	2	4	8	13	35
De denominação social	-	-	-	9	6
Incorporação	-	1	3	14	15
Fusão	-	-	1	-	-
Cisão	-	-	-	3	1
Total	2	5	12	39	57

Fonte: Banco Central
Elaboração: ANDIMA (1999a)

Na segunda metade dos anos 90, os três maiores grupos financeiros privados nacionais expandiram seu patrimônio e aumentaram visivelmente seu poder econômico no sistema. Na maioria dos casos com estímulos tributários do governo, os conglomerados liderados pelo Bradesco, Itaú e Unibanco incorporaram várias instituições bancárias após o Plano Real. Seja adquirindo bancos privados, seja participando de leilões de instituições estatais, esses grandes grupos financeiros desenvolvem estratégias de expansão, objetivando economias de escala e maiores oportunidades mercadológicas. O contínuo crescimento da rentabilidade patrimonial e do lucro líquido dos três conglomerados ao longo da década é revelador dos lucros elevados propiciados ao grande capital financeiro privado pela atividade bancária no Brasil. Com efeito, no final dos anos 90, o Bradesco havia aumentado sua lucratividade em cerca de 9%, o Itaú, em 50%, e o Unibanco, em 30%, relativamente ao ano anterior (DIEESE, 2000c).

Segundo análise do DIEESE (1996d), os processos de fusão ou incorporação de bancos são motivados pelas possibilidades de ganhos em escala, de ampliação da rede de agências e conquista de clientes, utilização de tecnologia e de força de trabalho experiente, além de expansão da presença do banco controlador em determinadas regiões do país. O estudo aponta a tendência de aprofundamento de algumas características do sistema financeiro, a partir do aumento da concentração de capital propiciado pelos movimentos de reestruturação patrimonial. O avanço da automatização nos serviços de auto-atendimento, nas tecnologias de apoio à decisão gerencial, de transmissão de dados e redes, a queda dos níveis de emprego e a maior segmentação dos clientes bancários são algumas das características destacadas.

Estas ações de reestruturação do sistema financeiro, subsidiadas pelo governo brasileiro e comandadas pelo grande capital externo e interno, incluem programas de privatização de instituições estatais, como medida de grande importância estratégica na política neoliberal. Atuando em conformidade com as diretrizes dos organismos financeiros internacionais, o governo perpetra uma visível redução da presença do Estado no sistema. Vinte bancos estatais foram privatizados, liquidados ou federalizados para futura privatização, desde a segunda metade dos anos 90.

As diretrizes para a atuação dos bancos federais e suas funções, no atual contexto político e econômico, foram sistematizadas na Nota Técnica 020, de 13 de julho de 1995. Elaborada pela Secretaria Executiva do Ministério da Fazenda, a nota minimiza e critica o conteúdo social que justifica a existência dos bancos públicos. Ressalta as disfunções e os problemas administrativos destas instituições e adquire um sentido doutrinário, quando defende a geração de lucro como requisito fundamental de sobrevivência dos bancos:

> Criados historicamente para funções específicas, os atuais seis bancos federais vem apresentando ao longo do tempo um quadro de superposição de funções, concorrência prejudicial entre eles, rede de agências autofágica e ineficiente, dependência de tratamentos excepcionais para manutenção de precário equilíbrio econômico-financeiro, pesadas estruturas administrativas e funcionais. Justificaria em parte esta situação, para alguns, aquilo que equivocadamente denominam de ônus de "banco social", figura inexistente na doutrina e na prática. Função social é autárquica, fundeada no orçamento fiscal. Banco é banco, seja público ou privado. Deve gerar resultados, lucro [...].[18]

No curso do seu programa de desestatização, coordenado pelo Comitê de Coordenação Gerencial das Instituições Financeiras Públicas Federais (COMIF), o governo brasileiro contratou os serviços de um consórcio integrado pela empresa de consultoria holandesa Booz Allen & Hamilton e a Fundação Instituto de Pesquisas Econômicas da Universidade de São Paulo (FIPE), com a alegada finalidade de obter um diagnóstico da situação econômico-financeira das instituições bancárias federais. O estudo realizado,[19] que conclui pela premência de uma "reestruturação profunda" dessas instituições, analisa alternativas de um novo "modelo institucional e organizacional" do sistema financeiro estatal, inspirado em modelos de outros países que, segundo os autores, priorizam a "busca da redução de custo" e a "maximização da contribuição do mercado privado".

Em junho de 2001 o governo brasileiro cria, por medida provisória, o Programa de Fortalecimento das Instituições Financeiras Públicas Federais (PROFIF), que dá seguimento ao processo de reestruturação dessas instituições. Esvaziando o papel dos bancos federais como instrumentos da política econômica e social do país, impondo-lhes as mesmas regras de funcionamento dos demais bancos comerciais, direcionando suas estratégias de rentabilidade aos patamares e à lógica empresarial e de mercado, as medidas implementadas pelo PROFIF tornam cada vez mais dominantes o capital privado e sua racionalidade no sistema financeiro nacional.

A mesma lógica privatista permeia as políticas dirigidas aos bancos estaduais. A Medida Provisória nº 1514/96 e o Programa de Incentivo à Redução do Setor Público Estadual na Atividade Bancária (PROES), criado em fevereiro de 1997, possibilitam a utilização de recursos do governo federal para sanear as dívidas daquelas instituições e permitir sua privatização, liquidação ou transformação em agência de fomento. O chamado "pacote de socorro aos bancos estaduais" consumiu recursos da União calculados em mais de 60 bilhões de reais, segundo estimativas do Banco Central,[20] e implicou benefícios tributários milionários aos conglomerados financeiros compradores dos sete bancos estaduais privatizados desde a criação do programa.[21]

A situação dos bancos estatais ao final do ano 2000, como conseqüência das opções e políticas dos governos brasileiros da última década, encontra-se sistematizada nos quadros a seguir:

Quadro 4

<table>
<tr><th colspan="3">Situação dos bancos estatais</th></tr>
<tr><th colspan="3">Instituições estaduais</th></tr>
<tr><td colspan="2">Saneamento com manutenção de controle pelo Estado</td><td>Banrisul (RS), Nossa Caixa (SP), Banestes (ES), Banese (SE), Banpará (PA), BRB (DF), Paraiban (PB)</td></tr>
<tr><td rowspan="2">Privatização</td><td>Privatizadas</td><td>Banerj (RJ), Credireal e Bemge (MG), Bandepe (PE), Baneb (BA), Banestado (PR), Banespa (SP)</td></tr>
<tr><td>Federalizadas para futura privatização</td><td>BEG (GO), BEC (CE), BEP (PI), BEA (AM), Besc (SC), BEM (MA)</td></tr>
<tr><td colspan="2">Transformação em agência de fomento</td><td>Banacre (AC), Desenbanco (BA), Bandes (ES), BDMG (MG), BDRN (RN), Rondopoup (RO), Baner (RR), Badesc (SC), Caixa Econômica (RS)</td></tr>
<tr><td colspan="2">Liquidação extrajudicial</td><td>Produban (AL), Banap (AP), Bemat (MT), Minas Caixa (MG), parte do Banerj (RJ), Badern (RN), Beron (RO)</td></tr>
<tr><th colspan="3">Instituições federais</th></tr>
<tr><td colspan="2">Privatizada</td><td>Meridional</td></tr>
<tr><td colspan="2">Em processo de reestruturação</td><td>Banco do Brasil, Caixa Econômica Federal, Banco da Amazônia (Basa), Banco do Nordeste Brasileiro (BNB)</td></tr>
</table>

Fonte: DIEESE — Linha Bancários (2000c; 2001)

Elaboração: Nise Jinkings

QUADRO 5

Mês	Ano	Instituição privatizada	Instituição compradora
Junho	1997	Banerj	Itaú
Agosto	1997	Credireal	BCN
Dezembro	1997	Meridional (federal)	Bozano, Simonsen
Setembro	1998	Bemge	Itaú
Novembro	1998	Bandepe	ABN-AMRO
Junho	1999	Baneb	Bradesco
Outubro	2000	Banestado	Itaú
Novembro	2000	Banespa	Santander

Fonte: DIEESE — Linha Bancários (2001)

Elaboração: Nise Jinkings

Convém ressaltar que os bancos estatais eram instrumento essencial no financiamento das atividades produtivas, nas diversas regiões do país. De acordo com dados sistematizados por Donizetti (1995), quando da implementação do Plano Real, os bancos privados estavam presentes em 32% dos municípios brasileiros (1.608) — em geral nas cidades de maior porte —, enquanto os estatais serviam 65% deles (3.262). Quanto ao fornecimento de crédito, as instituições financeiras federais e estaduais eram responsáveis por 77,7% dos empréstimos destinados a habitação, 85% do crédito agrícola e 90% dos financiamentos ao setor público — infraestrutura, saneamento básico e obras das administrações —, em 1995.

Assim, abrindo o mercado nacional ao capital externo, fomentando processos de fusões e incorporações entre empresas, privatizando instituições estatais, o governo brasileiro segue os preceitos neoliberais para a dinamização do desenvolvimento capitalista. São estas as políticas que tornam o sistema financeiro nacional cada vez mais dominado pela dinâmica financeira internacional e pelos interesses especulativos do capital privado, crescentemente desancorado da esfera produtiva.

Intensificação do trabalho e instabilidade do emprego na reestruturação dos bancos

Um movimento intenso de reorganização do trabalho e de redefinição de perfil operacional desencadeia-se nos bancos para moldá-los ao contexto internacional de mundialização do capital. Estudos sobre os sistemas financeiros de países capitalistas centrais detectam um deslocamento das atividades administrativas para as comerciais nos bancos, privilegiando o contato com o cliente e sofisticando a prestação de serviços financeiros. A crescente concorrência nos mercados internos e internacionais, decorrente da liberalização e desregulamentação adotadas nos anos 80, compeliu os bancos a converterem-se em "empresas dinâmicas", orientadas para os negócios, segundo enfatiza análise da Organização Internacional do Trabalho (OIT, 1992, pp. 115-16).

Nesta perspectiva, a concepção de novos produtos bancários, o desenvolvimento tecnológico e o maior investimento na qualificação da força de trabalho têm sido pilares essenciais das opções mercadológicas dos bancos, em face das pressões concorrenciais no setor. A OIT aponta a tendência de aumento na proporção de pessoal com grau mais elevado de educação formal e alta capacitação técnica no setor bancário mundial, enquanto se reduz a participação de trabalhadores em funções administrativas, consideradas menos qualificadas do ponto de vista da divisão capitalista do trabalho (op. cit., pp. 90-112).

Marnix Dressen e Dominique Roux-Rossi, ao analisarem transformações recentes nos bancos franceses, destacam o "declínio da cultura administrativa", baseada em tarefas rotineiras e no tratamento impessoal, em favor da "cultura do bancário em contato com o cliente", o bancário-vendedor. Os bancos franceses, objetivando desenvolver ação nos negócios e na venda de "produtos" e serviços, automatizam, terceirizam ou integram às atividades de vendas grande quantidade de tarefas administrativas. Como resultado, em 1992 a força de trabalho vinculada aos serviços administrativos representava apenas 28% dos assalariados nos bancos franceses, enquanto a alocada nas funções de atendimento chegava a 37%. Ao mesmo tempo, menos de 17% dos bancários contratados naquele ano destinavam-se à área administrativa, em oposição a mais de 46% admitidos para a área comercial (Dressen e Roux-Rossi, 1996, pp. 31-41).

No Brasil, as políticas de estabilização monetária e de liberalização financeira adotadas nos anos 90 provocaram um recrudescimento dos movimentos de reestruturação que, desde a década de 80, desencadeavam-se no setor bancário. Alcinei Rodrigues chama de "ajustes para dentro" os processos direcionados para a redução de custos operacionais, que se apóiam na intensificação tecnológica e expulsam grandes contingentes de bancários do mercado de trabalho formal. Os "ajustes para fora", segundo o autor, seriam voltados para a concepção de novas estratégias mercadológicas, baseadas no desenvolvimento de "produtos" e serviços e na segmentação da clientela bancária (Rodrigues, 1999, p. 35).

Com efeito, os conglomerados financeiros promoveram uma série de ajustes em sua estrutura organizativa desde meados dos anos 80, quando sucederam no país diversos programas de estabilização monetária, que atingiam parcialmente seus mecanismos de lucratividade. Neste sentido, a implantação progressiva do Plano Real, a partir de 1993, bem como as políticas de liberalização que se seguiram, implicou uma radicalização dos procedimentos de reestruturação no setor.

O documento *Qualidade em atendimento*, elaborado pela FEBRABAN em 1993, propunha mudanças importantes no perfil operacional dos bancos, a partir da identificação de "problemas" na sua atuação relativos a: inadequação entre o processo de automação, a qualificação do trabalhador bancário e o nível de informação do cliente-usuário; massificação do atendimento, com grande volume de serviços de baixa rentabilidade prestados ao conjunto da população, convertendo os bancos em "guichês da sociedade".

Com a finalidade de superar as "situações-problema" apontadas e criar novas possibilidades de lucro para as instituições financeiras, o estudo indicava as seguintes ações estratégicas: reengenharia de processos, com redução de força de trabalho; seletividade na prestação de serviços ao setor público; orientação dos usuários dos serviços para o auto-atendimento e "atendimento alternativo";[22] reciclagem de recursos humanos e redução da rotatividade; revisão do *layout* das agências. São estas as ações que orientam a constituição de um novo modelo de sistema bancário no país, que se concretiza mediante a adoção de uma série de medidas de curto, médio e longo prazo.

De fato, recentemente se adota, de modo contínuo e acelerado, um conjunto de políticas direcionadas à diminuição de custos administrativos, ao aumento da produtividade do trabalho e à mudança do perfil operacional dos bancos. Tal movimento vai consolidando o modelo de sistema bancário concebido pela FEBRABAN, caracterizado por densa concentração do capital privado, altamente informatizado, empregando força de trabalho mais escolarizada, tendo como epicentro da atividade o negócio e a venda de "produtos" e serviços a clientes discriminados e selecionados segundo critérios de renda ou patrimônio financeiro.

De modo semelhante aos processos desencadeados nos países capitalistas centrais na década de 80, no sistema bancário brasileiro a reestruturação capitalista, sob princípios neoliberais, traduz-se numa ênfase nas estratégias mercadológicas dos bancos e nos seus resultados. Num contexto de estabilização relativa e de intensificação da concorrência, especialmente em face da presença de grandes grupos financeiros internacionais no mercado interno, a expansão das atividades de negócios converteu-se em "condição imprescindível de sobrevivência", segundo a interpretação de banqueiros e assessores da área.

As novas tendências são explicitadas em artigo da *Revista Unibanco*, segundo o qual o banco redefiniu sua estrutura organizacional objetivando marcar focos de atuação no mercado, estabelecendo quatro pilares de negócios: o banco de varejo, o banco de atacado, os negócios de seguros e a atividade de administração de recursos de terceiros. Segundo o artigo, o atual "cenário de estabilidade e alta competitividade" já era visualizado pelo banco nos anos 80:

> Nos anos 80, o Unibanco começava a se preparar para um novo contexto. Lança o programa "80 — Década do Atendimento Unibanco" e o Projeto Plataforma, ambos já baseados no então embrionário conceito de segmentação de mercado. O Unibanco chega aos anos 90 com o processo de segmentação praticamente consolidado e com um firme propósito: buscar a excelência em todos os sentidos. Dessa busca nasce o PEG — Programa de Excelência Gerencial, que lançou as bases para o crescimento da Organização com foco na excelência ao cliente. Como resultado desse movimento, o Unibanco provoca uma grande revolução na forma de atendimento bancário: lança, em 1991, o Unibanco 30 Horas, um novo conceito de conveniência baseado na tecnologia.[23]

As políticas direcionadas aos negócios se fazem acompanhar de medidas de "qualidade no atendimento", inspiradas nos pressupostos dos programas de "qualidade total", segundo os quais produzir com qualidade significa produzir com maior produtividade, a custos reduzidos. A partir destes pressupostos, vão-se instituindo ajustes organizacionais que se fundamentam na intensificação tecnológica, em práticas flexíveis de remuneração e de contratação da força de trabalho e na adoção de programas de "qualidade total". Tais movimentos de reorganização produtiva implicam profundas modificações nas relações de trabalho no interior das instituições financeiras, afetando drasticamente o emprego bancário.

Com o suporte teleinformático, desativam-se os grandes centros de processamento de dados, de serviços e de compensação, que reuniam numerosos contingentes de bancários nos anos 60, 70 e 80. As agências bancárias diminuem em porte e quantidade, tendendo a se transformar em pequenas lojas informatizadas de "produtos" e serviços financeiros. Enquanto cresce o desemprego e se difunde a prática da terceirização da força de trabalho no setor financeiro, o número de assalariados formalmente contratados nos bancos é cerca da metade do que foi na década de 80.

É ilustrativo a este respeito o artigo publicado na imprensa sindical sobre as repercussões, para os trabalhadores, da reestruturação de um grande banco privado nacional:

> A reestruturação que vem sendo efetuada em todas as áreas do Unibanco com o projeto "2000 e Único" está exterminando postos de trabalho bancário e terceirizando funcionários sem nenhum critério. De acordo com acompanhamento feito pelo Sindicato, estima-se que mais de 3000 bancários já tenham sido vítimas do 2000 e Único. [...] A "modernização" do Unibanco já atingiu departamentos como Processamento de Dados, Telemarketing, Microfilmagem, entre outros, em que os bancários demitidos estão sendo contratados por

> empresas prestadoras de serviço — Semco, Seltime e Quatro/A — para realizarem as mesmas funções, mas com direitos reduzidos. [...] Por outro lado, a área de cobrança foi centralizada no edifício Patriarca, o que teve reflexos danosos em outros estados, como Belo Horizonte e Porto Alegre, causando o corte de diversos funcionários.

No cenário de intensificação do trabalho e precarização do emprego, construído pela reestruturação capitalista contemporânea, os movimentos de ajuste que desempregam e aprofundam o uso capitalista da tecnologia nos bancos permitem expressivo crescimento dos níveis de produtividade do trabalho. Em estudo sobre a evolução da produtividade do trabalho bancário entre 1994 — ano da consolidação do Plano Real — e 1997, o DIEESE (1998b) elegeu dois indicadores de produtividade: a relação entre valor das operações de crédito e quantidade de bancários e a proporção entre valor dos depósitos totais e número de bancários. Segundo o primeiro indicador, o aumento da produtividade do trabalho bancário no período considerado foi de 61,4%, em conseqüência da redução ininterrupta na quantidade de trabalhadores empregados no setor e de um crescimento, ainda que descontínuo, do saldo de operações de crédito. Considerando o segundo indicador, o ganho de produtividade do trabalho bancário foi de 80,2% no mesmo período, em face do aumento de 29,1% dos depósitos e da queda do número de trabalhadores em 28,4%.

Os impactos deste processo de reestruturação sobre a vida social tendem a se tornar mais significativos à medida que ele se aprofunda. Em estudo do DIEESE, o modelo atual de sistema bancário, fortemente concentrado e informatizado, que segmenta e elitiza o atendimento, é assim analisado:

> É preciso observar que o modelo "guichê de sociedade", o qual se pretende superar, é conseqüência de certas características da economia brasileira nos últimos anos, em particular das altas taxas de inflação e da preponderância da especulação financeira, em detrimento do investimento produtivo. Tal modelo, baseado no crescimento da estrutura física do setor e na massificação do atendimento, foi a base sobre a qual os grandes bancos de varejo se expandiram, proporcionando-lhes elevados índices de rentabilidade e lucratividade. Tal como na grande indústria, a chamada "reestruturação produtiva" em curso no setor bancário implicará numa reorientação da oferta, direcionando-a a uma clientela menor e mais selecionada, porém capaz de conferir maior previsibilidade aos negócios das empresas. A desmontagem do modelo vigente e sua substituição por outro tem assim um caráter excludente, orientando-se pelas novas necessidades de acumulação setorial (1994, p. 9).

Nos bancos estatais, os programas de reestruturação imprimem traços característicos de empresa privada, subordinada à dinâmica do mercado. Especialmente a partir do governo Fernando Henrique Cardoso, quando os princípios neoliberais encontraram as condições ideais de propagação e prática no Brasil, sucessivas medidas de reorganização produtiva destinaram-se a converter as instituições bancárias estatais em empresas lucrativas, adaptadas ao cenário de mundialização financeira, atraentes ao capital privado transnacional. É um movimento que, em geral, antecede os processos de privatização desses bancos, no contexto da atual desestruturação do sistema bancário estatal. Nele, programas que visam à máxima produtividade do trabalho sucedem-se febrilmente, inspirados nas experiências de grandes bancos privados.

É significativa, a este respeito, a seqüência de planos de "modernização" organizacional, tecnológica e administrativa implementados no Banco do Brasil na segunda metade dos anos 90. Tais planos foram concebidos, muitas vezes, de modo complementar ao Programa de Ajustes 1995-1996, cujo objetivo declarado era enfrentar o propalado desequilíbrio financeiro da instituição, bem como adaptá-la às condições de relativa estabilização econômica após o Plano Real. Em relação à força de trabalho e a sua "eficiente utilização", o programa previa um conjunto de ações, cuja finalidade seria "adequar a distribuição espacial da mão-de-obra e a otimização das despesas de pessoal":

— realocação de funcionários de dependências com excesso;
— incentivo à aposentadoria de funcionários;
— redução de gastos com horas-extras, a partir do redimensionamento e composição de quadros;
— programa de incentivo à Licença-interesse;
— programa de demissão, no interesse do serviço e incentivada;
— redução do número de estagiários, em face da implementação de avanços tecnológicos;
— ressarcimento de custos com funcionários cedidos;
— revisão da política de concessão/fruição de benefícios administrativos.[24]

O plano de reestruturação do Banco do Brasil apresentado em março de 1996 e denominado Hora da Verdade dava prosseguimento ao programa de ajustes internos do ano anterior e se aproximava, em objetivos e conteúdo, dos planos desenvolvidos em grandes instituições financeiras privadas nacionais. No item relativo à modernização tecnológica, com uma previsão de investimentos em informática de 1,7 bilhão de reais até o ano 2000, o plano previa a melhoria da "qualidade do atendimento aos clientes" e o aumento da produtividade, com liberação de força de trabalho. No âmbito organizacional, o documento criava uma nova estrutura, na qual se destacavam as chamadas Unidades Estratégicas de Negócios (UENs), cujo objetivo era "o desenvolvimento dos negócios do conglomerado, buscando a otimização dos resultados".[25] Cada uma dessas unidades passava a ser responsável pelos resultados obtidos no seu segmento de mercado e pelo desempenho dos produtos e serviços oferecidos. Simultaneamente, o plano concebia novas estratégias mercadológicas e estabelecia metas direcionadas para uma melhor inserção do banco no mercado financeiro.

Ao mesmo tempo, implementavam-se medidas destinadas a diminuir custos operacionais e administrativos da instituição, propondo o redimensionamento da rede de atendimento, redução na quantidade de força de trabalho empregada e desmontagem gradativa de conquistas salariais. Como resultado de tais medidas, a rede de atendimento (agências e postos de atendimento bancário) do banco foi reduzida em 9,4%, entre dezembro de 1994 e dezembro de 1996, enquanto a quantidade média de empregados por local de atendimento caía de 38,5% para 28,9%, com a perda de mais de 34 mil postos de trabalho, segundo dados do Dieese (1997c).

Um conjunto de inovações tecnológicas e organizacionais sustenta, sistematicamente, os movimentos de ajustes operacionais e organizativos dos bancos, permitindo a extinção de postos de trabalho e reduzindo o porte de unidades e de pontos de atendimento. Ao descreverem as principais mudanças ocorridas em seus locais de trabalho nos últimos dez anos, bancários participantes do VII Congresso dos Funcionários do Banco do Brasil[26] explicitaram, em entrevistas, importantes aspectos do processo de reestruturação do banco.

Com relação às inovações tecnológicas, foram numerosas as referências ao desenvolvimento do sistema *on-line*, que possibilitou a ampla difusão de terminais de saque, a introdução de rede local móvel e a generalização do uso de microcomputadores nas agências. O aperfeiçoamento da comunicação por meio de rede e a informatização do processo de trabalho com cheques (leitoras de código de barra, máquinas separadoras de cheques, captura de cheques na origem) foram outras inovações bastante citadas pelos entrevistados.

As transformações nas formas de organização e de controle do trabalho referidas com maior freqüência pelos bancários do Banco do Brasil entrevistados no congresso estão relacionadas à "qualidade total". São citados, principalmente, os programas de "qualidade no atendimento" desenvolvidos no banco, por meio dos quais seus administradores buscam aproximar a instituição do perfil mercadológico dos conglomerados financeiros privados.

Contribuíram fortemente para a grande redução na quantidade da força de trabalho empregada no banco os programas de Adequação de Quadro de Pessoal (PAQ) e de incentivo à aposentadoria e à demissão — Programa de Demissão Voluntária (PDV). Como elementos das políticas de "racionalização dos recursos humanos da empresa",[27] esses programas converteram-se em instrumentos importantes da reestruturação no sistema bancário estatal. Por intermédio do PAQ, transferia-se funcionário alocado em dependências consideradas "com excesso" de pessoal ou extintas pelos procedimentos de ajuste. A imposição da transferência, muitas vezes para lugares distantes, compeliu um grande contingente dos bancários atingidos a pedir demissão. Já o PDV pressionava mais diretamente à demissão, por meio de incentivos financeiros e da promessa de habilitação dos bancários demitidos na busca de uma nova carreira, nos Centros de Orientação de Carreira, onde eram ministrados cursos e seminários: "Trata-se de criar condições para que cada um conheça e desfrute amplamente de suas potencialidades. Essa é uma excelente oportunidade para rever e viabilizar sonhos".[28]

O novo discurso institucional, enaltecedor das possibilidades profissionais dos funcionários fora do banco, contrasta vivamente com a realidade nacional (e mundial) de desregulação econômica e ausência de políticas de emprego, de precarização do trabalho e de aumento dos níveis de pobreza. Neste contexto de instabilidade econômica e social que atinge amplas camadas da classe trabalhadora, os bancários de instituições estatais vivem intensa pressão externa e interna. A violência das mudanças recentes nas relações laborais constituídas no Banco do Brasil e a ruptura das condições que permitiam aos assalariados do banco manter suas conquistas, no âmbito do trabalho e sociais, revelam-se cristalinamente na entrevista com uma gerente do banco:

> Num curto espaço de tempo [...] o banco está mudando. [...] porque eles querem privatizar o banco, então estão transformando-o em um banco de varejo. O banco está se modernizando para competir no mercado. De um ano para cá, o que você vê de modernização do banco em termos tecnológicos é muito grande; muitos serviços as máquinas estão fazendo. [...] foi muita gente embora, lógico que essas máquinas reduzem pessoal. [...] Há tempos atrás eles não se preocupavam com o cliente, porque sabiam que o cliente vinha procurar o banco. E hoje o banco está se transformando e precisa do cliente. Começou a aprender com banco particular a ir atrás do cliente, procurar o cliente. E essa diferença eu sinto, porque há tempos atrás eu nunca me preocupava em vender um cheque especial, em vender um seguro.

> [...] E hoje, como quer virar um banco de varejo, o BB tem uma gama de produtos e está competindo no mercado. Os funcionários, que não se preocupavam com nada, tinham um emprego estável, hoje não têm. São mudanças constantes, porque a modernização está indo a passos largos, a cada momento estão acontecendo coisas novas.[29]

A transformação assinalada no discurso da gerente e registrada nos documentos institucionais do Banco do Brasil estende-se pelo conjunto do sistema bancário estatal, que se vai conformando à lógica do capital privado. Para os trabalhadores, tal transformação significa profunda mudança nas condições de trabalho. Isso porque, nos bancos estatais, a constituição de quadros de carreira orientando as decisões sobre promoção e remuneração marcava diferenças importantes em comparação às relações de trabalho estabelecidas nos bancos privados, caracterizadas pela arbitrariedade e diversidade nas condições de contratação e demissão.

Essas diferenças, que se desenvolveram desde a primeira metade do século XX, como assinala Canêdo (1986), aprofundaram-se com a conquista de concurso público como meio de ingresso nos bancos estatais. Nestas instituições, a estrutura burocratizada tornava menos aparentes os mecanismos de poder que se processavam nos locais de trabalho e estabelecia uma certa lógica quanto a políticas salariais e de carreira. Quanto à rotatividade da força de trabalho, enquanto nos bancos privados a demissão dependia basicamente da decisão unilateral da administração da empresa, nos estatais resultava da instalação de um processo administrativo, em casos de faltas consideradas graves. Ao mesmo tempo, os procedimentos de seleção de trabalhadores na maioria das instituições privadas eram basicamente a aplicação de um teste com noções de português e matemática, além de uma entrevista com psicólogo ou gestor da empresa. Enquanto a exigência de escolaridade mínima para ingresso nos bancos privados era o 1º grau, nos bancos estatais exigia-se o 2º grau completo, e os conhecimentos demandados para o concurso incluíam noções de matemática financeira, contabilidade e outros saberes técnicos.

Foram estas as condições que, fundamentalmente, cindiram os trabalhadores bancários em dois segmentos distintos, diferenciados nos traços profissionais e na forma de ser, vivendo situações de trabalho e experiências sindicais dessemelhantes.[30] De fato, especialmente nos anos 80, quando ressurgia a luta sindical bancária após a intensa repressão que vigorou durante a ditadura militar, caberiam aos bancários dos bancos estatais a direção e a organização do movimento.

Nos anos 90, com a legitimação do ideário neoliberal, as políticas de desregulamentação, privatização e flexibilização criam novas segmentações na classe trabalhadora. Particularmente no universo bancário, a desmontagem do sistema financeiro estatal, num contexto de incremento dos níveis de desemprego e subemprego, atinge fortemente as condições de trabalho que diferenciavam positivamente os bancários dos bancos públicos do conjunto dos trabalhadores do setor. Com capacidade de resistência reduzida, a força de trabalho dos bancos estatais assiste à perda de direitos, conquistados ao longo das lutas sindicais bancárias desencadeadas desde as primeiras décadas do século XX. É o caso, por exemplo, dos planos de cargos e salários desses bancários, que são substituídos por sistemas flexíveis de remuneração, baseados no desempenho do funcionário e da sua unidade de trabalho e relacionados a metas de produtividade. O referido programa de reestruturação do Banco do Brasil, que cria as Unidades Estratégicas de Negócios (UENs), revela o modo concreto como se dá a exploração capitalista do trabalho na atualidade.

O processo de "ajuste" da estrutura administrativa e organizacional dos bancos atinge discriminadamente a força de trabalho e repercute sobre seus traços constitutivos como categoria profissional. Vão sendo demitidos, prioritariamente, os bancários responsáveis por tarefas de infra-estrutura de apoio ou de atendimento simplificado, postos de trabalho que são continuamente substituídos por máquinas automatizadas ou por trabalhadores subcontratados. Por outro lado, cresce a demanda por profissionais qualificados — informados sobre as flutuações do mercado monetário, aptos a vender produtos e serviços financeiros variados aos clientes.

Uma síntese interessante das principais transformações no sistema bancário brasileiro dos anos 90 está contida no depoimento de um assessor do Sindicato dos Bancários de São Paulo:

> De 85 a 97, nesses 12 anos, se dá uma mudança drástica. Uma mudança não só de perfil, mas da forma como os bancos atuavam no mercado. Em 85, tínhamos algo em torno de 800 mil bancários no país e agências com muita gente, agências com 300 funcionários, [...] agências com baterias de caixa enormes. [...] era o perfil dos bancos de atuar no varejo, de atender do pequeno ao grande cliente. De lá para cá, as coisas mudaram muito. Inclusive o perfil dos funcionários. Entre os bancários daquela época, tinha um número muito grande de escriturário e caixa, era a maioria. Pessoas jovens: 18, 19, 20 anos, solteiros e que viam o banco apenas como trampolim. Utilizavam o banco para pagar o estudo, mas pensando em fazer qualquer coisa na vida, menos serem bancários. De lá para cá, as agências mudaram, os bancos também mudaram seu perfil. [...] são agências muito mais informatizadas, uma parte grande do serviço é feita pelo auto-atendimento. O número de caixas está

> muito mais reduzido, a clientela elitizando-se cada vez mais, os bancos criando mecanismos para poder expulsar de dentro da agência os pequenos correntistas, que não interessam a eles. Manter apenas as grandes contas e jogar o máximo possível para fazer as operações através da Internet, através de formas alternativas à agência bancária.[31]

Este processo complexo de transformações, que muda em profundidade as formas e condições do trabalho, engendra modificações importantes também nas relações de poder que se desenvolvem nos ambientes laborais. Paralelamente a inovações tecnológicas e organizacionais características do padrão produtivo na era da acumulação flexível, as instituições financeiras praticam novas formas de controle e gestão do trabalho, que tentam obter a adesão dos trabalhadores ao projeto contemporâneo de reprodução capitalista.

Com efeito, os atuais mecanismos de poder organizacional mascaram seus instrumentos coercitivos e instituem uma série de artifícios para alcançar a máxima disciplina e eficácia de cada trabalhador. O estabelecimento de premiações salariais por produtividade, o desenvolvimento de um sofisticado sistema de comunicação empresa–trabalhador, a criação de equipes "de qualidade" nos locais de trabalho são algumas destas estratégias de dominação. Em especial, a introdução da chamada "remuneração variável" na maioria dos conglomerados financeiros, que associa os rendimentos do trabalhador ao cumprimento de metas de produtividade, contém enorme potencial disciplinador e mobilizador do ponto de vista do capital.

Estas são condições essenciais que caracterizam a reestruturação nos bancos, na década de 90, marcada por três fenômenos sociais, conforme Liliana Segnini:

- *intenso desemprego*, como conseqüência de práticas de gestão relativas à flexibilização funcional do trabalho, redução de níveis hierárquicos e política tecnológica direcionada para a diminuição de postos de trabalho e o aumento da produtividade;
- *terceirização e precarização do trabalho*, como estratégia de redução de custos e elevação da produtividade, expressa em condições de trabalho caracterizadas por jornadas laborais mais longas, salários relativamente inferiores e maior intensificação do trabalho, quando comparadas às condições regularmente contratadas nos bancos;
- *intensificação do trabalho*, em decorrência da fusão de postos de trabalho e redução de níveis hierárquicos, de um lado, e, de outro, das políticas de gestão e controle do trabalho, que visam à "maximização dos resultados" (Segnini, 1998b, pp. 476-81).

Portanto, no curso da década de 90, vão-se disseminando velozmente nas instituições financeiras as novas formas produtivas introduzidas pela *acumulação flexível de capital*, mudando as relações e condições de trabalho. Com o apoio da teleinformática, estes atuais métodos de organização produtiva aumentam violentamente a produtividade do trabalho e criam grandes excedentes de força de trabalho, agravando os níveis de desemprego e de subemprego no setor bancário. Nos ambientes laborais, os programas de "qualidade total" e de "remuneração variável" engendram formas sofisticadas de controle da força de trabalho, que perseguem a máxima produtividade pela tentativa de interiorização, em cada bancário, da ideologia empresarial. É deste movimento intenso de tecnicização e reorganização do trabalho nos bancos que trata o capítulo em seguida.

Notas

1 O Washington Consensus — termo criado nos EUA em 1989 — sintetiza um conjunto abrangente de princípios, metas e regras a serem aplicados aos diversos países e regiões do mundo capitalista, para que se "ajustem" econômica e politicamente ao novo capitalismo global, reordenado sob a égide da doutrina neoliberal e do predomínio norte-americano.

2 A implantação do Plano Real tem origem com o Programa de Ação Imediata (PAI), introduzido em junho de 1993. Seu desenvolvimento é marcado pela introdução da unidade real de valor (URV) como referência de um padrão estável de valor em fevereiro de 1994 e pela criação da nova unidade do sistema monetário nacional — o real —, em junho do mesmo ano.

3 Conforme dados compilados por Minella, havia 323 bancos privados nacionais em 1960. Este montante, reduzido para 142 uma década depois, caía para 67 em 1980. Quanto aos bancos estatais, a situação manteve-se praticamente inalterada no mesmo período (Minella, 1988, p. 135).

4 Lei nº 4.131, de 3/9/1962.

5 Segundo Minella, apesar da política restritiva à penetração de bancos estrangeiros no sistema de bancos comerciais, o capital internacional controlava (ou tinha participação expressiva em) pelo menos 24 bancos, que representavam 32% do total de bancos privados comerciais no país, no início da década de 80 (op. cit., pp. 197-98).

6 R. Bornhausen, "Empresários e Estado na economia brasileira", palestra proferida na ADBV em 30/8/1979, apud Minella (1992).

7 A. Diniz, "Bancos se definem e apóiam a institucionalização", *Estado de Minas*, 8 nov., 1986, apud Minella, op. cit.

8 "Líderes empresariais", *Gazeta Mercantil — Balanço Anual*, nº 12, ano XII, 1988.

[9] A. Diniz, "É preciso vencer o imobilismo", *Folha de S. Paulo*, 28 ago., 1988, apud Minella, op. cit.

[10] Idem, "A vantagem de quem faz as regras", *Folha de S. Paulo*, 21 maio, 1988, apud Minella, op. cit.

[11] Idem, "Os bancos e a realidade econômica", *O Estado de S. Paulo*, 5 jul., 1988, apud Minella, op. cit.

[12] "Reforma do sistema financeiro nacional", in *Projeto do Banco Mundial e da Internacional Finance Corporation (IFC)*. Washington, 2 nov., 1988.

[13] Investimentos em ações e títulos de renda fixa, depósitos em moeda estrangeira, aplicações em fundos de investimento.

[14] Instituição bancária federal privatizada, o Meridional havia sido comprado pelo banco Bozano, Simonsen em dezembro de 1997.

[15] *IF — Informação Financeira*, nº 5. São Paulo, ano I, abr.-maio, 1996.

[16] W. Cline, "The risk of global stagnation", in *International economic policy in the 1990s*. Cambridge (Massachusetts): The MIT Press, 1994, apud Chesnais, 1999, p. 252.

[17] O programa foi criado por meio da Resolução nº 2.208 do Conselho Monetário Nacional e da Medida Provisória nº 1.179, em novembro de 1995.

[18] Ministério da Fazenda/Secretaria Executiva, *Nota Técnica nº 020/SE-MF*. Brasília, 23 jul., 1995.

[19] Relatório de alternativas para a reorientação estratégica do conjunto das instituições financeiras públicas federais, enviado para discussão no Congresso Nacional.

[20] *Folha de S. Paulo*, 26 jul., 1999, Caderno 1, p. 4.

[21] O Bradesco adquiriu duas instituições estaduais por intermédio de leilões de privatização: o Credireal, banco estadual de Minas Gerais, e o Baneb, estadual da Bahia. Da mesma forma, o banco Itaú comprou o Banerj, do Rio de Janeiro, e o Bemge, de Minas Gerais. Os dois grandes conglomerados financeiros foram favorecidos com benefícios tributários derivados do Proes, que reduziram o valor das compras em menos da metade dos preços definidos nos leilões, segundo reportagem da *Folha de S. Paulo*, 22 nov., 1999, Caderno 1, p. 11. Em outubro de 2000, o Itaú acrescentava a suas aquisições o Banestado, banco estadual do Paraná.

[22] Formas de prestação de serviços bancários fora das agências, por meio de atendimento em domicílio, instalação de caixas coletoras para pagamento de contas em empresas, compartilhamento de equipamentos com outros bancos, empresas, correio etc. (Dieese, 1994).

[23] "Preparando-se para o futuro", *Revista Unibanco*, nº 280, set.-out., 1998, p. 7. A *Revista Unibanco* é um órgão informativo editado pelo Unibanco Pessoas, para distribuição interna aos funcionários do Conglomerado Unibanco.

[24] Banco do Brasil, Programa de ajustes 1995-1996. Brasília, 1995, p. 15, mimeo.

[25] Banco do Brasil, "A nova arquitetura organizacional". Brasília, 1996, apud Dieese, 1997c.

[26] O congresso, realizado em julho de 1996 no Rio de Janeiro, contou com a participação de aproximadamente 180 delegados, sendo 55,8% de dirigentes sindicais, 23,3% de delegados sindicais e 20,9% de militantes de base.

[27] Banco do Brasil, Programa de ajustes 1995-1996, op. cit.

[28] Banco do Brasil, *Concretize seu Sonho, programa de desligamento voluntário*. Brasília, jul., 1995.

[29] Entrevista com gerente de expediente do Banco do Brasil realizada pela autora em outubro de 1997.

[30] As distinções entre bancários de instituições estatais e de bancos privados, assim como as repercussões da reestruturação capitalista sobre cada segmento, serão tratadas aprofundadamente no decorrer dos próximos capítulos.

[31] Entrevista com assessor sindical, sociólogo, à época coordenador da Secretaria-Geral do Sindicato dos Bancários de São Paulo, realizada pela autora em novembro de 1997.

Capítulo 2

Tecnicização e reorganização do trabalho bancário

Elementos da reestruturação produtiva do capital

As transformações em curso na sociedade capitalista são interpretadas, por diversos pensadores, como expressão de uma crise estrutural do capital e dos mecanismos engendrados na tentativa de sua superação. István Mészáros enfatiza o caráter destrutivo das formas pelas quais o capital assegura sua reprodução na atualidade, buscando suplantar seus limites internos. Segundo ele,

> [...] hoje, as barreiras à produção capitalista são suplantadas pelo próprio capital na forma que assegura sua própria reprodução — em tamanho sempre maior e em constante crescimento — inevitavelmente como autorreprodução destrutiva, em oposição antagônica à produção genuína.
>
> Neste sentido, os limites do capital não podem mais ser conceituados como meros obstáculos materiais para um incremento maior da produtividade e da riqueza sociais, e assim como uma trava ao desenvolvimento, mas como

um desafio direto à própria sobrevivência da humanidade (Mészáros, 1989, p. 102).

O tratamento analítico de Ricardo Antunes sobre os significados do trabalho na atualidade segue na mesma direção, afirmando as mudanças recentes no modo de acumulação capitalista como parte deste quadro crítico complexo. Segundo o autor, o que alguns pensadores consideram crise do fordismo e do keynesianismo é, na essência, a manifestação de uma crise capitalista mais profunda, de dimensão estrutural. E é para enfrentar essa crise que se desencadeia, desde o final dos anos 70, um processo de reorganização do capital e de seu sistema de dominação de classe, processo esse marcado pelo advento do neoliberalismo e de movimentos intensivos de reestruturação dos ambientes produtivos (Antunes, 1999, pp. 35-45).

Francisco Teixeira, apoiado na teoria marxiana do valor, lembra, por sua vez, que o capitalismo se desenvolve por meio da incansável recriação de formas de produção de mercadorias, na busca incessante de uma base material adequada a suas exigências de valorização. E assinala que as transformações verificadas nos dias de hoje tendem a "uma racionalização brutal do trabalho vivo, enquanto fonte produtora de valor". As novas formas produtivas e suas radicais implicações em todas as esferas da vida social seriam, assim, formas sociais engendradas pelo capital para reproduzir, em novas bases, as condições do seu domínio e controle sobre o trabalho (Teixeira, 1996, pp. 67-74).

Ao analisar as diferentes formas produtivas que se sucederam no processo evolutivo do capitalismo — cooperação, manufatura e grande indústria —, Karl Marx tratou do movimento sistemático de superação dos obstáculos que se punham à expansão do capital. Segundo ele, é com a introdução da maquinaria na indústria, a partir do final do século XVIII, que se concretiza o desenvolvimento das forças produtivas do trabalho, adequado às tendências expansivas do capital, aprofundando a subordinação do trabalho ao capital.

Com efeito, introjetando as "virtudes" da cooperação e da manufatura (força de trabalho concentrada e divisão do trabalho) e rompendo com as barreiras técnicas daquelas formas de trabalho, esta revolução nos instrumentos de produção opera extraordinário crescimento da produtividade do trabalho. As limitações pessoais da força humana vão sendo substituídas por um sistema de máquinas que propicia crescente intensidade e continuidade do trabalho. Os conhecimentos científicos e tecnológicos aplicados à concepção das novas máquinas-ferramentas transformam-se, no regime (especificamente) capitalista de produção, em instrumentos de autovalorização do capital (Marx, 1989b, pp. 423-526).

Como revela a análise marxiana, a essência do regime capitalista de produção — sua meta fundamental — é a produção de mais-valia. Nesta medida, não são as necessidades humanas que determinam o processo de trabalho, mas a produção em si mesma. Apesar de esta determinação já se manifestar com a *subsunção formal* do trabalho ao capital, ela se realiza de fato quando, com a maquinaria, desenvolvem-se o modo de produção *especificamente* capitalista e, com ele, a produção de mais-valia relativa. É somente no curso deste desenvolvimento que a capacidade de transformação e expansão contínuas daquele regime manifestam-se em toda sua plenitude, e caem, efetivamente, as barreiras à autonomia do capital. A subordinação formal é, então, substituída pela *subsunção real* do trabalho ao capital (Marx, s.d., pp. 94-108).

Entretanto, a superação dos obstáculos à expansão capitalista não significa que o capital se afirme como "sujeito absoluto", como lembra Teixeira. Isso porque "os meios a que ele recorre para impor sua dominação sobre a sociedade são, ao mesmo tempo, negadores dessa absolutidade". O autor prossegue assinalando que, ao desenvolver as forças produtivas, buscando substituir trabalho vivo por trabalho morto, o capital "nega" o fundamento de sua valorização: *o trabalho vivo como criador de valor*. É com a finalidade de enfrentar esta contradição que o capital é compelido a recriar, constantemente, novas formas de produção de mercadorias (Teixeira, 1996, p. 68).

Na atualidade, um intenso processo de reestruturação modifica o sistema de relações produtivas que predominou na indústria no decorrer do século XX, buscando incrementar os níveis de acumulação de capital. O taylorismo e o fordismo são mesclados ou substituídos por um novo regime, baseado na flexibilidade dos processos e mercados de trabalho, que se caracteriza, segundo David Harvey, "[...] pelo surgimento de setores de produção inteiramente novos, novas maneiras de fornecimento de serviços financeiros, novos mercados e, sobretudo, taxas altamente intensificadas de inovação comercial, tecnológica e organizacional" (1993, p. 140).

Este padrão de acumulação flexibilizada, que adquire configurações distintas nos diferentes países conforme seus níveis de desenvolvimento econômico, as relações de produção estabelecidas nos processos de trabalho e os setores produtivos atingidos, distingue-se do sistema produtivo anterior em alguns aspectos essenciais. À produção em massa homogeneizada da indústria sob o taylorismo e o fordismo, sobrepõe-se uma via alternativa de racionalização, marcada pela versatilidade e flexibilidade dos processos produtivos, destinada a responder aos novos padrões de consumo e à intensificação da concorrência intercapitalista. Ao mesmo tempo, novas formas de organização e controle opõem-se à rígida e explícita disciplina e à normatização das tarefas, sob o cronômetro taylorista e a esteira de produção fordista, obscurecendo os mecanismos de exploração do trabalho.

De fato, o sistema de relações produtivas que se difunde nos países capitalistas centrais desde os anos 70 incide simultaneamente sobre a organização e os mecanismos de controle do trabalho. Assim, se de um lado as atuais formas produtivas caracterizam-se pela introdução de processos e mercados de trabalho flexíveis e versáteis, dotados de mobilidade para ajustar a produção e a força de trabalho às exigências do mercado, de outro criam práticas de controle e gestão que procuram obscurecer a determinação antagônica que funda a apropriação do trabalho pelo capital.

Desta forma, objetivando controlar as ações de resistência da classe trabalhadora e obter sua adesão ao projeto contemporâneo de acumulação capitalista, diversos instrumentos de dominação são desenvolvidos cotidianamente nas empresas, como artifícios para intensificação e disciplina do trabalho. É o caso, por exemplo, das políticas qualificadas como "participativas", muitas vezes instituídas por programas de "qualidade total" e de "remuneração variável", que atrelam condições salariais e de carreira ao desempenho individual e coletivo destes assalariados.

Ao analisar, no início dos anos 70, as mudanças nas relações de trabalho em duas empresas dos EUA — uma fábrica de espelhos retrovisores para carros e uma grande empresa telefônica —, Dominique Pignon e Jean Querzola desmistificam o discurso capitalista de "democratização" nos espaços produtivos. Segundo os autores, o novo modo de organização do trabalho não significa uma efetiva ruptura com Taylor; ao contrário, persegue "um mesmo objetivo: transformar em ciência a arte da organização e do comando". O que muda, realmente, são as formas de subordinação do trabalho ao capital — o caráter abertamente despótico da organização do trabalho sob o sistema taylorista vai sendo substituído por formas sutis de controle e dominação, as quais visam à integração ideológica dos trabalhadores (Pignon e Querzola, 1989, pp. 93-129).

Acrescente-se a este conjunto de mudanças o desenvolvimento veloz da ciência e da tecnologia microeletrônica e informática, como força produtiva essencial do capitalismo contemporâneo. Marx, em sua análise da mecanização do trabalho humano no final do século XVIII, já assinalava a conversão da ciência em força produtiva do capital e instrumento de sua autovalorização. No que concerne aos trabalhadores fabris, o desenvolvimento científico e tecnológico, em nome do capital, reduzia-os à condição de "complementos vivos de um mecanismo morto" que adquiria existência independente (Marx, 1989b, pp. 423-502).

Nos dias de hoje, a mudança tecnológica permite ao capital elevar cada vez mais suas taxas de mais-valia, aumentando a exploração do trabalho assalariado. Realizando-se numa forma social que subordina o homem ao capital, o avanço científico e tecnológico, em vez de criar um tempo disponível para o livre florescimento das capacidades e aptidões dos indivíduos fora do espaço produtivo, conduz a um aprofundamento das relações sociais de dominação (Mandel, 1986).

Caracterizando o que chama de "revolução informacional", Jean Lojkine mostra que ela não se resume à transformação do instrumental de trabalho, mas atinge todas as esferas da vida humana. Segundo sua análise,

> [...] a revolução informacional nasce da oposição entre a revolução da máquina-ferramenta, fundada na objetivação das funções manuais, e a revolução da automação, baseada na objetivação de certas funções cerebrais

desenvolvidas pelo maquinismo industrial. Contudo, assim como o conceito de máquina-ferramenta não esgota o conceito de revolução industrial, também o conceito de automação (igualmente centrado sobre a atividade industrial) não dá conta da inédita transformação operada pela revolução informacional em todas as atividades humanas, profissionais e não-profissionais (Lojkine, 1995, p. 14).

A introdução dos métodos de acumulação flexível de capital não significa uma efetiva superação do padrão fordista/taylorista que até recentemente dominou a produção capitalista. Em muitos países periféricos, são ainda preponderantes os métodos de racionalização do trabalho introduzidos no limiar do século XX. Na maioria dos países capitalistas avançados, a introdução das atuais inovações tecnológicas e organizacionais ocorre de forma acelerada, mesclada muitas vezes com formas de organização do trabalho ainda inspiradas no modelo anterior.

De qualquer modo, os processos de automatização e de flexibilização do trabalho são implementados nos ambientes produtivos em perfeita coerência com o objetivo "determinante, predominante e avassalador" de autovalorização do capital, assinalado por Marx (1989b). Permitindo um aumento brutal da produtividade do trabalho e, ao mesmo tempo, gerando grandes excedentes de força de trabalho, combinam de modo particular as duas estratégias de apropriação de valor que Marx definiu como *mais-valia absoluta* e *mais-valia relativa*. Como explica Harvey,

A primeira, chamada de mais-valia absoluta, apóia-se na extensão da jornada de trabalho com relação ao salário necessário para garantir a reprodução da classe trabalhadora num dado padrão de vida. A passagem para mais ho-

> ras de trabalho, associadas com uma redução geral do padrão de vida através da erosão do salário real ou da transferência do capital corporativo de regiões de altos salários para regiões de baixos salários, representa uma faceta da acumulação flexível de capital. [...] Nos termos da segunda estratégia, denominada mais-valia relativa, a mudança organizacional e tecnológica é posta em ação para gerar lucros temporários para firmas inovadoras e lucros mais generalizados com a redução dos custos dos bens que definem o padrão de vida do trabalho. Também aqui a violência proliferante dos investimentos, que cortou o emprego e os custos do trabalho em todas as indústrias — mineração de carvão, produção de aço, bancos e serviços financeiros —, foi um aspecto deveras visível da acumulação do capital nos anos 80 (Harvey, 1993, pp. 174-75).

Ao analisar este conjunto complexo de transformações no mundo produtivo — originado nos países de capitalismo avançado e repercutido com alguma intensidade nos países periféricos —, Antunes destacou suas principais conseqüências para a classe trabalhadora. A intensa retração do operariado especializado, industrial e manual, que constituiu o trabalhador coletivo das grandes fábricas sob o taylorismo e o fordismo, é tendência que marca fortemente os movimentos da reestruturação capitalista (Antunes, 1995b, pp. 41-54).

De acordo com dados levantados por André Gorz, nos principais países da Europa Ocidental os operários fabris representavam cerca de 40% da população ativa durante a década de 40; no início dos anos 90, representavam em torno de 30%, e as estimativas eram de que representariam menos de 20% no início do século XXI. Evidentemente, esta redução do operariado industrial significa a extinção de milhões de postos de trabalho e implica uma altíssima taxa de desemprego estrutural no mundo capitalista (Gorz, 1990).

A emergência e o rápido incremento de um "novo proletariado fabril e de serviços" são outra característica significativa no mundo do trabalho contemporâneo, apontada por Antunes. Ela deriva da difusão de formas precárias de trabalho, a partir dos processos de contratação *flexível* da força de trabalho — aqueles em tempo parcial ou temporário, subcontratados ou "terceirizados". Como assinala Alain Bihr, estas subcategorias caracterizam-se pela precariedade do emprego e do salário, pela desregulamentação das condições de trabalho e perda de direitos sociais, por relações salariais extremamente individualizadas, além da ausência de representação sindical (1998, pp. 83-86).

O trabalho precarizado substitui crescentemente o assalariado regularmente contratado, como estratégia patronal de redução dos custos operacionais das empresas e de ataque à capacidade de resistência dos trabalhadores. Cerca de 35% a 50% dos trabalhadores britânicos, franceses, alemães e norte-americanos estavam desempregados ou subcontratados em trabalhos precários no início da década de 90, segundo Gorz (1990).

Outra conseqüência importante da atual reestruturação do capital é o incremento da força de trabalho feminina, que representa, hoje, mais de 40% do total dos trabalhadores empregados em diversos países capitalistas avançados, como afirma Harvey (1993). Entretanto, a crescente participação feminina no mercado de trabalho não significa superação das desigualdades sociais que, historicamente, permeiam a relação entre homens e mulheres. Ao contrário, mantêm-se e recriam-se mecanismos diversos de discriminação ocupacional e salarial, que nas últimas décadas têm sustentado (e muitas vezes reforçado) os processos de exclusão econômica da mulher.

Com efeito, as repercussões da atual reestruturação capitalista — especialmente a precarização das condições de trabalho de enorme segmento da população economicamente ativa — atingem mais fortemente a fração feminina dessa população. Análises de diversos autores assinalam a predominância de mulheres no âmbito do trabalho precarizado e informal e nas atividades rotineiras e intensificadas. Segundo Orlandina de Oliveira e Marina Ariza, os processos de segregação que marcam a divisão sexual do trabalho resultam, para as mulheres, em "[...] dedicação majoritária ao trabalho doméstico, participação crescente em atividades precárias (trabalho por conta própria), concentração em ocupações assalariadas de tempo parcial e maior discriminação salarial em ocupações masculinizadas" (Oliveira e Ariza, 1997, p. 198).

O estudo de Bihr constata que, na França, as mulheres ocuparam mais de 80% dos empregos em tempo parcial, no período entre 1982 e 1986 (op. cit., p. 85). Helena Hirata, em pesquisa comparativa sobre a organização e gestão do trabalho em empresas do Japão, França e Brasil, sob o prisma da divisão sexual, observa que as atividades manuais e repetitivas ficavam, mais freqüentemente, a cargo das mulheres. Quanto à política gerencial, especialmente no que concerne à participação em círculos de controle de qualidade, a força de trabalho feminina era menos solicitada a opinar sobre assuntos técnicos e, em geral, excluída de processos decisórios (Hirata, 1995, pp. 86-88).

O enorme processo de assalariamento do ramo terciário da economia — decorrente da expansão do setor de serviços — é mais um traço distintivo das transformações em curso. Como ressalta Antunes (1995b), esse setor ultrapassa 60% do total das ocupações na maioria dos países capitalistas avançados. A força de trabalho francesa vinculada aos serviços, segundo Lojkine, representava 34% da população ativa em 1946, 50% em 1975 e 56% em 1980, alcançando cerca de 70% em 1990. Ele alerta, entretanto, que diminui o ritmo de crescimento neste ramo de atividades desde os anos 80, diante da utilização intensiva das novas tecnologias da informação, pois, também nos serviços, elas permitem substituir "homens por máquinas, sem criar os novos empregos qualificados exigidos pela revolução informacional" (Lojkine, 1995, p. 262).

Em estudo sobre os trabalhadores ingleses, Huw Beynon contrapõe-se a definições que consideram criativos e positivos os trabalhos realizados no setor de serviços. Observa que muitos dos postos de trabalho criados no setor são atividades manuais e não qualificadas, advindas muitas vezes dos processos de terceirização na indústria. Comentando as similaridades entre as formas de execução de certas atividades nos serviços e os processos de trabalho praticados na indústria de transformação, cita as empresas especializadas em *fast-food* e suas rotinas padronizadas, como exemplo de proximidade com processos fordistas de trabalho. A este respeito, é interessante a análise de Ritzer, citada por Beynon (1995), segundo a qual

> Muitas características do fordismo também são encontradas no estilo McDonald's: a homogeneidade dos produtos, a rigidez das tecnologias, as rotinas padronizadas de trabalho, a desqualificação, a homogeneização da mão-de-obra (e do freguês), o trabalhador em massa e a homogeneização do consumo [...] nesses e em outros aspectos, o fordismo continua vivo e forte no mundo moderno.[1]

Analisando as especificidades do processo de racionalização do trabalho no setor terciário da economia, Liliana Segnini observa que expressões da racionalidade capitalista — taylorismo e formas de trabalho denominado flexível — alternam-se ou mesclam-se, implicando diferentes estratégias de controle sobre o trabalho vivo. A partir de exemplos extraídos de pesquisa realizada no subsetor bancário, a autora enfatiza que a heterogeneidade do trabalho no setor de serviços possibilita movimentos de racionalização, baseados ora na normatização, fragmentação e rotinização, ora nas novas exigências da produção flexível (Segnini, 1996, p. 41).

Com relação à qualificação da força de trabalho, as atuais experiências de reestruturação produtiva revelam um movimento duplo. Segundo a análise de Antunes, por um lado, qualificam em determinados setores produtivos e criam segmentos altamente qualificados, capazes de compreender e implementar sofisticados mecanismos tecnológicos e organizacionais. Por outro, promovem a desqualificação ou mesmo a extinção de várias funções em outros ramos de produção. Este percurso de desqualificação é vivenciado fortemente por trabalhadores subcontratados ou terceirizados, que vivem as práticas flexíveis de contratação e exercem atividades rotineiras e simplificadas, facilmente disponíveis no mercado de trabalho (Antunes, 1995b, p. 47).

Todavia também os trabalhadores contratados regularmente são atingidos por processos de desqualificação. Em seu estudo do "toyotismo", Benjamin Coriat trata das singularidades que marcam a via japonesa de racionalização do trabalho e das suas conseqüências sobre a qualificação dos trabalhadores. Destaca a "flexibilização organizacional" — baseada em profissionais polivalentes — como elemento central e distintivo do modelo japonês em relação às práticas tayloristas, fundadas no parcelamento das tarefas. Sobre o significado desta nova proposta de organização do trabalho para o saber profissional dos operários, o autor assinala que a substituição dos trabalhadores parcelares, criados pelo taylorismo, por plurioperadores ou operários polivalentes implica um processo de *desespecialização* dos operários qualificados, com impacto negativo sobre sua capacidade de resistência:

> Esse movimento de desespecialização dos operários profissionais e qualificados, para transformá-los em trabalhadores multifuncionais, é de fato um movimento de racionalização do trabalho no sentido clássico do termo. Trata-se aqui, também — como na via taylorista norte-americana —, de atacar o saber complexo do exercício dos operários qualificados, a fim de atingir o objetivo de diminuir os seus poderes sobre a produção, e de aumentar a intensidade do trabalho (Coriat, 1994, p. 53).

Comparando o significado das inovações organizacionais introduzidas pelo toyotismo às do taylorismo e fordismo no início do século XX, Coriat analisa as possibilidades da "aplicabilidade" do modelo japonês em outros países e espaços produtivos. Com efeito, elementos dos métodos japoneses de acumulação de capital são amplamente copiados no mundo ocidental, desde o final dos anos 70, no contexto da crise capitalista e do seu enfrentamento. O motivo deste movimento de imitação, de acordo com o autor, é simples: o toyotismo "é portador de um modo de extração de ganhos de produtividade que corresponde às normas atuais de concorrência e competição entre firmas" (op. cit., p. 164).

Segundo Thomas Gounet, o toyotismo permite um aumento da exploração da força de trabalho por três vias principais: a intensificação do trabalho, com ritmo mais veloz e sobrecarga de tarefas; a redução de salários e a degradação de direitos sociais, apoiadas na terceirização; e a fragmentação dos trabalhadores, divididos em diversas e menores unidades de produção, separados no interior dos espaços produtivos por diferentes condições salariais e contratuais, cindidos pela competição e pela pressão por produtividade (Gounet, 1999, pp. 25-35).

Ao analisar os métodos de racionalização econômica e do trabalho praticados no modelo japonês, Graça Druck destaca a terceirização como elemento "integrante e indispensável". A autora ressalta a relação de hierarquização entre grandes empresas (contratadoras) e as pequenas e médias que lhes fornecem produtos e serviços, por intermédio de sistemas de subcontratação, assim como as diferentes relações de trabalho ali estabelecidas:

> No caso das grandes empresas: emprego vitalício; mão-de-obra mais qualificada; uma organização do trabalho baseada na gestão da qualidade total e participativa, a fim de envolver o trabalhador na busca por produtividade, redução de custos e qualidade para obter produtos diferenciados e de alta qualidade no mercado; níveis salariais mais condizentes com as funções assumidas; e um sindicalismo de empresa como elemento-chave de colaboração para neutralizar qualquer reação e oposição mais organizada dos trabalhadores.
> No caso das pequenas e médias empresas, que formam a rede de subcontratação, encontram-se todos os tipos de trabalho. Marcadas, em geral, por uma instabilidade muito grande, nessas empresas não existe emprego vitalício, há menor qualificação da mão-de-obra, condições precárias de trabalho, assim como contratos irregulares e de trabalho ocasional ou parcial — em geral realizado pelas mulheres —, com padrões salariais muito mais baixos que os vigentes nas grandes corporações (Druck, 1999, pp. 96-97).

Nos dias de hoje, o crescimento brutal do desemprego hipertrofia uma população trabalhadora supérflua, resultado da drástica elevação da produtividade do trabalho e do conseqüente aumento da massa dos meios de produção empregados relativamente à força de trabalho neles incorporada. A esta população remanescente, Marx (1989c) chamou de "exército industrial de reserva", pois ela propicia ao capital o material humano sempre disponível às necessidades variáveis da acumulação capitalista. Neste sentido, ao mesmo tempo em que é produzida no curso do desenvolvimento das forças produtivas do trabalho, esta superpopulação relativa converte-se em instrumento da dominação capitalista, pois não se trata tão-somente da subordinação de toda a força de trabalho potencial como população disponível para o capital. *A existência e a expansão do exército industrial de reserva implicam também um controle efetivo sobre a população empregada, ao regular as condições de trabalho, inclusive (e principalmente) a relação salarial.*

Estes são alguns dos elementos essenciais que, contemporaneamente, compõem o cenário crítico do mundo do trabalho. As estratégias de acumulação de capital racionalizam violentamente o trabalho, precarizam suas condições de existência e agudizam cisões e desigualdades no interior da classe trabalhadora, enfraquecendo suas lutas de resistência contra a exploração capitalista. A emergência de enorme massa de trabalhadores com vínculo informal de emprego e desorganizada sindicalmente, os altos índices de desemprego, assim como as políticas gerenciais e suas sofisticadas táticas para intensificação e disciplina do trabalho, dificultam a organização nos locais de trabalho e a luta coletiva dos trabalhadores em prol dos interesses de classe.

São estas as determinações que mudam em profundidade as condições de existência dos trabalhadores bancários e repercutem sobre o modo de realização de sua atividade, as relações de poder nos ambientes laborais e os movimentos do emprego e dos salários.

Automatização e flexibilização do trabalho bancário

A intensa expansão e conglomeração do sistema financeiro brasileiro, desde a reforma bancária de 1964, desencadeou um movimento de reorganização do trabalho no interior das instituições bancárias, fortemente apoiado na inovação tecnológica. Segundo relatório da Comissão Especial de Automação Bancária (CEAB, 1984), as "três forças motrizes básicas" da automação bancária no Brasil foram: a concorrência interbancária e a possibilidade de atração de clientes, pela oferta de novos produtos com "eficiência e rapidez"; a agilização do fluxo de informações financeiras, num quadro de economia inflacionária; e a expectativa de redução de custos, em face do aumento da produtividade do trabalho.

Foram estas estratégias que orientaram a introdução e o desenvolvimento acelerado da automação bancária no sistema financeiro nacional, desde a implantação dos grandes centros de processamento de dados (CPDs), em meados dos anos 60. Conforme Sônia Larangeira, a criação dos CPDs, com o objetivo de reunir e organizar os dados resultantes das operações realizadas nas agências, constituiu-se no primeiro momento de introdução da tecnologia microeletrônica nos bancos. Uma segunda etapa deste processo foi a chamada "automação de vanguarda", no início dos anos 80, quando se estendeu às atividades de atendimento. Essa etapa foi marcada pela implantação do sistema *on-line* no setor, que interconectava instantaneamente as agências bancárias. A "automação de retaguarda", voltada para os serviços internos dos bancos, permitiu a troca de dados, em rede, entre o computador central e as diversas agências do banco. Este foi o terceiro momento da automação bancária, em meados da década de 80, segundo a autora. A quarta fase do processo, iniciada no final dos anos 80, caracterizou-se pela "captura e transferência eletrônica de dados externamente às agências bancárias", possibilitando às pessoas físicas e jurídicas a realização de operações financeiras na residência ou escritório (Larangeira, 1993, pp. 21-22).

Assim, num contexto de veloz transformação tecnológica no mundo produtivo, que Lojkine (1990) caracterizou como "passagem da máquina-ferramenta ao sistema de máquinas auto-reguladas", generalizou-se nos bancos a tecnologia de base microeletrônica. Os capitalistas financeiros, desafiados pelos movimentos da concorrência entre capitais, realizam grandiosos investimentos em informática, convertendo a tecnologia em instrumento de elevação da força produtiva do trabalho e de maximização de lucros. De acordo com André Accorsi, o processo de automação nos bancos vai "aprofundando o fosso existente entre a remuneração paga ao trabalho e o lucro obtido pelo capital" (Accorsi, 1990, p. 85).

Como conseqüência dos movimentos de tecnicização e reorganização do trabalho nos bancos, aumentou drasticamente a produtividade, enquanto o emprego bancário acumulava taxas negativas, desde 1990. No período entre 1985 e 1993, a proporção de trabalhadores bancários na população em idade ativa (PIA) decresceu de 2,7% para 1,8%, o que significou perda aproximada de um terço dos postos de trabalho (Dieese, 1994). Em contrapartida, os ganhos de produtividade alcançaram 20% ao ano entre 1987 e 1988. Segundo dados compilados por Maria Amélia Pagotto, "enquanto em 1987 foram realizadas 480 milhões de transações por mês, por 600 mil funcionários, com uma produtividade de 800 transações/funcionário/mês, em 1988 foram realizadas 550 milhões de transações/mês por 570 mil funcionários, com uma produtividade de 960 transações/funcionário/mês".[2]

Nos locais de trabalho, o conteúdo e o modo de realização das atividades se transformavam à medida que se introduziam as inovações tecnológicas, modificando o perfil profissional do bancário e suas condições de trabalho. Entre os anos 70 e os 90, um intenso movimento de criação e extinção de postos de trabalho acompanhou a adoção dos processos automatizados e as novas formas de organização do trabalho, exigidas pela mudança tecnológica. No trabalho informático, assistia-se a uma polarização entre grande número de trabalhadores não qualificados, executores de tarefas simplificadas e rotineiras, responsáveis pela entrada e conferência de dados nos centros de computação, de um lado; e, de outro, uma minoria qualificada, exercendo funções técnicas vinculadas a programação e análise de sistemas (Larangeira, 1990).

A implantação do sistema *on-line* nas agências bancárias produziu mudanças significativas no trabalho bancário. As atividades de suporte ao atendimento nas agências, chamadas "de retaguarda", diminuíam velozmente em importância, já que diversas rotinas passavam a ser absorvidas pelo computador. Ao relatar o trabalho que realizava nos anos 70, um funcionário do Banco do Brasil assim descreve sua atividade na "retaguarda":

> O pessoal somava os cheques e passava para trás e a gente pegava aquele lote e ficava somando... [...] Então, você separava cobrança de cheque, de conta de água, de conta de luz e carnês. Somava tudo. E era uma pancada, ficava só somando, só somando. [...] nessa época havia muitas instruções e rotinas específicas. [...] Você ficava naquela rotina, fazia coisas que não tinham sentido, mas estavam de acordo com as instruções.[3]

Com o sistema *on-line*, o caixa bancário passava a ter acesso aos dados necessários à execução de suas tarefas diretamente no terminal de computador, que lhe servia de instrumento de trabalho. Ao mesmo tempo, passava a executar, no próprio guichê, um conjunto de tarefas antes realizadas na "retaguarda" do atendimento. Como assinala Segnini,

> O sistema *on line* elimina a necessidade de transporte de documentos das transações a ele associadas para o processamento das informações, uma vez que a digitação destas informações passou a ser feita pelo caixa na agência ou pelo cliente nos terminais de caixa. Dessa forma, o sistema aumentou a integração do processo produtivo das transações bancárias a ele incorporadas: o momento de acolher os dados (registro das operações realizadas no caixa) e o momento de alimentar os computadores com as informações (digitação desses dados) fundiram-se num só, aumentando a velocidade no processamento das informações. A atualização da conta corrente, que antes demorava ao menos 24 horas, passou a ser feita em "tempo real" (1998b, p. 390).

Mais recentemente, novos equipamentos permitiram a conferência de assinaturas *on-line*, pela exposição da assinatura do cliente à tela do visor, no momento do atendimento. Por um lado, portanto, a informática torna mais seguro o trabalho do bancário-caixa, reduzindo a possibilidade de erros, já que lhe permite a consulta imediata de dados do usuário no terminal de computador. Por outro, intensifica o trabalho, aumentando seu ritmo e sobrecarregando-o de novas tarefas, além de propiciar um rigoroso controle da produtividade, por meio do registro diário de todas as operações efetuadas, chamadas de "autenticações".

Este processo de mudança tecnológica e na organização do trabalho é avaliado por uma bancária que há sete anos exerce a função de caixa no Bradesco:

> A gente ficava um tempão somando cheque, batendo cabeça de lote, essas coisas. Agora não, o computador já faz tudo. Você passa no terminal do computador os títulos, passa tudo, o computador já dá o valor e pronto. [...] Então, hoje não tem tanta mão-de-obra, fica mais

> prático. [...] O terminal que eu uso é maravilhoso. Os outros sistemas eram demorados, para você mudar uma carga, para você pedir um extrato, era demorado. Agora não, é automático, é super-rápido. Além de ser uma gracinha o computador que instalaram nos caixas. Todo cliente adora também. Não só a estética ficou bonita, como é "super" mais rápido. Só tem um problema: qualquer dia, você não precisa mais nem ir trabalhar, porque o computador já faz tudo para o cliente.[4]

O encantamento da bancária-caixa do Bradesco com a inovação tecnológica — ainda que vislumbre o problema do desemprego — contrasta com a opinião de uma dirigente sindical que exerceu por 16 anos a função no Banco do Brasil. Para ela, a automação não tem implicado melhoria das condições de trabalho do bancário-caixa:

> O trabalho do caixa só piora, nunca melhora. Há pouco tempo atrás, no ano passado, foi implantado o sistema Captura na Origem, que eles chamam de CAP, que lê código de barra. [...] Evidentemente, o banco eliminou vários postos de trabalho na retaguarda do caixa. O serviço que era feito nos CESECS, leitura de cheques, código de barra em cheque, em títulos, conta de luz, água, passou a ser feito no caixa. [...] Com o sistema CAP, além de você receber, autenticar o papel, dar o troco, passar o cartão e tirar o dinheiro, você passou a processar esses papéis. A leitura magnética do cheque passou a ser feita na boca do caixa.[5]

Os anos 90 assistem a um processo de migração do tradicional atendimento bancário a clientes e usuários nas agências para o atendimento eletrônico, em canais alternativos. As agências tendem a ser substituídas, como principal canal para realização das transações bancárias, por sistemas de atendimento eletrônico via *home/office banking* — que possibilitam operações financeiras mediante a conexão entre o computador do cliente e o do banco —, centrais de atendimento telefônico e caixas automáticos com máquinas ATM (*automatic teller machines*).

Segundo pesquisa da empresa de consultoria Ernst & Young (1997a), os investimentos dos bancos em informatização têm enfatizado os serviços de comunicação de dados. Aumentam continuamente os investimentos em programas de *home/office banking*, centrais de atendimento telefônico e suporte para uso de Internet, que, de acordo com os pesquisadores, "será, num futuro não muito distante, uma arma imprescindível na concorrência por novos clientes e na manutenção dos atuais". Operações financeiras cada vez mais complexas são realizadas por estes canais, que se convertem em instrumentos importantes das estratégias mercadológicas das empresas e de seus processos de reestruturação produtiva, favorecendo a queda dos custos operacionais[6] e a dispensa de força de trabalho.

Ao comentar os programas de modernização tecnológica do Bradesco, um dirigente sindical assinala a ênfase do banco nos sistemas de comunicação eletrônica:

> [...] a grande chave do Bradesco nesta área de desenvolvimento é a tentativa de fazer com que o cliente se distancie plenamente da agência no futuro. Isto é uma tendência de todos os bancos, mas o Bradesco está bem à frente dos demais, pelo menos aqui no Brasil. O Bradesco é o quinto banco mundial a ter serviços interativos na Internet. E é o primeiro banco brasileiro a ter serviços interativos na Internet. Então, o banco investe pesado e de modo muito sofisticado nesta área de desenvolver o atendimento em casa ou no escritório para o cliente. [...] o investimento que o Bradesco faz é sutil, não é em

> máquinas primordialmente, é em tecnologia. É em tecnologia não relacionada a máquinas, mas em uma estrutura através da qual ele induz na população a necessidade de adquirir um equipamento. É a população que vai comprar a máquina, não o Bradesco.[7]

A temática central do VII Congresso Internacional de Automação Bancária — Competindo na Era da Tecnologia da Informação — revela as preocupações dos banqueiros em vincular as estratégias mercadológicas às potencialidades do desenvolvimento tecnológico da atualidade. Segundo os organizadores, o contexto atual de estabilização da moeda e de "crescente integração do Brasil à economia internacional" ocasiona um acirramento da concorrência interbancária, confrontando até mesmo os bancos nacionais com grandes instituições estrangeiras. De acordo com sua interpretação, "as modernas tecnologias de automação representam ferramentas absolutamente essenciais para que as instituições financeiras se mantenham competitivas, ampliando a oferta de serviços com custos menores e qualidade maior para seus clientes".[8]

Dissemina-se no sistema financeiro brasileiro a noção de *banco virtual* e criam-se agências totalmente automatizadas, nas quais o atendimento se realiza sem a presença de clientes. Fax, telefone, televisão (por meio de convênios dos bancos com canais de TV a cabo) e computador (via Internet ou outros sistemas sofisticados de comunicação) permitem que o cliente efetue consultas e movimentações na residência ou no escritório. Paralelamente, aperfeiçoam-se os cartões eletrônicos e criam-se os *smart cards*, ou cartões inteligentes, que possuem *microchips* com informações e valores armazenados. Dispensando o uso de cheques ou dinheiro em notas, esses cartões podem ser carregados pelo cliente mediante sistemas de comunicação eletrônica instalados em seu computador.

Os quiosques com caixas automáticos (ATMs) tornam-se numericamente mais expressivos e diversificam-se à medida que se desenvolvem os processos de auto-atendimento, possibilitando aos usuários o acesso a produtos e serviços múltiplos. Os investimentos crescentes nos cartões eletrônicos são outra tendência de impacto nos movimentos de automatização do sistema bancário que tendem a promover o esvaziamento das agências. Quanto às centrais de atendimento telefônico, canal alternativo de atendimento hoje relativamente mais utilizado nos bancos de pequeno porte, eram um dos focos de investimentos do conjunto das instituições financeiras, nas previsões para 1999 (Ernst & Young, 1997a).

O movimento de perda da importância das agências no sistema bancário brasileiro ocorre em relativa concomitância com os processos de reestruturação dos bancos nos países de capitalismo avançado. Conforme a interpretação contida no estudo da Ernst & Young, este seria um cenário irreversível:

> Tal tendência se mostra inexorável podendo, inclusive, chegar ao exemplo do First National Bank of Chicago nos Estados Unidos onde, para que o cliente seja atendido dentro da agência por um funcionário, lhe é cobrada uma multa de três dólares por visita caso se ultrapasse o limite de cinco visitas ao longo do mês. Lá, e provavelmente aqui dentro de alguns anos, as agências se transformarão em lojas de produtos financeiros, sendo todos os serviços executados pelos próprios clientes através de máquinas na agência ou em suas casas através de seus computadores pessoais (op. cit., p. 33).

A progressiva substituição da agência física pela agência eletrônica e do papel pelo dinheiro eletrônico, mediante o uso do *smart card*, é um movimento característico do setor bancário dos EUA nos anos 90, segundo considerações de Jaci Leite. O autor refere-se à agência eletrônica como "um estágio abrangente, posterior ao que hoje conhecemos como *home banking*". E cita levantamento da Ernst & Young sobre a evolução dos canais alternativos de atendimento no sistema bancário norte-americano, enfatizando, de um lado, uma queda de 17% na participação das agências na prestação de serviços bancários, prevista para o período entre 1994 e 1997, e, de outro, um aumento significativo na utilização de ATMs, *home banking* e serviços por telefone, no mesmo período.[9]

No Brasil, a rede de dependências bancárias aumentou progressivamente ao longo da década de 80 e na primeira metade dos anos 90. Em 1985, os 112 bancos existentes no país possuíam 21.506 pontos de atendimento, entre agências e postos de atendimento bancário, ao passo que, em 1994, eram 246 bancos com cerca de 32 mil dependências. No período assinalado, ocorreu um extraordinário crescimento dos postos bancários, incluindo pontos eletrônicos de atendimento, ao mesmo tempo em que se verificava um movimento de redução na participação relativa das agências bancárias no setor (FEBRABAN, 1999b). Após a implementação do Plano Real e de um conjunto de medidas governamentais de estímulo à concentração bancária e, ainda, com a intensificação da oferta de serviços eletrônicos, observa-se uma contínua redução na quantidade de instituições e dependências bancárias: dos 246 bancos e 32 mil pontos de atendimento existentes em dezembro de 1994, restavam 194 bancos, 16.158 agências e 7.265 postos de serviços no final de 1999. Em contrapartida, aproximadamente 11 mil unidades de atendimento eletrônico haviam sido instaladas fora das dependências bancárias (FEBRABAN, 2000).

Foto nº 2: Agência bancária, na cidade de São Paulo, onde estão presentes máquinas de datilografia e calculadoras, ao lado de computadores.
Foto: Sérgio Mekler
Arquivo: Centro de Documentação SEEB-SP

Foto nº 3: Ambiente de atendimento em agência bancária, na região central de São Paulo, com o chamado setor de "retaguarda" ao fundo.
Foto: Esdras Martins
Arquivo: Centro de Documentação SEEB-SP

Foto nº 4: Ambiente de auto-atendimento eletrônico em agências bancárias da região central de São Paulo, em setembro de 2001.
Foto: Gerardo Lazzari/Nau
Arquivo: Centro de Documentação SEEB-SP

Foto nº 5: Central de processamento de dados (CPD) de um banco estatal na cidade de São Paulo, em 1995.
Foto: Esdras Martins
Arquivo: Centro de Documentação SEEB-SP

Os altos investimentos dos bancos em infra-estrutura de informática e telecomunicações permitiram que 86,5% de suas unidades estivessem *on-line* em "tempo real" no final de 1999, conforme dados da FEBRABAN. Tais inversões possibilitam a utilização cada vez mais intensa de equipamentos remotos, plataformas de retaguarda, telefonia e microcomputadores. O estudo da FEBRABAN informa que mais de 97 mil equipamentos e sistemas eletrônicos de auto-atendimento estiveram disponíveis aos clientes dos bancos em 1999, instalados em agências, quiosques e postos de atendimento. As consultas automáticas pelas unidades de resposta audível (URA), que combinam telefone com computador, tiveram média mensal de 62 milhões no mesmo ano. Mensalmente, cerca de 385 milhões de transações com cartões magnéticos são realizadas para retiradas de dinheiro, transferências entre contas, consultas de saldo e aplicações financeiras. Segundo o documento, a utilização crescente de cartões eletrônicos permitiu que o volume de cheques compensados nos bancos diminuísse de 4,4 bilhões, em 1993, para 2,6 bilhões em 1999 (FEBRABAN, 2000).

Entretanto, a difusão e o desenvolvimento dos processos automatizados nos bancos não têm beneficiado amplas parcelas da população. Segundo pesquisa elaborada pelo Instituto Datafolha, menos da metade dos brasileiros possuía conta em banco em meados dos anos 90 — cerca de 43% da população maior de 16 anos. Destes, 68% utilizavam cotidianamente os caixas eletrônicos, e a quase totalidade (93%) freqüentava normalmente as agências bancárias, utilizando ainda os serviços do caixa tradicional. O estudo informa também que apenas 2% dos correntistas utilizavam os requintados sistemas *home banking*, que permitem a realização de complexas operações financeiras pelo computador (Datafolha, 1996b).

Para o conjunto da força de trabalho bancária, a potencialidade produtiva da automação não se traduz em melhores condições de vida. Os movimentos de automatização e de reorganização do trabalho afetam agudamente os níveis de emprego no setor bancário e intensificam o trabalho. Enquanto crescem em poderio econômico os grandes conglomerados financeiros privados, o emprego nos bancos vem apresentando taxas negativas ao longo da última década. *A quantidade da força de trabalho do setor diminuiu de cerca de 815 mil, no início dos anos 90, para pouco mais de 400 mil em dezembro de 1999* (DIEESE, 2000a). Segundo os comentários de um sindicalista bancário,

> [...] se você pensar o que eram os bancos da década de 80 e o que são na década de 90, quase todos, principalmente os da iniciativa privada, estão com um terço dos seus funcionários, menos de um terço, alguns. O Itaú tinha 90 mil, hoje tem 28, 27 mil funcionários. Então, houve um corte drástico, e quando se pensa nos fatores disso, você vê a informatização pesando muito nesse processo, com uma série de serviços concentrados no auto-atendimento, reduzindo a necessidade do trabalhador.[10]

As agências tendem a se transformar em lojas eletrônicas de serviços financeiros, tornando descartável significativa parcela dos trabalhadores. Favorecidos pelo desenvolvimento tecnológico, os programas de *ajustes* operacionais reduzem ao máximo a estrutura administrativa e a quantidade de força de trabalho empregada nas instituições financeiras. Fechamentos de agências, de centrais de processamento de dados, de serviços e de compensação, além da extinção de setores inteiros das instituições, têm implicado demissões em massa no setor.

Com a disseminação de centrais de atendimento remoto nos bancos, os serviços de *telemarketing* adquiriram importância quantitativa na estrutura funcional bancária. Entre 1986 e 1995, o número de escriturários e auxiliares nos bancos diminuiu de 77.500 para 43 mil, e os bancários nas funções de caixas e pagadores foram reduzidos de 20 mil para 17.800, enquanto os operadores de serviços telefônicos cresceram de 570 para cerca de 2.340.[11] No entanto, o desenvolvimento da automatização nas atividades de teleatendimento tende a reduzir o número de trabalhadores da área. Isso porque estão sendo testados, constantemente, "menus eletrônicos" direcionados para ampliar cada vez mais as possibilidades do atendimento eletrônico, em detrimento do atendimento do operador. A este respeito, é esclarecedora a observação de um gerente do setor:

> A idéia é conseguir direcionar o máximo possível de trivial para o atendimento eletrônico e preservar o atendimento pessoal para aquilo que é mais complexo. [...] problemas, aconselhamentos comerciais, coisas que dependem de uma interatividade com o operador. Todo o resto — talão, extrato, saldo [...] —, tudo que não depende de uma negociação, fica no eletrônico.[12]

A intensidade da mudança tecnológica vem atingindo uma série de postos de trabalho nos bancos, inclusive aqueles criados pela informática. A partir da introdução do sistema *on-line*, o trabalho realizado pelos digitadores e conferentes transferiu-se, paulatinamente, para o conjunto de bancários que utilizam terminais de computador no trabalho cotidiano. Igualmente, assiste-se a uma perda de importância das funções de operadores e de programadores no processo de trabalho informático. Tais processos resultam em esvaziamento progressivo dos grandes centros de processamento de dados e de serviços ao longo dos anos 90, como se depreende da observação de uma analista de sistemas do Banespa, já na primeira metade da década:

> O banco tinha organizado todo o trabalho de retaguarda, a soma dos documentos, num lugar chamado CESER — Centralizadora de Serviços de Retaguarda. E a CESER foi extinta no ano passado, porque a demanda desse serviço de documentação, de todo aquele papel que existia, foi diminuindo com a automação. [...] As salas de computação, hoje, são salas vazias, com muitas máquinas e pouquíssimas pessoas controlando essas máquinas, que cada vez são mais inteligentes e têm autocontrole. Ainda existem muitos operadores, mas a tendência mundial é que este segmento desapareça. Assim como os programadores, com os programas inteligentes que se auto-programam.[13]

Este movimento de instabilidade do emprego gerado pelas políticas de desenvolvimento tecnológico e o processo autofágico pelo qual os próprios postos de trabalho criados pela informática são substituídos pelas máquinas computadorizadas aprofundam-se no final dos anos 90:

> Você está num setor considerado estável [...]. De repente, desenvolvem um software que elimina 90% dos empregados. Havia uma turma no Banco do Brasil que controlava a operação do computador, 16 pessoas. Então, descobrem um programa de computador lá em Israel que substitui o trabalho desse pessoal; ficaram apenas dois. No caso do Banco do Brasil [...] tinha o pessoal da área de informática espalhado por todo o país. O trabalho da área foi concentrando, concentrando, concentrando, ficou só em São Paulo, Rio e Brasília. E, agora, está se concentrando mais ainda. [...] a parte de informática, a

operação do computador, a formulação e a manutenção de softwares, tudo isso vai ficar só em Brasília. Aqui você vai ter a entrada de dados, mas vai ser transmitido tudo para Brasília e de Brasília é processado e distribuído para todas as agências. Hoje, praticamente não tem centro de processamento de dados. Os dados saem direto da agência para o computador. As equipes desta área são muito reduzidas. O CESEC (Centro de Serviços e Computação) chegou a ter 1.600 funcionários quando eu trabalhava lá. Hoje, tem 250, 300.[14]

As centrais de compensação de cheques, locais que também concentravam muitos trabalhadores nos anos 80, perderam igualmente importância, com a adoção da compensação eletrônica e da leitura ótica de cheques. Segundo a previsão de um assessor sindical, os setores de compensação de cheques tendem à extinção nos próximos cinco anos:

> A troca não é mais feita com aquele saco de cheques, aquela coisa toda que se fazia. Hoje é tudo por troca de dados feita em fita magnética. E o Bradesco e o Itaú já estão iniciando o processo de fazer trocas de dados via satélite, sem necessitar mais da câmara de compensação. A compensação é um setor que vai ser extinto. Nos próximos cinco anos, isso tudo vai ser feito via satélite, inclusive a compensação automática, através da qual você faz a leitura num cheque através do código de barra e via satélite se faz a troca. [...] A tendência do sistema, hoje, é onerar cada vez mais a utilização do cheque. Ou seja, começar a criar tanta taxa para você utilizar o cheque que não vai compensar mais usá-lo, você vai ter que usar cartão.[15]

Um dirigente sindical que exerceu a função de compensador no banco Nacional, nos anos de 1986 e 1993, relata as diferenças percebidas na organização do trabalho e seu reflexo no emprego:

> [Em 1993] já havia as máquinas leitoras, as máquinas que classificam por banco, valor, cheque, tudo. Se em 1986-87 a gente tinha 100 ou 200 funcionários, em 1993 não tinha nem a metade do número de funcionários, porque as máquinas faziam mais de 50% do trabalho. Não havia mais aquele monte de funcionários que a gente estava acostumado a ver. [...] Outra mudança foi a expansão dos caixas 24 horas; os próprios clientes já passaram a conviver com isso, não emitindo muitos cheques, gastando menos papel [...].[16]

Estes movimentos de modernização tecnológica e organizacional, que desempregam enormes contingentes da força de trabalho bancária, são constitutivos de processos mais globais de reestruturação do sistema financeiro, em diferentes contextos políticos e econômicos. Segundo Hugo Cerqueira e Wilson Amorim, três grandes ondas de demissões marcaram o emprego bancário nas décadas de 80 e 90, resultantes dos ajustes no setor financeiro, sintonizados com a política econômica e monetária nacional. O primeiro movimento intenso de demissões no setor, em 1986, foi decorrente das medidas de estabilização monetária promovidas pelo Plano Cruzado, que privavam — ainda que momentaneamente — os bancos de sua maior fonte de lucratividade à época: os ganhos advindos do processo inflacionário. Naquele ano, foram demitidos 109 mil trabalhadores no setor. Um segundo momento de forte redução do emprego nos bancos foi o período entre 1990 e 1991, quando foi adotado um novo programa de combate à inflação, o chamado Plano Collor, que atingia as áreas monetário-financeira, fiscal e de controle de preços e salários. Naquela conjuntura de queda generalizada dos níveis de emprego no conjunto dos setores econômicos, foram eliminados 126 mil postos de trabalho nos bancos. Uma terceira grande onda de demissões no setor financeiro coincidiu com as medidas de ajuste das instituições bancárias após a implementação do Plano Real, eliminando mais de 100 mil empregos entre janeiro de 1994 e dezembro de 1995 (Cerqueira e Amorim, 1998).

Na segunda metade dos anos 90, o processo intensivo de reorganização do trabalho e de mudança nas estratégias de mercado das instituições bancárias, num contexto de desregulamentação financeira e acirramento da pressão concorrencial no setor, implicou um movimento contínuo de redução do emprego bancário. As medidas governamentais que estimulam fusões e incorporações entre empresas e desmontam o sistema financeiro estatal conjugam-se à automação e à disseminação de formas flexíveis de organização do trabalho e de contratação nos bancos como fatores de precarização do emprego bancário. Segundo o DIEESE (1997d), o alto índice de desemprego no setor, na atualidade, deriva principalmente de: automação; redução do horário de atendimento a clientes e usuários; terceirização; fechamento de agências, em face do aumento de fusões/incorporações de bancos privados e da privatização das instituições públicas; elitização da clientela, com restrições ao acesso de grande parte da sociedade ao atendimento bancário.

Entre os bancos estatais, os programas de reestruturação produtiva e os processos de privatização ou liquidação reduzem drasticamente a quantidade de força de trabalho empregada. A implementação de programas de pressão a demissões, os chamados PDVs — Programas de Demissão Voluntária —, e o fechamento de agências por todo o território nacional ocasionam o desemprego de milhares de bancários. Segundo dados da ANDIMA (1999a), o emprego nos bancos estatais teve uma variação negativa de 19,9% entre 1994 e 1998. O Banespa, maior instituição bancária do sistema financeiro estadual, recentemente privatizado,[17] empregava cerca de 31 mil bancários em 1994, reduzidos para 21 mil em janeiro de 2000.[18] No Banco do Brasil, a força de trabalho era composta de 199.380 funcionários em 1994. No final da década, a instituição empregava apenas 69.437 bancários, conforme dados do DIEESE (2000b).

No setor bancário privado, em que os níveis de rotatividade da força de trabalho sempre foram mais altos, a variação do emprego entre 1994 e 1998 foi de -32,1%, segundo levantamento da ANDIMA (1999a). Os três maiores conglomerados financeiros privados nacionais — Bradesco, Itaú e Unibanco — empregavam, respectivamente, 91.647, 60.865 e 22.011 bancários no início dos anos 90 (Rodrigues, 1999). Em junho de 1999, haviam reduzido seu quadro funcional para 47.049, 30.334 e 18.120 trabalhadores, respectivamente (DIEESE, 1999a).

No final da década de 90, o sistema bancário brasileiro empregava 400.091 trabalhadores, segundo dados do DIEESE (2000a), concentrados principalmente nas agências e postos de serviços, a chamada "linha de frente" do atendimento aos clientes. De acordo com levantamento da FEBRABAN (2000), 67,8% dos bancários estão lotados nestes pontos de atendimento, 2% em mesas e plataformas para atendimento remoto — terminais eletrônicos e telefones —, 7,4% em órgãos de negócios centralizados (câmbio, *open market*, repasses etc.) e 22,8% na infra-estrutura de apoio (serviços administrativos, contabilidade, processamento de dados etc.).

Os movimentos recentes de reestruturação nos bancos atingem de forma diferenciada a força de trabalho bancária, demitindo prioritariamente os que exercem funções consideradas menos qualificadas, substituíveis pelos processos automatizados. Do mesmo modo, a reestruturação contemporânea não afetou homogeneamente o emprego bancário na distribuição espacial. Em algumas regiões metropolitanas, observou-se forte redução de postos de trabalho após a privatização de bancos estatais que empregavam expressivos contingentes dos bancários da cidade. É o caso do Recife, em face da privatização do Bandepe, em novembro de 1998, de Belo Horizonte, após a privatização do Credireal e do Bemge — em agosto de 1997 e setembro de 1998, respectivamente —, do Rio de Janeiro, com a privatização do Banerj, em junho de 1997, e de Porto Alegre, diante da privatização do Meridional. Em praticamente todas as áreas metropolitanas situadas em regiões consideradas pouco atraentes do ponto de vista das estratégias de mercado dos bancos, o fechamento de agências e postos de serviços é o principal fator de queda no nível do emprego bancário (DIEESE, 2000a).

De fato, ao consolidar um novo modelo de sistema bancário no país, caracterizado pelo forte predomínio do grande capital privado, nacional e estrangeiro, a reestruturação aprofundou a concentração do emprego na região Sudeste, onde trabalham mais de 60% dos bancários brasileiros. Segundo informativo do DIEESE (op. cit.), enquanto a rede de agências bancárias apresentava um movimento contínuo de declínio, na região Sudeste verificou-se um saldo positivo de 199 dependências, em 1999, em relação ao ano anterior. Em contrapartida, 1.862 dos 5.626 municípios brasileiros não possuíam agência bancária em janeiro de 2000.

À problemática do desemprego, soma-se a do subemprego, que atinge cada vez mais o trabalhador empregado nos bancos. Isso em face da adoção generalizada de formas *flexí-*

veis de contratação de força de trabalho, que, se de um lado permitem grande redução de custos variáveis às empresas, de outro levam à degradação das condições de vida e trabalho de parcela expressiva da classe trabalhadora.

O subemprego nos bancos

No Brasil dos anos 90, a difusão de práticas flexíveis de organização e contratação do trabalho, referenciadas principalmente no modelo produtivo japonês, implica um grande crescimento da subcontratação e da terceirização. Segundo Druck (1999), a generalização dessas práticas ocasiona mudança qualitativa importante: elas abrangem não somente serviços considerados periféricos na divisão de trabalho das empresas, mas também aquelas atividades centrais, diretamente vinculadas ao processo produtivo.

Nas instituições bancárias, a subcontratação de força de trabalho é mais um mecanismo essencial da reestruturação do setor. Seja na forma de terceirização, de trabalho por tarefas ou em tempo parcial, este novo padrão de relação salarial significa precariedade do emprego e do salário, desregulamentação das condições de trabalho e perda de direitos sociais para a grande maioria dos trabalhadores. Do ponto de vista do capital, essas formas de contratação adaptam-se perfeitamente aos seus objetivos de autovalorização, na medida em que permitem às empresas ganhos enormes de lucratividade e, simultaneamente, atingem fortemente a capacidade de resistência da classe trabalhadora, fragmentando-a e dificultando sua organização sindical.

Estudando a especificidade dessas modernas formas de contratação no setor financeiro, Manoel Blanco apontou os mecanismos mais rotineiramente utilizados nos bancos para redução de custos relativos à força de trabalho: a contratação temporária de trabalhadores vinculados a empresas prestadoras de serviços; a transferência de funcionários do banco para empresas participantes do seu conglomerado; a contratação de estagiários; a terceirização de atividades consideradas não estratégicas para a lucratividade da empresa (Blanco, 1994, pp. 77-78).

Os processos de terceirização, que se concentraram inicialmente nas atividades consideradas não essencialmente bancárias, têm-se disseminado e aprofundado, constituindo um dos principais instrumentos para redução de custos com força de trabalho nos bancos. Nos últimos tempos, várias atividades tradicionalmente executadas por bancários — processamento de dados, compensação de cheques, microfilmagem, tesouraria, atendimento, cobrança, serviços de retaguarda e outras — têm sido terceirizadas. Em entrevista cedida a Liliana Segnini, o gerente de um banco privado estrangeiro comenta a experiência da empresa relativa à terceirização:

> Nós terceirizamos a cobrança, ou seja, a digitação de borderô. Isto era feito nas agências e gerava uma série de demandas técnicas, uma linha de comunicação muito boa da agência com um grande porte. Nosso sistema era todo *on line/real time*, você fazia e o sistema já capturava. Então as linhas acabavam congestionadas com uma coisa que se poderia fazer fora. [...] Nós terceirizamos também a área de segurança e limpeza. Fora de São Paulo, toda a área de compensação é terceirizada, através de uma associação, a ASBACE — Associação Brasileira dos Bancos Estaduais. [...] Não compensa para o banco investir em equipamentos em locais onde o movimento de documentos não é muito significativo [...]. Nosso banco tem 25 praças terceirizadas com a ASBACE.[19]

Ao tratar de sua "missão" de apoio à atividade bancária, o superintendente de uma empresa terceirizadora de serviços na área de compensação de cheques esclarece:

> Os bancos estão enfocando tudo o que é atividade-fim e tudo o que é atividade-meio eles estão terceirizando. [...] eu vejo a automação dos bancos focando cada vez mais o atendimento ao cliente. Na verdade, nós somos um vendedor de informações. Nossa missão é gerar para os bancos informações que serão postas à disposição dos clientes.[20]

Quanto às condições de uso de tecnologia e de emprego de força de trabalho na empresa terceirizadora, o superintendente as compara àquelas dos bancos, da seguinte forma:

> [...] enquanto um grande banco possui um equipamento que é utilizado especificamente para um tipo de trabalho, e só para ele, aqui nós utilizamos nosso equipamento para muitos bancos. [...] Então você acaba potencializando o seu equipamento, extrai dele o máximo [...]. A mesma coisa com o profissional, que não trabalha para um único banco; ele trabalha para todos os bancos, ele não possui vínculos, exceto em alguns serviços específicos e que acabam por criar uma certa rotina. Então, você acaba aproveitando muito mais máquinas e pessoas [...].[21]

As instituições de médio porte são as que adotam mais intensamente a terceirização, obtendo uma estrutura "mais enxuta e ágil" que aquelas de grande porte, segundo avaliação da empresa de consultoria Ernst & Young (1997a). A área de processamento de dados e o suporte técnico a micros e redes locais, além das operações de processamento de cartões de crédito e de débito, estão entre os setores e atividades mais terceirizados nestes bancos. Nos bancos de pequeno porte, destaca-se o processamento de compensação de cheques como atividade mais fortemente terceirizada, enquanto os grandes bancos têm optado pela terceirização mais ampla das redes de ATMs.

Entre os bancos de porte médio, especialmente, é expressivo o fato de que os custos com o emprego de força de trabalho terceirizada chegam a ser maiores que os relativos ao pessoal contratado regularmente. Nas projeções para 1999, os gastos com os chamados *terceiros* significavam mais que o dobro daqueles com os trabalhadores vinculados contratualmente às empresas, de acordo com a Ernst & Young.

O alto índice de desemprego no setor bancário e o grande exército de reserva à disposição das empresas vinculadas ao setor permitem que ex-bancários sejam empregados pelas terceirizadoras para a realização de serviços nos bancos. Assim, em condições contratuais muitas vezes precárias, estes trabalhadores retornam à atividade bancária, colocando seu saber e experiência novamente a serviço dos bancos. Segundo o gerente de recursos humanos de uma empresa terceirizadora especializada na área de compensação bancária, a experiência de trabalho no setor é condição essencial para a contratação:

> O perfil do profissional da nossa empresa é o seguinte: ele tem de ser um ex-bancário, porque nós lidamos com papéis que tem tudo a ver com banco. Todos os setores que existem na compensação dos bancos existem aqui. A compensação dos bancos a que prestamos serviços está aqui, só mudou o local. Obviamente que, se vem um serviço onde a demanda de volume, a quantidade, for muito grande, eu não devo pegar no mercado um profissional inexperiente.[22]

Nos bancos estatais, ao lado da força de trabalho subempregada pelos processos de terceirização, existe uma grande quantidade de estagiários realizando tarefas tradicionalmente efetuadas por funcionários. Segundo informação de um assessor do Sindicato dos Bancários de São Paulo,[23] toda a força de trabalho empregada no centro de computação da Caixa Econômica Federal é terceirizada. Ao mesmo tempo, no centro de processamento do Banco do Brasil, o número de estagiários e terceirizados é maior que o de trabalhadores contratados regularmente.

Mas a prática da substituição de força de trabalho bancária por estagiários, como estratégia empresarial de redução de custos variáveis, é freqüente também em alguns bancos privados. É o que revela o depoimento de um dirigente sindical a respeito da experiência praticada no Bradesco:

> [...] o Bradesco vem desenvolvendo uma política, principalmente aqui na capital, no sentido de contratar estagiários. Ele convoca nas faculdades, principalmente nas faculdades das áreas administrativas e de direito, contabilidade, estudantes que queiram estagiar no Bradesco. Então o Bradesco quer empregar universitários, só que aí, neste procedimento, ele está fraudando a lei do estágio. Porque o estagiário, quando vem da faculdade para fazer um estágio na empresa, pressupõe-se, pela lei do estágio, que ele vá adquirir um aperfeiçoamento prático para a formação teórica que ele vem recebendo na escola. [...] Mas o Bradesco coloca quem faz administração para entregar talão de cheque e cartão de autoatendimento, para carimbar documento, para trabalhar em retaguarda de trabalhos manuais.[24]

Na área de processamento de dados dos bancos, não somente as atividades menos complexas vão sendo terceirizadas. Uma tendência que se vai firmando, na atualidade, é a terceirização de serviços em análise de sistemas. Conforme Segnini (1998b), a estratégia que orienta tal opção fundamenta-se, de um lado, na expectativa de aquisição de tecnologia "de ponta", sem arcar com os altos custos relativos ao treinamento e reciclagem de uma força de trabalho qualificada; e, de outro, na possibilidade de desvincular a atividade de desenvolvimento de *softwares* na empresa do saber individual do analista que construiu o sistema.

Os significados dos processos de terceirização como mecanismos de precarização do emprego e a forma concreta como se revelam nos locais de trabalho bancário são assinalados em entrevista de um dirigente sindical:

> É um processo que a gente chama de precarização do trabalho, descontratação mesmo — não tem contrato de trabalho, porque eles contratam empresas para fazer os serviços. Os bancos têm um discurso e uma prática de concentrar naquilo que eles chamam de "atividade-fim". Então, tudo que não está na atividade-fim, eles tendem a passar para terceiros ou estagiários, contratando de uma forma evidentemente fraudulenta. O estagiário nunca está fazendo estágio propriamente, está prestando serviços. Desde os serviços de segurança até os serviços de digitação, passando por telemarketing, todas as formas que não são exatamente aquelas de análise de crédito, análise de ouro, os bancos têm terceirizado. E isso, evidentemente, tem o objetivo de baratear a força de trabalho, racionalizar internamente a forma de produção, controlar melhor. Porque as empresas terceiras controlam seus trabalhos específicos, e o banco controla só aquela parte que ele executa.[25]

Ainda que os custos relativos com força de trabalho terceirizada tendam a aumentar no sistema financeiro nacional, como aponta estudo da Ernst & Young, a trajetória de perda de postos de trabalho no setor deve implicar uma redução destes trabalhadores nos bancos, em termos absolutos. Isso porque a terceirização atinge, principalmente, o trabalho repetitivo e empobrecido de conteúdo, facilmente substituído pela informática. É o que conclui o dirigente sindical:

> A gente teve um período maior de terceirização, mas a tendência me parece que é esses serviços irem se extinguindo. Vai ter digitação para quê, se fazemos leitura de código de barra? No processo de telemarketing, se trata direto com o cliente, às vezes até via o sistema de Internet. O cliente mesmo, da sua casa, acessa direto a conta, já faz toda a operação, a interferência de gente nisso é pequena. Então, acho que esse processo de terceirização atingiu o seu auge nos anos 90 e, visivelmente, vai diminuir em função dos serviços que vão sendo extintos. No Banco do Brasil, por exemplo, se a gente observar os CESECs, que é onde estavam concentrados esses trabalhos e que contratavam no período recente uma grande quantidade de estagiários e terceirizados — a gente tinha uma relação às vezes de um funcionário para 20 estagiários —, esses CESECs simplesmente têm sido extintos, fecharam em grande maioria.[26]

A contextualidade de intensa transformação no trabalho e nas condições do emprego bancário abrange também importantes modificações nas relações de poder no interior dos bancos. De fato, disseminam-se nos locais de trabalho novas práticas de poder organizacional, fundadas em estratégias de dominação que visam aprofundar a subordinação do trabalho ao capital, mascarando ao máximo os mecanismos coercitivos das empresas.

Novos padrões de dominação: a "qualidade total" e a "remuneração variável"

Segundo Nicole Aubert e Vincent de Gaulejac, as novas formas de controle e dominação do trabalho baseiam-se na busca da adesão absoluta do trabalhador às estratégias mercadológicas das empresas, que se convertem em centros de "canalização energética" para o capital. Os autores observam que não é somente na mobilização dos corpos, exigida no sistema taylorista, ou do coração, como na época do movimento desencadeado pela chamada Escola de Relações Humanas, que se fundamentam as atuais estratégias gerenciais: "É a mobilização total do indivíduo que se deseja obter; é não somente sua energia física e afetiva, mas também sua energia psíquica que se procura captar" (Aubert e Gaulejac, 1991, p. 84).

Ao analisar a trajetória de estudos e experiências referenciados na Escola de Relações Humanas,[27] que sofisticaram crescentemente as formas de sujeição do trabalho ao capital, Maurício Tragtenberg desmistifica o discurso de "humanização na empresa" contido naquelas técnicas de administração:

> Na empresa capitalista, administração ainda é sinônimo de "capital" personificado. Portanto, a relação entre administração e operário na empresa capitalista nada mais é que uma transfiguração da relação entre capital e trabalho [...]. Empresa não é só o local físico onde o trabalho excedente cresce às expensas do necessário, o palco da oposição de classes; é também o cenário da inculcação ideológica. Neste sentido, empresa é também aparelho ideológico (1989, p. 25).

Na atualidade, a "inculcação ideológica" torna-se mais complexa à medida que novos padrões de dominação de classe se impõem, como resposta à crise capitalista. Nos ambientes produtivos, recriam-se táticas para aumento da produtividade do trabalho, mascaradas sob o discurso patronal de "participação", "qualidade total", "competitividade". A concessão de prêmios de produtividade, a partir de metas estabelecidas pelas gerências, e o desenvolvimento de um eficiente e sofisticado sistema de comunicação empresa–trabalhador — por meio de jornais, revistas, boletins via Internet ou vídeos de ampla circulação nos ambientes de trabalho — são alguns dos mecanismos concebidos para aperfeiçoar as condições de intensificação e disciplina do trabalho. Além destes, destaca-se a criação de equipes de "qualidade total" nos locais de trabalho, como importante instrumento patronal para alcançar a *docilidade* e a *mobilização* dos trabalhadores para os projetos de lucratividade das empresas.

Com a suposta finalidade de estimular a participação dos trabalhadores em decisões da empresa, especialmente as relativas à racionalização do processo de trabalho, as equipes "de qualidade", que se difundem nos diversos setores econômicos, cumprem uma função dupla. Por um lado, ao receberem a incumbência de conceber formas produtivas mais racionais, permitem uma maior apropriação, pelo capital, do saber prático acumulado pelo assalariado. Por outro, devem substituir ou enfraquecer as organizações sindicais por local de trabalho, tentando credenciar-se como instrumento mais adequado para as manifestações e reivindicações dos trabalhadores relativas ao cotidiano produtivo (Gennari, 1997).

A valorização do saber prático do trabalhador é uma das estratégias fundamentais das novas formas de controle do trabalho. Pignon e Querzola, ao contrapor tal estratégia à situação que predominava no período taylorista, analisam seu significado como mais um instrumento de acumulação capitalista na atualidade:

> Numa organização tecnocrática, a dominação do capital sobre o produtor direto toma a forma de um controle absoluto e despótico sobre todos os aspectos de sua vida de trabalho. A codificação de cada posto de trabalho por especialistas dos métodos provoca numerosas dificuldades. A divisão entre execução e concepção desenvolve a burocracia e distorções aparecem na percepção da realidade. É evidente que os trabalhadores conhecem melhor do que ninguém o seu trabalho: essa experiência é abafada na organização taylorista e pós-taylorista do trabalho a fim de garantir a dominação de tipo militar, onde a iniciativa individual é totalmente reprimida. Pôr em prática, em proveito do capital, essa iniciativa das massas, conservando, no entanto, o completo controle do processo de produção, eis o objetivo dessas reorganizações (1989, p. 113).

No trabalho bancário, assim como em outras atividades do setor de serviços, o controle e os mecanismos coercitivos são muitas vezes deslocados, no discurso patronal, para fora da empresa. Tal discurso imprime, por exemplo, aos movimentos e pressões da concorrência mercadológica as exigências de aumento da produtividade e da "eficácia" do trabalho. Desta forma, esvazia-se o controle burocrático típico do taylorismo, e a autoridade do capital personalizada nas chefias é substituída por uma forma mais difusa de autoridade, na qual a dominação do trabalho passa a ser exercida diretamente pelo mercado capitalista.[28]

O cenário da inculcação ideológica

Grandes conglomerados financeiros privados, como Unibanco e Itaú, têm sido inovadores quanto às atuais práticas de poder organizacional, que vão sendo adotadas, com algumas variações, pelo conjunto das instituições bancárias. Já no início dos anos 90, o Unibanco implementava o Programa de Excelência Gerencial (PEG), que criava um conjunto de instrumentos de gestão para garantir alta rentabilidade à empresa, mediante a "excelência" do atendimento aos clientes. O programa foi assim definido pela administração do banco:

> O PEG é o resultado das mudanças que vêm ocorrendo na instituição há aproximadamente dez anos, desde que aconteceu o primeiro esforço de segmentação de nossos clientes, com vistas a propiciar a todos um atendimento mais dirigido e qualificado. É uma tentativa de amarrar todas as mudanças, de colocá-las sob um único guarda-chuva, no que tange ao gerenciamento do negócio. Queremos que as idéias do corpo gerencial sejam apresentadas e discutidas, de forma a se encontrar uma fórmula que seja reconhecida como adequada pelos próprios funcionários. Assim, se de um lado o PEG é uma forma de comunicação, de outro é um importante incentivo à implantação de uma nova forma de gerenciamento, mais participativa e menos centralizadora.[29]

É dessa forma que o culto da *excelência* revela-se nos bancos e fundamenta as novas formas de controle do trabalho constitutivas do modo contemporâneo de acumulação do capital, reproduzidas nas instituições financeiras. Em uma de suas publicações dirigidas aos funcionários, o Unibanco assim se referia às novas exigências de "qualidade":

> Qualidade: memorize esta palavra. Ela resume a eficiência, rapidez e busca da perfeição que passou a pautar os processos de trabalho na década de 80, quando caíram as fronteiras econômicas entre as nações e a competi-

ção entre as empresas ficou internacional. [...] O mercado financeiro não está imune a essa competição acirrada e o potencial competitivo de cada empresa dependerá da qualidade dos serviços que oferecer ao mercado. As exigências em relação aos produtos e serviços são cada vez maiores, já que o referencial do consumidor agora se estabelece em padrões internacionais. [...] O Unibanco quer ampliar sua participação no mercado cada vez mais pela excelência dos seus serviços. Está empenhado nessa meta de diferenciação e para isso conta com todos os seus colaboradores. Nenhuma empresa consegue trabalhar com qualidade sem as pessoas. Elas são fundamentais no processo de busca da melhoria contínua. Na verdade, qualidade não se resume apenas a uma técnica ou a um método. É um modo de vida que deve permear todas as nossas atividades.[30]

Derivado do PEG, foi criado o Programa de Qualidade Total Unibanco, que se baseava numa proposta de "educação" e "sensibilização" dos funcionários. Como parte do programa, foi implementada a Academia da Qualidade Unibanco, para treinamento de bancários instrutores da "qualidade". Segundo um periódico da empresa, 643 funcionários haviam passado pelos cursos da Academia em agosto de 1993, e a expectativa do banco era envolver 16 mil funcionários no programa até o final daquele ano.[31]

Os significados ideológicos e políticos das formas de gestão das empresas foram assinalados por Max Pagès et al., quando desenvolveram sua noção de *prática ideológica* para caracterizar as relações de poder organizacional. Segundo os autores, os "dispositivos operacionais e a ideologia estão indissoluvelmente ligados: eles têm como função fazer interiorizar certas condutas e, ao mesmo tempo, os princípios que os legitimam" (Pagès et al., 1993, p. 98).

Esta dupla função aparece desmistificada no depoimento de um dirigente sindical, ao comentar o Programa de Qualidade Total do Unibanco e o treinamento ministrado pela empresa:

> O nome que tinha era Academia da Qualidade, e todos eram convocados a fazer o curso, que informava o que o banco estava querendo da gente a partir daquele momento, nos próximos períodos. Era uma maneira de passar a filosofia do banco na década de 90: que o mundo estava mudando, que só os melhores iriam permanecer na empresa. Era uma coisa de "vestir a camisa" e entrar naquele sistema. As turmas eram de aproximadamente dez pessoas, e ali se discutiam diversos temas, mas o básico era entender essa filosofia. [...] Com a Academia de Qualidade, os funcionários que chegavam no banco entravam no Programa de Integração de Novos Funcionários; assim, ficavam esclarecidos sobre como o banco funciona, sobre a história do banco [...].[32]

O programa de implantação da "qualidade total" no Unibanco tem como apoio quatro pilares básicos: educação, conhecimento, avaliação e ações de melhoria. Sobre o primeiro destes eixos, o superintendente de qualidade total à época enfatizava que "a tarefa do pilar da educação é exatamente fazer com que todos nós que trabalhamos no Unibanco 'compremos' o conceito da qualidade".[33]

O segundo pilar do programa, que focaliza o conhecimento, desenvolve-se por meio de pesquisas sobre as necessidades e novas expectativas do mercado. Nestes estudos, coordenados pela área de *marketing* institucional, são medidas a satisfação do cliente, a qualidade de uma agência e a qualidade dos serviços de apoio. Uma das pesquisas constitutivas do programa é a Mystery Shopping, realizada com pessoas que visitam as agências como se fossem clientes e avaliam os aspectos operacionais e os relacionados ao trabalho dos funcionários, como, por exemplo, a cortesia no atendimento. Segundo administradores do banco, as pesquisas são um "instrumento estratégico na gestão empresarial", determinando mudanças organizacionais e orientando as ações de treinamento.[34]

O terceiro foco do programa visa "estabelecer padrões no atendimento e monitorar erros".[35] Com este objetivo, o Unibanco criou um instrumento de avaliação permanente dos serviços oferecidos, o Sistema de Medição de Qualidade, que consiste num conjunto de indicadores para coletar impressões dos clientes.

Finalmente, o quarto pilar teria um sentido essencialmente "prático", segundo a administração do banco, já que consiste na formação de grupos de trabalho cuja finalidade seria "propor soluções para os problemas detectados". A atuação dos dois grupos de trabalho criados dependeria da abrangência da questão a ser abordada. Assim, as Equipes de Qualidade (EQs) cuidariam dos problemas específicos de determinada unidade, e seus resultados estariam sob a responsabilidade direta da gerência local. Já as Equipes de Melhoria da Qualidade (EMQs) entrariam em cena para solucionar problemas que extrapolassem o local de trabalho e atingissem o conjunto da empresa. Enquanto a EQ poderia ser criada pelo coordenador da unidade e contaria com a participação de funcionários ocupando diferentes funções na empresa, a EMQ seria formada por um comitê de qualidade, constituído pela alta administração do banco.

Desta forma, com uma retórica de valorização da força de trabalho e de democratização das políticas de recursos humanos, instituem-se artifícios diversos para intensificação e controle do trabalho. A prática da premiação de trabalhadores por produtividade, já referida, é um desses artifícios, que torna altamente competitivos os ambientes de trabalho. No Unibanco, um requintado sistema de premiação atinge empresas fornecedoras de serviços, unidades de trabalho do banco e funcionários individualmente. O Prêmio Unibanco Fornecedores objetiva comprometer as empresas que prestam serviços ao banco com seu projeto de "qualidade total". Ao mesmo tempo, para identificar o "estágio de qualidade de cada Unidade e reconhecer os melhores desempenhos", foi instituído o Prêmio Gestão para a Qualidade Unibanco. Além destes, há premiações aos funcionários que se destacam no cotidiano de trabalho, com o Prêmio Qualidade Unibanco-Funcionário, criado em 1994. Os trabalhadores premiados, chamados de "*guardiães da qualidade*", são identificados com um crachá especial e têm sua foto afixada no local de trabalho.[36]

As estratégias de "sensibilização" dos trabalhadores, bem como os projetos resultantes dos estudos das EMQs, não provocam uma reação unânime de adesão nos locais de trabalho. O medo da demissão acompanha, muitas vezes, os bancários que assistem à implementação de processos de reorganização do trabalho e de programas de "qualidade total" no ambiente laboral. Segundo o prognóstico de um "cipeiro" do Unibanco,

> O nosso departamento está tendo agora um programa de qualidade. Se ficar tudo do jeito que eles querem, vai haver mais cortes, porque muita atividade vai sendo racionalizada com o objetivo de reduzir força de trabalho. Está tendo um tipo de reengenharia e eles estão analisando o que é necessário se fazer para reduzir custos e melhorar a qualidade do trabalho. É demissão na certa. [...] Veio no meu local de trabalho um rapaz, hoje, e a gente estava conversando. Na área dele, está todo mundo tenso, nervoso, com medo de ser mandado embora.[37]

Ainda como elemento constitutivo das novas formas de dominação do trabalho adotadas, o Unibanco criou a Campanha Comunicação Pessoa-a-Pessoa, objetivando "sensibilizar toda a comunidade Unibanco e, em especial os gestores, sobre a importância da comunicação como meio para alcance das metas estabelecidas pelas áreas e pelo Banco como um todo". A campanha, implementada no decorrer de 1993, consistia em uma espécie de concurso no qual os funcionários apresentavam sugestões para melhorar a comunicação interna no banco. As melhores sugestões eram premiadas e passariam a compor o Plano de Aprimoramento da Comunicação Interna Unibanco. Os principais resultados da campanha, segundo publicação da empresa, foram os seguintes:

> O maior número de sugestões, exatamente 206, propõe atitudes ligadas ao comportamento das pessoas, enfatizando o estímulo ao espírito de boa vontade entre os colegas, a franqueza, o companheirismo, a sinergia e a colaboração como elementos fundamentais para aprimorar a comunicação interpessoal e, conseqüentemente, o caminho mais adequado para que as equipes consigam melhores resultados no seu trabalho.[38]

O empenho das empresas em aperfeiçoar os mecanismos de comunicação interna e convertê-los em instrumento de dominação do trabalho revela-se na sofisticação de seus periódicos, dirigidos aos trabalhadores. O Unibanco possui um conjunto de jornais, boletins, revistas e até programas em vídeo que perseguem a incondicional adesão dos funcionários aos projetos mercadológicos do banco. A *Revista Unibanco*, editada pela área de *marketing* desde 1992, como resultado de recomendações do Programa de Excelência Gerencial (PEG), é distribuída mensalmente, de forma personalizada, ao funcionário. A revista recebeu os prêmios regionais e nacionais da Associação Brasileira de Comunicação Empresarial (ABERJE), nos anos de 1993, 1994 e 1996.[39] Destacam-se ainda o *Jornal da Qualidade*, editado pela área de qualidade total, e a TV Unibanco, que mensalmente produz um programa, em formato de telejornal, com matérias que abordam desde o lançamento de novos produtos até as mudanças de políticas da instituição.

O discurso contido nos órgãos de comunicação interna das empresas enfatiza a democratização das relações de trabalho e a participação dos trabalhadores nas decisões administrativas. No entanto, a prática cotidiana de trabalho desvela as contradições desse discurso, que visa construir uma aparente identidade de interesses entre capital e trabalho. A observação de um sindicalista, funcionário do Unibanco, é esclarecedora a respeito disso:

> Na fase inicial da montagem das Equipes de Melhoria da Qualidade — EMQs, como eles chamam —, é passado um questionário para todos: o que faz no dia-a-dia, quanto tempo gasta nisto, naquilo, um levantamento preliminar. Então, uma das formas de participação do pessoal eles entendem que é isso, é estar dando sua contribuição dessa forma. Só que na hora da decisão sobre o que será feito naquele setor, os trabalhadores não são convocados. E sempre tem alguém que participa que não é do setor, que vem de um tipo de comitê geral de melhoria da qualidade do banco. Então, essa pessoa participa de cada grupo. Ela vem com aquelas coisas. Com o limite a que o banco pode chegar. Ela vem, assim, meio que dando o parâmetro de até onde o banco pode aceitar as mudanças propostas. As pessoas participam, mas não decidem. Elas contribuem para o processo, mas não conseguem decidir no final o que seria melhor.[40]

Como o Unibanco, o Itaú tem adotado estratégias gerenciais baseadas nos pressupostos da "qualidade total" desde o início da década de 90. Em julho de 1991, perseguindo maior "competitividade" no mercado bancário, o Itaú criava o Programa Eficácia 92 — Em Sintonia com o Mercado. Por meio do programa, o banco desenvolvia formas diferenciadas de atendimento ao cliente, incentivava o auto-atendimento e estabelecia metas e prêmios de produtividade, com o objetivo de conquistar a adesão dos funcionários aos procedimentos de reorganização produtiva implementados. Em publicação dirigida aos funcionários, a administração do banco assim apresentava as novas diretrizes do programa:

> Estamos vivendo uma fase de profundas e rápidas mudanças. A competição é a palavra de ordem, em todas as situações da vida, e mesmo as grandes empresas como o nosso Itaú precisam se modificar para ser mais competitivas. Inovações importantes estão sendo implantadas no Banco Itaú. Elas envolvem todos e também estão presentes no Programa Eficácia 92 — Em Sintonia com o Mercado. Um novo e decisivo passo será dado com a nossa reestruturação operacional. Ela representa mais uma grande oportunidade de envolvimento e crescimento pessoal, pois deverá liberar as gerências para uma atuação mais direta junto ao mercado e favorecer a todos na conquista de melhores resultados. O cliente se torna cada vez mais exigente, e espera de nós maior atenção e qualidade na forma como os atendemos. Todos procuram satisfazer suas necessidades pessoais e tem sucesso a empresa que melhor atende essas necessidades. [...] A satisfação do cliente depende de todos nós. Da forma como fazemos o nosso trabalho.[41]

O desenvolvimento do Programa Eficácia 92 daria origem ao Ação Gerencial Itaú para Resultados (AGIR), pelo qual a empresa instituía mecanismos rígidos de controle da produtividade do trabalho. Inicialmente concebido para incrementar a venda de produtos, o programa converteu-se em um complexo instrumento de controle sobre o fluxo do trabalho no banco. Abrange as áreas comercial e operacional, para as quais são estabelecidas diferentes metas de produtividade e exigências, sendo o desempenho dos trabalhadores avaliado individual e coletivamente, em cada local de trabalho. Na área operacional, contam pontos para a avaliação itens como quantidade de autenticações nos caixas, tempo de atendimento, estímulo aos clientes para utilização do auto-atendimento e do débito automático. A venda de "produtos", os negócios e empréstimos realizados e o baixo índice de inadimplência são exigências da área comercial.

Simultaneamente, o AGIR cria um rigoroso sistema de controle dos níveis de produtividade dos funcionários e estimula a intensificação do trabalho, por meio de remuneração e premiação associadas ao desempenho individual e coletivo. Algumas das repercussões do programa na situação cotidiana de trabalho, que vêm sendo freqüentemente denunciadas na imprensa sindical, encontram-se sintetizadas em artigo do jornal dos bancários do Itaú:

> Quem participa do AGIR tem um monte de problemas: sofre pressões insuportáveis, as metas muitas vezes são inatingíveis, há um aumento de problemas de saúde, demissões e faltam critérios claros e justos de distribuição de prêmios (Top Premius e viagens). As regras, funcionamento e cálculos do programa não são claros nem para os gerentes. [...] A pressão enlouquece todos os segmentos. Os não comissionados são pressionados pela gerência, que é infernizada pela superintendência que, por sua vez, é atazanada pela diretoria do banco.[42]

Dentre os grandes conglomerados privados nacionais, o Bradesco é o único que não possui um programa de "qualidade total". As instrumentações de dominação adotadas no banco mudaram relativamente pouco desde os anos 80, quando a disciplina do trabalho era perseguida por meio de um complexo sistema de poder organizacional. Ao analisar a forma que assumiam os mecanismos de poder no cotidiano do Bradesco, naquela década, Segnini (1988) assinala a busca da total submissão do funcionário ao ideário da "grande família Bradesco" como central na política de recursos humanos. Segundo um dirigente sindical, funcionário do Bradesco, a situação permanece:

> [...] o Bradesco quer gerar uma perspectiva de carreira, sabe? Fazer com que essa perspectiva de carreira motive o bom atendimento, motive a submissão. O funcionário do Bradesco é muito submisso, é submisso à chefia, é submisso ao cliente. Ele sabe que é vigiado e que, se vacilar, é demitido, sem chance para ele. Se ele for estúpido com um cliente, ele vai ser advertido, vai ser queimado. Ele sabe que, em virtude disso, vai ter que atender bem, que produzir bem, porque ele quer fazer a carreira, quer continuar no banco.[43]

Já nos anos 80, o Bradesco determinava metas de produtividade aos funcionários e estabelecia um sistema de premiação, estimulando a competição nos ambientes de trabalho. De acordo com Segnini (op. cit.), a competição era incentivada de duas formas: em termos mensuráveis (metas de produção, prêmios) e pelo comportamento (obediência às normas e princípios). A expectativa de promoção daqueles funcionários dóceis, disciplinados e cumpridores das metas estabelecidas movia, naquela época e agora, as relações de competitividade entre os trabalhadores. Todavia, segundo uma bancária-caixa do

Bradesco, tem aumentado a pressão por produtividade na venda de produtos:

> Agora, cada caixa tem que vender sete capitalizações por mês. Eu cumpri, eu fui a primeira caixa a vender as sete capitalizações na nova central. Mas muitas pessoas não venderam. [...] O que acontece? Amanhã surge uma oportunidade de você ter uma promoção. Por exemplo, surgiu uma vaga para você ser chefe. Eles vão dar não pelo seu profissionalismo — se você trabalha bem, nunca deu diferença, atende bem o cliente, é uma ótima funcionária, conhece tudo na agência —, não é você quem eles vão indicar para ser promovida, e sim quem vendeu. Tenho certeza. A cobrança está sendo maior e, inclusive, eles dizem isso abertamente: "Para ganhar promoção, você vai ter que vender".[44]

A intensificação da pressão por produtividade é reafirmada por outra bancária do Bradesco, que questiona os critérios de premiação adotados na instituição:

> Havia os produtos, você oferecia, mas não havia aquela obrigação de vender. Tinha campanha de poupança, de outros produtos, a gente reunia a agência inteira... Logo que eu vim para essa agência onde eu estou, teve uma campanha para venda de cartão de crédito e nós conseguimos cumprir a meta. [...] Mas o resultado é que o gerente da agência ganhou uma viagem de navio. [...] Quer dizer, todo mundo participou e ele ganha a viagem. Isso daí não incentiva ninguém. O pessoal fala: "Eu não vou vender para ele passear de navio!" Então, é muito mal elaborado esse programa.[45]

Em bancos estatais, os programas de "qualidade total" começaram a ser introduzidos nos primeiros anos da década de 90, como parte das estratégias governamentais para lhes imprimir um perfil de empresa privada. Todavia, sob uma contextualidade de desestruturação do sistema bancário estatal, o conteúdo ideológico dos programas ficou submerso, num primeiro momento, pelas políticas de intenso *ajuste* organizacional, que imprimiram um clima de perplexidade e medo nos locais de trabalho.

No Banco do Brasil, os movimentos de reorganização produtiva, que se intensificaram após o governo Fernando Henrique Cardoso, reduziram drasticamente a quantidade de força de trabalho. Mecanismos como planos de "demissão incentivada", de pressão à aposentadoria e de transferências arbitrárias de funcionários mudaram profundamente condições e relações de trabalho na instituição. Tradicionalmente fundadas na estabilidade (não de direito, mas de fato) e na carreira profissional baseada em critérios regulamentados de promoção, as relações de trabalho no Banco do Brasil vêm sendo substituídas, como já assinalado, pelo regime de instabilidade e arbitrariedade que freqüentemente caracteriza o cotidiano laboral das instituições privadas.

Naquele momento, a situação recente de precarização das condições de trabalho e emprego na instituição inviabilizou que os programas de "qualidade total" atingissem seus objetivos de envolvimento dos trabalhadores. As Equipes de Autodesenvolvimento constituídas nos locais de trabalho, as chamadas EADs, foram facilmente desmistificadas, diante da evidente contradição entre o discurso patronal de "democratização das relações de trabalho" e a prática de imposição das novas regras. Segundo um dirigente sindical, funcionário do Banco do Brasil, entrevistado em meados de 1997,

> O banco criou alguns [grupos no local de trabalho] que eles chamam de EAD, Equipe de Autodesenvolvimento.

> São os CCQs em outros lugares, com outro nome. Mas, como o banco ao mesmo tempo implantou uma política de recursos humanos nessa linha de demitir, de expulsar funcionário [...], essas EADs acabaram não evoluindo. A gente tem notícia em vários lugares que elas ou não funcionam, ou funcionam por insistência da chefia, ou então, simplesmente, morreram de inanição por falta de funcionário que as levasse adiante. [...] Agora, o banco tem exercido uma pressão muito grande sobre os funcionários para venda de produtos, produtividade, atendimento de metas e tal. Isso provoca um descontentamento muito grande dos funcionários.[46]

A experiência relatada por um ex-delegado sindical do Banco do Brasil a respeito do funcionamento da EAD em seu local de trabalho é esclarecedora dos objetivos e contradições dos programas de "qualidade total":

> Eu fui coordenador dessa EAD durante algum tempo, ela foi formada ainda no governo do Itamar. [...] participava quem queria, mas o coordenador era eleito; hoje, é indicado. [...] A gente começou a discutir processo [de trabalho]. Como estava diminuindo funcionário e aumentando a carga de serviço, e o pessoal ainda estava naquela rotina antiga, a gente começou a discutir a necessidade de repensar o processo de trabalho. E aí você ia contra as normas. Ou se obedecia as normas, ou diminuía a carga de trabalho. Aí você começa a entrar em conflito. [...] Hoje, quem participa trabalha nessa linha da colaboração. É minimizar o conflito, suavizar, melhorar o clima. O salário está baixo, o pessoal está nesse conflito todo. E o tempo todo eles estão falando do stress, das emoções, ficam o tempo todo trabalhando nessa área. Tem mais a função de diminuir a angústia das pessoas.[47]

Na atualidade, o aprofundamento dos processos de reestruturação no Banco do Brasil vai imprimindo à instituição um perfil cada vez mais próximo daquele das empresas privadas. As políticas gerenciais adotadas desde o início da década de 90 em bancos como o Unibanco e o Itaú — que associam intensa pressão e controle da produtividade do trabalho a estratégias para obter submissão e adesão dos trabalhadores ao ideário patronal — vão sendo copiadas no Banco do Brasil, nos mínimos detalhes. Com conteúdo semelhante ao do Programa de Excelência Gerencial (PEG) do Unibanco, o Banco do Brasil implementou o Programa de Excelência e Competitividade (PEC), em dezembro de 1997, cujos resultados vão sendo divulgados aos trabalhadores pelo atraente e colorido *Boletim Informativo da Qualidade*.

Assim, seguindo o exemplo de grandes conglomerados financeiros privados, o Banco do Brasil adota uma agressiva política gerencial de busca da mobilização e do comprometimento da força de trabalho com as atuais estratégias mercadológicas da instituição. No periódico de divulgação exclusivamente do programa de "qualidade total", a administração do banco dirige-se aos funcionários nos seguintes termos:

> Um mundo marcado pelos efeitos da globalização exige respostas rápidas, adaptação às inovações tecnológicas e pleno atendimento às expectativas cada vez mais exigentes do consumidor. O Banco do Brasil vem se ajustando para enfrentar esses tempos de turbulência apostando, com o PEC, que a vantagem competitiva reside nas idéias, no patrimônio intelectual de seus recursos humanos.[48]

Em seu *Plano diretor de recursos humanos de 1997*, os administradores do Banco do Brasil expõem as mudanças nos "traços culturais" da instituição.[49] Baseando "a gestão de pessoal nos princípios de qualidade", explicitam suas novas diretrizes, dentre as quais destacamos:

- adotar plano de sucessão baseado em critérios que permitam selecionar para os cargos os empregados mais bem preparados;
- estabelecer plano de carreira de modo que se correlacione remuneração com grau de responsabilidade, complexidade do cargo e as práticas do mercado;
- instituir remuneração variável de modo a retribuir as contribuições individuais, da equipe e da unidade para o resultado;
- demitir o empregado ineficiente, improdutivo, não ajustado à filosofia organizacional e irredutível em aceitar a realocação definida pela empresa.

Estes são alguns dos mecanismos de poder que permeiam as relações laborais e, especialmente, os programas de "qualidade total" nos bancos, destinados a aumentar a produtividade, sob a ótica do capital. De modo muitas vezes sutil e sofisticado, os atuais métodos gerenciais mistificam as relações de antagonismo e dominação próprias do capitalismo e tentam fragmentar a classe trabalhadora em indivíduos que competem entre si. Nesta perspectiva, as políticas de individualização dos rendimentos dos trabalhadores são mais uma tática que visa aprofundar a subordinação do trabalho ao capital, crescentemente utilizada nos diversos ramos da economia.

A individualização dos salários

A idéia de estimular o aumento da produtividade e a intensificação do trabalho com incentivos materiais, na forma de gratificações ou prêmios, tem acompanhado as diversas teorias de racionalização do trabalho. No início do século XX,

Frederick Taylor já propunha um acréscimo aos rendimentos do trabalhador que realizasse sua tarefa no tempo fixado pela gerência (Taylor, 1970).

Nos EUA, no contexto de difusão do movimento vinculado à Escola de Relações Humanas, o chamado Plano Scanlon introduzia um conjunto de políticas destinadas a conquistar a integração econômica e ideológica dos trabalhadores, no final dos anos 40. Entre outras medidas, o plano estabelecia que a massa salarial dos trabalhadores seria fixada num valor médio, dependente dos níveis de produtividade alcançados pela empresa, calculados mensalmente. Paralelamente, a cada trabalhador seria concedido um prêmio de produtividade, independentemente da produtividade pessoal. A essas medidas, somava-se a formação de "comissões de produção", por meio das quais os trabalhadores opinavam sobre melhorias na organização do trabalho (Pignon e Querzola, 1989).

Analisando o sistema de relações de trabalho que, desde os anos 50, fundamenta as inovações organizacionais introduzidas pelo toyotismo, Benjamin Coriat destaca como um de seus elementos principais o mecanismo geral de fixação de salários nas grandes empresas japonesas. O autor observa que um complexo sistema de adição de uma parte fixa e outra variável "produz uma combinação realmente específica de elementos rígidos e institucionalizados do salário, com componentes nitidamente mais 'flexíveis'". Tal especificidade resulta em um sistema de salários caracterizado como "por antiguidade, porém individualizado". E Coriat explica que a prática de concessão de bônus e gratificações bianuais, relacionados à produtividade, implica uma forte individualização da remuneração, promovendo diferenças salariais numa mesma empresa, assim como entre trabalhadores vinculados a firmas diversas (Coriat, 1994, p. 96).

A difusão de práticas gerenciais que vinculam os rendimentos dos trabalhadores ao cumprimento de metas de produtividade determinadas pelas empresas, individualizando a remuneração, tem ocasionado uma forte elevação das taxas de exploração do trabalho. Com efeito, a chamada "remuneração variável" contém enorme potencial maximizador da exploração do trabalho. Isso porque este sistema de remuneração está associado a um conjunto de mecanismos de estímulo ao aumento da produtividade e da intensificação do trabalho — abonos, prêmios ou bonificações associados ao cumprimento de metas. Como agravante, é importante notar que não se incorporam ao salário-base do trabalhador os ganhos advindos da remuneração variável, o que implica redução da renda fixa e de direitos salariais. Segundo análise do DIEESE,

> Do ponto de vista da empresa, flexibilizar a remuneração dos trabalhadores significa: I) associar remuneração à produtividade e II) administrar os custos fixos da empresa ligados à força de trabalho. As formas de remuneração variável estão normalmente associadas à produtividade, programas de incentivo ao trabalho em equipe, distribuição de lucros e participação dos trabalhadores por meio do "pagamento" em ações da empresa. Dessa forma, a adoção de prêmios visa conformar o comportamento psíquico e objetivo dos trabalhadores em consonância com as metas da organização (DIEESE, 1997a, p. 4).

Assim, se a remuneração variável implica para os trabalhadores a intensificação do trabalho e a perda de direitos salariais, para as empresas permite expressiva redução de custos com força de trabalho e elevação dos níveis de produtividade. De fato, o sistema viabiliza variações nos valores das folhas de pagamento dos empregados, conforme as flutuações na demanda e na produção, constituindo mecanismo extremamente benéfico ao capital. Não seria demasiado afirmar que, no contexto atual de altos índices de desemprego e subemprego em escala mundial, os mecanismos de pressão por produtividade adquirem maior eficácia, sob o prisma do capital. Pois, seja pelo medo da perda do emprego, seja pela contrapartida material oferecida pela empresa, seja, ainda, pela adesão ao ideário patronal, o trabalhador esforça-se para atingir as metas de produtividade que lhe são impostas.

Em países como o Brasil, onde predominam baixos níveis de remuneração do trabalho, agravam-se mais ainda as condições de tensão e pressão nos ambientes produtivos, já que os abonos de produtividade adquirem crescente importância na remuneração total do trabalhador. Com efeito, a fração variável cresce, enquanto se reduz, relativamente, a parte fixa dos rendimentos do trabalho, sobre a qual incidem verbas e benefícios salariais. É como promotor de políticas que precarizam as relações de trabalho que o governo brasileiro se obstina em regulamentar um sistema *flexível* de remuneração da força de trabalho. A edição de medida provisória sobre a participação nos lucros e resultados (PLR), em dezembro de 1994, sucessivamente reeditada nos anos seguintes, acentuou as tendências de mudança na composição da remuneração dos trabalhadores, com a queda dos rendimentos fixos e o aumento da parcela variável.

No setor financeiro, especialmente na segunda metade dos anos 90, a "remuneração variável" expandiu-se e converteu-se num instrumento importante das novas formas de dominação do trabalho adotadas nos bancos. Praticada inicialmente em grandes conglomerados privados, a "remuneração variável" difunde-se amplamente no sistema financeiro nacional, a partir da criação de programas específicos que vinculam os rendimentos do trabalho ao desempenho individual e coletivo dos trabalhadores. Entre os maiores bancos privados de varejo, somente o Bradesco não possui programa de "remuneração variável", mantendo exclusivamente o salário fixo na remuneração da força de trabalho.

O Unibanco, por meio de seu Programa de Participação nos Resultados (PPR), implementado em 1996, vincula os rendimentos dos funcionários ao cumprimento de metas de produtividade e ao resultado global da empresa. Segundo a administração do banco, o programa tem como finalidade "[...] o envolvimento das equipes com as estratégias e objetivos de suas áreas de atuação, um maior incentivo à qualidade e produtividade e a possibilidade de alcance de melhores resultados".[50]

A partir de um intrincado sistema de quantificação da produtividade de cada trabalhador, o programa criou uma "moeda" interna. Cada grupo de cargos tem direito a uma determinada quantidade de moedas, considerando-se o nível hierárquico e o grau de complexidade das funções do cargo, segundo os critérios da empresa. Ao mesmo tempo, o programa baseia-se no estabelecimento de metas por áreas ou equipes de trabalho e individuais, definidas no início de cada semestre pelas chefias ou coordenadores. As metas individuais são classificadas em quatro faixas, segundo os resultados da "avaliação de *performance*" de cada funcionário: A = 25%, B = 20%, C = 15% e D = zero. Assim, a remuneração variável dos trabalhadores dependeria de:

1) rentabilidade líquida do banco: 50%;
2) resultados da área ou equipe: 0 a 25%;
3) resultados da avaliação individual: 0 a 25% (Dieese, 1996a).

Conforme a opinião de um dirigente sindical do Unibanco, o programa é unilateral, e o sistema de avaliação funcional que o fundamenta é "muito subjetivo":

> O banco pode te atribuir várias metas, metas atingíveis e metas inalcançáveis, e você fica aquém das metas. É muito unilateral: o banco te impõe e você tem que atingir. Antigamente, você não tinha nenhum reflexo na remuneração em função dessa avaliação; tinha alguma possibilidade de promoção. Porém, quando começou a implicar a parte financeira, aí o pessoal começou a ter problemas de não-aceitação do programa. Porque, às vezes, a pessoa que te avaliava não estava preparada, ou o lado pessoal pesava bastante, não era uma avaliação justa. O próprio conceito é muito subjetivo.[51]

No Itaú, a "remuneração variável" vem sendo instituída pelo programa AGIR, que se converteu em instrumento importante das estratégias de poder da empresa sobre sua força de trabalho. Abrangendo duas esferas de atuação — operacional e comercial —, o programa constitui um sistema de remuneração associada ao desempenho do trabalhador, tanto em nível individual como no âmbito de unidades ou equipes de trabalho. Baseia-se na determinação de metas de produtividade e em um mecanismo de remuneração vinculada aos resultados obtidos pelo funcionário. A avaliação do desempenho é efetivada pela chefia, que controla rigorosamente os níveis de produtividade de cada trabalhador (DIEESE, 1997a).

Assim, um complexo sistema de premiações e penalizações se estabelece no local de trabalho, pressionando o trabalhador à intensificação do ritmo de trabalho e ao prolongamento da jornada. Um dirigente sindical, funcionário do Itaú, comenta:

> O trabalhador sabe que tem metas para cumprir. E sabe que, se não fizer o que é previsto, é mandado embora ou não recebe a premiação. Então, como a situação financeira não é das melhores para ninguém, ele acaba fazendo um acordo tácito com o banco: "Eu tenho que fazer isso para ganhar mais dinheiro e para manter o meu emprego". Na verdade, se criam grandes absurdos a partir daí. [...] você não tem como atingir determinadas metas, e por isso esta fantasia da participação, da remuneração variável, também é uma grande fachada para eliminar o posto de trabalho: "Você não cumpriu a meta, sinto muito..." E tem muito trabalhador que sai achando que tudo seria diferente se ele tivesse cumprido a meta [...].[52]

A utilização de mecanismos gerenciais que culpabilizam o trabalhador individualmente por resultados da empresa ou da unidade de trabalho considerados insatisfatórios, o aumento da competição entre os trabalhadores e o estímulo a atitudes pouco solidárias são elementos estratégicos dos programas de "remuneração variável". Todavia, se de um lado são instrumentos do capital para obter a máxima produtividade do trabalho e dificultar práticas coletivas de resistência nos locais de trabalho, de outro, o próprio movimento de pressão e de rivalidade gera tensões que fazem emergir a insatisfação entre os trabalhadores.

Os resultados de uma pesquisa com cerca de mil bancários do Itaú, realizada pelo Sindicato dos Bancários de São Paulo,[53] apontam insatisfações relacionadas ao programa AGIR. Entre os entrevistados lotados nas agências, onde são mais intensas as exigências pela venda de "produtos", 51% consideram que o programa "cria um clima de excessiva competição" nos ambientes laborais, e 46% opinam que ele "funciona como instrumento de pressão e demissão".

Ao mesmo tempo, o AGIR concentra altos rendimentos derivados das comissões e prêmios de produtividade nas mãos dos bancários detentores de cargos de direção e gerência. Para a grande maioria da força de trabalho, o programa resulta em jornadas laborais marcadas pela ansiedade e tensão, assim como em reduzidas parcelas da "remuneração variável". Ao comentar a pesquisa realizada, um dirigente sindical analisa estas contradições:

> A pesquisa mostrou que a grande maioria dos funcionários que trabalhavam com a remuneração variável estava descontente com o programa, porque ele é muito individualizado e acaba gerando competição. Entre o pessoal do Bankfone [central de atendimento telefônico], tem uma parte que vende produto também. Então, uma bancária que veio procurar a gente um desses dias disse que o pessoal estava brigando por causa de um walkman que seria dado como prêmio aos funcionários! O pessoal assimilou demais, além do normal, essa competição do AGIR. E fora que, nas agências, acaba gerando distorções. Você vê, um gerente de agência top, que é a primeira do *ranking*, recebe uma grana enorme, além da viagem que ele ganha, e o resto da agência acaba não ganhando nada ou muito pouco. E as outras agências menores, menos ainda. Isso acaba aumentando, entre o pessoal, a competição.[54]

No Banco do Brasil, a administração vem tentando implantar um programa de "remuneração variável", seguindo as tendências do setor bancário privado. Entre 1996 e 1997, um conjunto de medidas administrativas instituía a remuneração por função e implantava um novo plano de cargos e salários, privilegiando a individualização dos rendimentos e o aumento de sua fração variável, de acordo com os seguintes objetivos: "Instituir carreira em níveis, de forma a remunerar de acordo com a responsabilidade e complexidade do cargo; valorizar o alto desempenho e incentivar a co-participação nos resultados da Empresa".[55]

Segundo a gerente de expediente entrevistada,

> O banco está querendo dar uma remuneração variável, fez um estudo e verificou que os salários dele, até o nível de gerente de expediente da agência ou um assessor da superintendência, estão acima do mercado. Abaixo daí, o salário está menor que a média do mercado. Eles estão adequando esses salários. Fizeram um programa de cargos e salários e um programa de cargos e comissões, estão se adequando ao mercado. Num banco particular, você tem o salário-base bem baixinho e a comissão bem alta, em cima do que você vender. No BB, não. É um salário-base alto e uma comissão pequena. Eles estão adequando isso ao mercado, fazendo o contrário: um salário-base baixo, uma comissão razoável e, também, uma remuneração pelo que você produzir, você vender.[56]

A expectativa dos administradores do Banco do Brasil, como nos bancos privados, é incentivar a competição individual e pressionar os trabalhadores a aumentar os níveis de produtividade, sob o medo da demissão:

> Então, eles vão começar a exigir individualmente que você venda, e se você não produzir, o seu salário vai ficar sempre baixo. [...] Mas não adianta só vender, sua agência tem um orçamento para cumprir durante o mês. Se conseguir crescer no mês conforme a meta, a sua agência vai ter um ganho que vai ser distribuído entre todos os funcionários. Isso exige que não só você produza, mas seu colega do lado também, para atingir a meta. Eles estão forçando um funcionário a vigiar o outro. [...]

> e essa remuneração variável é o seguinte: se o banco cumprir a meta, o banco como um todo cumprir a meta do mês, vai ter uma gratificação que vai ser distribuída para todas as agências; se a sua agência também cumpriu a meta, também vai receber por isso, e os funcionários também vão receber pelo que venderem. Assim, a cobrança cada dia vai ser maior. Numa agência classe 1, só vão trabalhar pessoas especiais: gerentes bons, funcionários bons. Os que não forem bons vão ser mandados embora, não vai ter aquele negócio de ser transferido para outra agência, porque a outra agência também não vai querer.[57]

Em 1998, o Banco do Brasil apresentava seu programa de "remuneração variável", dividido em dois módulos: a Participação nos Resultados (PR), destinada ao conjunto da força de trabalho e vinculada a metas e indicadores de produtividade; e a Participação nos Lucros (PL), dirigida aos executivos do banco. O pagamento das gratificações, com periodicidade semestral, ficava condicionado a um determinado percentual de Rentabilidade Mínima do Patrimônio Líquido (RMPL) a ser atingido pela instituição. Desde que alcançado o patamar mínimo de rentabilidade calculado, a remuneração passava a depender do desempenho, diante de metas e indicadores determinados pela direção da empresa, em três níveis: individual, da unidade de trabalho e do banco. O desempenho do banco é medido a partir de indicadores divulgados no início de cada semestre. Quanto aos desempenhos individual e da unidade, são aferidos pela comparação entre as metas estabelecidas e os resultados alcançados, num mecanismo de pontuação sob controle do Sistema de Gestão de Desempenho Profissional (DIEESE, 1998a).

Ao avaliar o programa de "remuneração variável" do Banco do Brasil, o DIEESE critica, entre outros, os seguintes aspectos:

– a relação entre a rentabilidade líquida do banco e as metas, como parâmetro para a remuneração variável, pode ser afetada por fatores que independem do desempenho dos trabalhadores;

– o pagamento da gratificação ocorrerá somente em caso de serem atingidas, integralmente, as metas determinadas em cada um dos três níveis — individual, da unidade e do banco;

– a determinação unilateral das metas de produtividade pela direção do banco, sem nenhuma participação dos trabalhadores envolvidos;

– o programa beneficia uma parcela minoritária de funcionários, que detém cargos vinculados a funções consideradas mais complexas, com gratificações muito altas, quando comparadas às dos demais trabalhadores;

– o sistema de avaliação individual baseia-se na observação de um conjunto de habilidades e atitudes do funcionário, tidas como importantes para o bom desempenho das tarefas, incorporando elementos subjetivos que podem comprometer sua transparência (op. cit., pp. 17-20).

No conjunto do setor bancário, os programas de "remuneração variável" atingem de modo diferenciado os trabalhadores, favorecendo muitas vezes um segmento restrito de executivos cujas funções são estratégicas para a lucratividade dos bancos. Para a maioria dos assalariados, os programas significam aumento no ritmo de trabalho, prolongamento da jornada diária e maior tensão, com repercussões importantes nas condições de saúde. Ao mesmo tempo, o crescimento da fração variável da remuneração relativamente à parcela fixa implica perda de direitos salariais e obstáculos maiores ao desenvolvimento de práticas coletivas de resistência.

Sem dúvida, o sistema de remuneração *flexível* aperfeiçoa as formas de exploração da força de trabalho, na medida em que possibilita ao capital um rigoroso controle sobre o trabalhador. Com efeito, *tudo se passa como se o trabalhador, individualmente e no grupo de trabalho, determinasse os próprios rendimentos*, a partir do desempenho pessoal e do de seus companheiros. O estabelecimento arbitrário das normas que regem o programa e das metas a serem cumpridas, o conteúdo ideológico e autoritário dos critérios que fundamentam as avaliações de desempenho, o estímulo ao individualismo e à competição entre colegas, todas as táticas de poder que permeiam tais programas ficam, muitas vezes, obscurecidas diante da necessidade imperiosa da produtividade para o capital.

Não seria demasiado lembrar que a mistificação que envolve os programas de "qualidade total" e "remuneração variável" encobre contradições, próprias de um regime produtivo fundado na cisão entre produção e apropriação do valor. Ao pensar o significado do trabalho no capitalismo, como atividade produtiva criadora de valor, Karl Marx desvenda a forma social fetichizada que deriva dessa cisão. Ele revela a coisificação/reificação das relações sociais capitalistas de produção, nas quais as condições objetivas do processo de trabalho confrontam-se com o trabalhador como propriedade alheia, "erguem-se *como capital* face ao trabalho":

> Como esforço, como dispêndio de força vital, o trabalho é a atividade pessoal do operário. Porém, enquanto criador de valor, implicado no processo de sua objetivação, o próprio trabalho do operário, mal entra no processo de produção, é um modo de existência do valor do capital, neste incorporado. Esta força que con-

serva o valor e cria novo valor é, por conseguinte, a própria força do capital e este processo apresenta-se como processo de autovalorização do capital, melhor dizendo, de empobrecimento do operário, que ao criar o valor que produz, produ-lo ao mesmo tempo como um valor que lhe é alheio (Marx, 1989a, p. 54).

Assim, no processo de trabalho, que é simultaneamente processo de valorização, os elementos objetivos do capital, os meios de produção, funcionam como instrumentos para "sucção" da capacidade viva do trabalho. Daí porque "a dominação do capitalista sobre o operário é [...] a dominação da coisa sobre o homem, a do trabalho morto sobre o trabalho vivo, a do produto sobre o produtor" (idem, op. cit., p. 55).

Na atualidade, a fetichização das relações capitalistas de produção aprofunda-se, diante da complexidade das novas formas de acumulação de capital. A intensa mudança tecnológica possibilita a objetivação, pelas máquinas informatizadas, de funções cerebrais abstratas, incorporando parte do saber intelectual do trabalho. Entretanto, este progresso da ciência e da técnica não resulta em aumento de tempo livre de trabalho, no qual as potencialidades e capacidades humanas possam ser plenamente desenvolvidas. Ao contrário, sob a lógica transformadora do capital, o saber científico e técnico realiza-se para incrementar seu poder e dominação, dispensando força de trabalho e reduzindo seu preço, sofisticando o controle, exigindo o envolvimento e a interação entre os operadores e as máquinas "inteligentes".

As formas atuais de apropriação de sobretrabalho combinam extensão da jornada laboral com inovações tecnológicas e organizacionais, baseadas na tecnologia informacional (Lojkine, 1995) e em métodos *flexíveis* de acumulação de capital. Meios sofisticados (e muitas vezes sutis) de pressão pelo aumento da produtividade e pela intensificação do trabalho aprofundam a subordinação deste e mascaram as estratégias capitalistas de dominação. Os altos índices de desemprego e subemprego incrementam drasticamente uma população trabalhadora supérflua para as necessidades da reprodução do capital, que se converte em instrumento importante da exploração capitalista, regulando até mesmo a relação salarial.

Neste contexto, opera-se uma conjunção entre o uso da tecnologia automatizada, os programas de "qualidade total" e "remuneração variável", a terceirização e a subcontratação, para criar uma base adequada às atuais exigências de valorização do capital. Com efeito, ao possibilitar níveis altíssimos de produtividade e de extração de mais-valia, ao mesmo tempo em que se apresenta como "democrática" e "participativa", a mudança tecnológica e organizacional potencializa enormemente a exploração do trabalho e mistifica mais ainda as relações capitalistas de produção.

No curso da reestruturação capitalista contemporânea e de seus movimentos de retrocesso político, social e econômico, os bancários têm suas condições de vida e trabalho profundamente modificadas. A mudança tecnológica e organizacional recria e agudiza a fragmentação destes trabalhadores, imprimindo, ao mesmo tempo, um conjunto de alterações nos seus traços como categoria profissional. Os bancos redefinem habilidades e atributos requeridos para a realização da atividade bancária e introduzem novas práticas de controle e gestão nos locais de trabalho, num contexto de pressão concorrencial intensificada no setor. Tolhidos nas suas possibilidades de resistência pelos crescentes níveis de desemprego e subemprego, muitos bancários sujeitam-se à sobrecarga de trabalho e a jornadas laborais extenuantes na lida diária, expondo-se ao desgaste da saúde física e mental.

Estas são dimensões da vida cotidiana do trabalhador bancário nos anos 90 analisadas no capítulo que se segue.

Notas

[1] G. Ritzer, *The mcdonaldization of society.* Pine Forge Books, 1993, p. 155, apud Beynon, 1995.

[2] *Banco Hoje.* São Paulo, maio, 1989, apud Pagotto, 1996, p. 227.

[3] Entrevista com funcionário do Banco do Brasil, escriturário, ex-delegado sindical, realizada pela autora em outubro de 1997.

[4] Entrevista com bancária do Bradesco, na função de caixa B, realizada pela autora em outubro de 1998.

[5] Entrevista com dirigente de base do Sindicato dos Bancários de São Paulo, funcionária do Banco do Brasil, realizada pela autora em junho de 1997.

[6] A expectativa dos banqueiros é de que o volume mensal de transações eletrônicas alcance 1,3 trilhão (de reais ou dólares?) no ano 2000, o que representaria uma economia de 780 milhões de dólares ao ano, já que os custos das operações automatizadas são aproximadamente dez vezes menores que os relativos aos procedimentos manuais (Ernst & Young, 1997b).

[7] Entrevista com dirigente sindical de base do Sindicato dos Bancários de São Paulo, funcionário do Bradesco, realizada pela autora em junho de 1997.

[8] R. Setubal (presidente da FEBRABAN), Mensagem do presidente, VII Congresso Internacional de Automação Bancária (CIAB 97) — Competindo na Era da Tecnologia da Informação. São Paulo, 1997.

[9] Ernst & Young, Managing the virtual bank 1995. Nova York, 1995, relatório especial, apud Leite, 1996, pp. 323-25.

[10] Entrevista com tesoureiro do Sindicato dos Bancários de São Paulo, funcionário do Itaú, realizada pela autora em junho de 1997.

[11] Dados do Ministério do Trabalho, analisados pelo DIEESE (1996b).

[12] Entrevista com gerente da central de atendimento de um banco estrangeiro privado realizada em setembro de 1996, in Segnini, 1998b.

[13] Entrevista com analista de sistemas do Banespa, à época dirigente de base do Sindicato dos Bancários de São Paulo, realizada em outubro de 1993, in Jinkings, 1995.

[14] Entrevista com o presidente do Sindicato dos Bancários de São Paulo, funcionário do Banco do Brasil, realizada pela autora em dezembro de 1998.

[15] Entrevista com assessor sindical, sociólogo, coordenador da Secretaria-Geral do Sindicato dos Bancários de São Paulo, realizada pela autora em novembro de 1997.

[16] Entrevista com dirigente de base do Sindicato dos Bancários de São Paulo, funcionário do Unibanco (ex-funcionário do banco Nacional), realizada pela autora em outubro de 1997.

[17] Como já assinalamos, o Banespa foi adquirido pelo grande banco espanhol Santander por meio de leilão de privatização, em novembro de 2000, após longo e contínuo movimento de resistência dos "banespianos", organizado pelo Sindicato dos Bancários de São Paulo e pela Associação dos Funcionários do Banco do Estado de São Paulo (AFUBESP).

[18] *Folha de S. Paulo*, 11 jan., 2000, Caderno 1, p. 6.

[19] Entrevista com gerente do núcleo de processamento de um banco privado estrangeiro realizada em novembro de 1996, in Segnini, 1998b.

[20] Entrevista com superintendente de empresa terceirizadora de serviços realizada em outubro de 1996, in Segnini, op. cit.

[21] Op. cit.

[22] Entrevista com gerente de recursos humanos de empresa terceirizadora de serviços realizada em outubro de 1996, in Segnini, op. cit.

[23] Entrevista com assessor sindical, sociólogo, coordenador da Secretaria-Geral do Sindicato dos Bancários de São Paulo, realizada pela autora em novembro de 1997.

[24] Entrevista com dirigente sindical de base do Sindicato dos Bancários de São Paulo, bancário do Bradesco, realizada pela autora em junho de 1997.

[25] Entrevista com dirigente de base do Sindicato dos Bancários de São Paulo, funcionário do Banco do Brasil, realizada pela autora em junho de 1997.

[26] Op. cit.

[27] O movimento consubstanciado na Escola de Relações Humanas, que se desenvolveu como reação à teoria clássica de gerência, teve em Elton Mayo (*Human problems of an industrial civilization*, 1933) seu principal idealizador. Para uma análise crítica desse movimento, ver Tragtenberg (1989).

[28] Esta é uma tendência que se generaliza, especialmente no setor de serviços. Em seu estudo da reorganização do trabalho em empresa telefônica norte-americana, Pignon e Querzola assinalam o fato de que as trabalhadoras passam a ter os resultados de seu trabalho controlados pela clientela: "As empregadas não se acham mais diante do patrão responsável, responsáveis só diante dele, mas diante do conjunto de clientes, diante do mercado" (1989, p. 110).

[29] *Unibanco*. São Paulo, nov., 1991, p. 19. Entrevista com Paulo Sérgio Bravo de Souza, diretor executivo coordenador de informática, *marketing* e recursos humanos.

[30] *Destaque*. São Paulo: Unibanco, ago., 1993.

[31] Op. cit.

[32] Entrevista com dirigente de base do Sindicato dos Bancários de São Paulo, funcionário do Unibanco, realizada pela autora em outubro de 1997.

[33] *Revista Unibanco*. São Paulo: Unibanco, set., 1993.

[34] *Jornal da Qualidade*, nº 34. São Paulo: Unibanco, ano III, out., 1996.

[35] *Revista Unibanco*, op. cit.

[36] *Jornal da Qualidade*, ed. especial, Balanço do Programa de Qualidade Total. São Paulo: Unibanco, mar., 1997.

[37] Entrevista com membro da Comissão Interna de Prevenção de Acidentes – CIPA, no Unibanco, assistente de tesouraria, realizada pela autora em setembro de 1998.

[38] *Destaque*. São Paulo: Unibanco, jul., 1993.

[39] *Revista Unibanco*. São Paulo: Unibanco, ago., 1997, p. 25.

[40] Entrevista com dirigente de base do Sindicato dos Bancários de São Paulo, funcionário do Unibanco, realizada pela autora em setembro de 1998.

[41] Itaú, *Programa Eficácia 92*. São Paulo: Itaú, 1992, cartilha.

[42] "AGIR: problemas para todos", *Itaunido*, jornal dos funcionários do Itaú. São Paulo: SEEB-SP, ago., 1999.

[43] Entrevista com dirigente de base do Sindicato dos Bancários de São Paulo, funcionário do Bradesco, realizada pela autora em junho de 1997.

[44] Entrevista com bancária do Bradesco, na função de caixa B, realizada pela autora em outubro de 1998.

[45] Entrevista com bancária do Bradesco, na função de caixa C, realizada pela autora em outubro de 1998.

[46] Entrevista com dirigente de base do Sindicato dos Bancários de São Paulo, membro da Comissão de Empresa do Banco do Brasil, realizada pela autora em junho de 1997.

[47] Entrevista com escriturário do Banco do Brasil, ex-delegado sindical, realizada pela autora em outubro de 1997.

[48] *BIC — Boletim Informativo da Qualidade,* publicação do Banco do Brasil, 7ª ed. Belo Horizonte, out., 1998.

[49] Banco do Brasil, Unidade de Função Recursos Humanos. *Plano diretor de recursos humanos.* Brasília, 1997.

[50] *Boletim da Integração*, nº 25, ed. especial. São Paulo: Unibanco, 8 maio, 1996.

[51] Entrevista com dirigente de base do Sindicato dos Bancários de São Paulo, funcionário do Unibanco, realizada pela autora em outubro de 1997.

[52] Entrevista com tesoureiro do Sindicato dos Bancários de São Paulo, funcionário do Itaú, realizada pela autora em junho de 1997.

[53] Secretaria de Estudos Socioeconômicos do Sindicato dos Bancários de São Paulo, Itaú: fale ainda mais. Resultados. São Paulo, 1997, mimeo.

[54] Entrevista com dirigente de base do Sindicato dos Bancários de São Paulo, funcionário do Itaú, realizada pela autora em agosto de 1998.

[55] Banco do Brasil, Unidade de Função de Recursos Humanos. *Plano diretor de recursos humanos.* Brasília, 1997.

[56] Entrevista com gerente de expediente do Banco do Brasil, realizada pela autora em outubro de 1997.

[57] Op. cit.

Capítulo 3

Os bancários no mundo da eletrônica e do dinheiro

Os trabalhadores bancários experimentam peculiaridades nas suas condições de existência decorrentes do caráter particular de seu objeto de trabalho: a *forma dinheiro da mercadoria*. Realizam um conjunto de operações de registro e de controle, transferência e redistribuição dos valores excedentes criados no processo capitalista de produção, atualmente com o suporte teleinformático. É desta maneira que viabilizam a transformação da mercadoria-dinheiro em capital produtor de juros, num processo fetichizado que toma a aparência de *dinheiro que gera mais dinheiro*, como assinalou Karl Marx: "No capital produtor de juros está perfeita e acabada a representação fetichista do capital, a idéia que atribui ao produto acumulado do trabalho e por cima configurado em dinheiro, a força de produzir automaticamente mais-valia em progressão geométrica em virtude de qualidade inata e oculta" (1985, p. 459).

Este processo dominado pela representação fetichista do capital exprime de modo agudo a separação entre o homem e seu trabalho, constitutiva do modo de produção regulado com base na propriedade privada. Marx desenvolveu sua concepção dos significados dessa separação para a vida humana por meio da noção do *trabalho alienado ou estranhado*, sistematizada nos *Manuscritos econômicos e filosóficos de 1844*. Ali, ele contrapõe a atividade produtiva humana no sentido mais genérico — relacionamento ativo do homem com a natureza, comum a todas as formas sociais da vida humana — à particularidade do trabalho na sociedade capitalista, cuja finalidade direta e imediata é gerar mais-valor. Partindo do fato contemporâneo de que "o trabalho não produz apenas mercadorias: produz-se a si mesmo e produz o trabalhador como uma *mercadoria*", o pensador analisa as manifestações do estranhamento do homem relativamente à natureza e a sua atividade e as conseqüências desta cisão na relação do homem com os outros homens e com a humanidade em geral (Marx, 1989a, p. 159).

Contemporaneamente, as formas pelas quais o capital assegura sua reprodução aprofundam os mecanismos de exploração da força de trabalho, aguçando as relações de dominação e de estranhamento que fundam o capitalismo e opõem o trabalhador assalariado ao capitalista. Formas produtivas apoiadas na teleinformática e em inovações organizacionais, que tendem a uma violenta racionalização do trabalho, reorganizam o ciclo reprodutivo do capital e recriam as bases materiais do domínio capitalista sobre o trabalho. Nos dias de hoje, a luta política entre a classe proprietária e a trabalhadora pelo controle do processo produtivo expressa-se, freqüentemente, como resistência dos trabalhadores às formas de produção de mais-valia postas pelas transformações do trabalho.

Os bancários, cujo objeto de trabalho é a mercadoria-dinheiro, lidam diariamente com a forma mais abstrata e vazia do mundo das mercadorias, que Marx desmistificou como aquela "que realmente dissimula o caráter social dos trabalhos privados e, em conseqüência, as relações sociais entre os produtores particulares, ao invés de pô-las em evidência" (1989b, p. 84).

Especificamente na atividade bancária, o dinheiro, forma autônoma do valor de troca convertida em nexo social básico na sociedade capitalista contemporânea, agudiza a estranheza do trabalho e a reificação das relações sociais. De fato, ao lidar com o valor na forma acabada, num contexto de trabalho controlado e organizado de acordo com as exigências da acumulação do capital, os bancários defrontam-se com a fetichização que envolve a produção de mercadorias, na sua expressão extrema (Jinkings, 1995).

Na realidade contemporânea de mundialização e desregulamentação financeiras, o capital-dinheiro circula velozmente de um ponto a outro do mundo, na forma volátil de impulsos eletrônicos. Neste quadro de crescente expansão e predomínio do capital financeiro nos movimentos da economia, a força de trabalho bancária experimenta de modo particular as tensões e contradições do atual regime de acumulação capitalista.

Por se constituírem o segmento assalariado mais diretamente envolvido nesta forma de acumulação na qual, de modo cada vez mais extremado, "o capital aparece como fonte misteriosa, autogeradora do juro" (Marx, 1985, p. 451), os bancários poderiam converter-se em força de trabalho preponderante na economia mundial. Entretanto, a inserção destes trabalhadores na esfera que domina o capitalismo contemporâneo não implicou o seu fortalecimento, como fração de classe social. Pelo contrário, os bancários estão entre os trabalhadores mais agredidos pela atual reestruturação capitalista e pelas brutais formas produtivas da acumulação flexível de capital.

É importante notar que a classe trabalhadora, no conjunto, é duramente atingida por esta reorganização do capital, que desnuda e faz ressurgir com maior vigor as tendências destrutivas do capitalismo (Antunes, 1999). Os custos sociais e políticos deste processo concretizam-se, para os trabalhadores, em crescentes níveis de desemprego estrutural, aumento do subemprego e desregulamentação dos direitos do trabalho, prolongamento de jornadas laborais, agravamento de problemas de saúde, esvaziamento e fragmentação da luta sindical e política de classe.

Para os bancários, cuja atividade tem como ponto de convergência o capital-dinheiro, a ofensiva contra os trabalhadores ganha significado particular no contexto da atual reestruturação capitalista. A centralidade da esfera financeira na sociedade contemporânea e a intensidade da reestruturação no sistema financeiro internacional e nos sistemas bancários nacionais acarretam, em escala mundial, mudanças drásticas nas condições de vida e trabalho dos assalariados dos bancos.

Com efeito, os movimentos mundiais de liberalização dos mercados de capitais, que implicaram o declínio da intermediação bancária nos fluxos financeiros internacionais, desestabilizaram os sistemas bancários nacionais e resultaram em um processo de reestruturação do trabalho nos bancos, golpeando gravemente o emprego e as relações laborais.[1] De fato, o crescente poder de grandes investidores institucionais e de organizações financeiras não bancárias no sistema financeiro internacional, assim como o acirramento da concorrência entre grupos financeiros nacionais e estrangeiros, levou a um intenso movimento de reestruturação no universo bancário. Para os assalariados dos bancos, tal movimento, que conduz a um fortalecimento sem precedentes do grande capital privado transnacional, significa precarização do emprego e intensificação do trabalho.

A esta crítica conjuntura econômica mundial agrega-se a introdução das modalidades de racionalização produtiva recriadas pela acumulação flexível nos ambientes laborais bancários, como fator agravante das condições de trabalho nos bancos.

As transformações tecnológicas, acopladas às formas contemporâneas de organização e controle do trabalho, intensificam e tensionam os ritmos de trabalho nos bancos, produzindo novos problemas de saúde e contribuindo para o aumento dos níveis de desemprego e subemprego no setor. Ao mesmo tempo, torna-se mais aguda a fragmentação que separa os assalariados dos bancos quanto a qualificação, salário e carreira profissional, o que fragiliza suas ações de resistência.

Bancário-vendedor: a eficácia para o capital

Este movimento contraditório e intenso de transformações muda em profundidade as condições de existência dos trabalhadores bancários e os traços constitutivos desta categoria profissional. As medidas adotadas para a reestruturação do sistema bancário nacional excluem, com maior freqüência, os trabalhadores considerados menos qualificados ou não adaptados aos princípios empresariais da "qualidade" e da "excelência". Simultaneamente, valorizam os profissionais com capacidade de gerenciamento, hábeis em vendas e capazes de compreender os movimentos do mercado financeiro, aptos a um atendimento personalizado aos *clientes preferenciais* dos bancos, com alto rendimento e potencial investidor.

A atual ênfase dos bancos na "excelência" do atendimento aos clientes como forma de diferenciação mercadológica e na venda de "produtos" e serviços financeiros como importante mecanismo de rentabilidade se faz acompanhar de uma redefinição da identidade profissional do bancário alocado nas agências, postos e centrais de atendimento. Ele converte-se em bancário-vendedor, que deverá estar capacitado ao atendimento integral ao cliente. Seja compondo equipes, seja atuando individualmente, os bancários-vendedores são compelidos a vender títulos, seguros, aplicações e todos os demais "produtos" e serviços disponibilizados, mediante metas impostas pela administração dos bancos.

Pesquisas realizadas nos anos 90 sobre o perfil da categoria bancária (Iades, 1992; Seade e Dieese, 1994; Datafolha, 1996a; Dieese, 1997b) assinalam mudanças significativas, que apontam a constituição de uma força de trabalho mais escolarizada e propensa a seguir carreira bancária. Segundo a pesquisa do instituto Datafolha (op. cit.), 66% dos bancários aspiram a seguir carreira, alegando, principalmente, aptidão e gosto pela profissão (29%), expectativa de crescimento profissional (20%), tempo de trabalho na área (17%) e possíveis dificuldades de reinserção no mercado de trabalho (13%).

Uma avaliação mais positiva do trabalho é observada entre os bancários das instituições privadas. De acordo com o estudo do Datafolha, 72% destes trabalhadores gostariam de permanecer na profissão, e 53% consideram muito criativa a atividade que desenvolvem, mesmo julgando bastante competitivos os ambientes de trabalho (70%). Já entre os bancários de instituições federais, a maioria considera pouco criativa a atividade que realiza, mas 57% têm intenção de seguir carreira. Entre aqueles que não têm intenção de permanecer na profissão — 35% dos bancários de instituições federais, 34% dos estaduais e 21% das instituições privadas —, a maioria refere-se à baixa remuneração, instabilidade do emprego, insatisfação com relação à atividade realizada e sobrecarga de trabalho como razões para mudança de rumo profissional.

Em estudo dos anos 70, Geraldo Romanelli chamava de "provisório definitivo" o emprego nos bancos estatais, a partir da análise dos trabalhadores do Banespa, em São Paulo. Segundo o autor, especialmente os jovens escriturários, com jornada diária de seis horas, haviam ingressado nestas instituições com a expectativa de permanecer no banco enquanto desenvolviam seus estudos universitários para, graduados, realizarem-se profissionalmente fora do universo bancário. Entretanto, a convicção de transitoriedade do emprego esvaía-se, à medida que esta força de trabalho galgava postos hierárquicos e avançava no tempo de atividade na instituição. Assim, a idéia do banco como "trampolim" dava lugar à resignação com a condição de bancário, e a permanência no emprego tendia a ser definitiva. Nas palavras de Romanelli,

> Embora parte dos bancários entrevistados lamente o tipo de trabalho desagradável e rotineiro que realiza e esteja formalmente capacitada a exercer outra profissão, permanece no banco em virtude da remuneração, da estabilidade e das vantagens do salário indireto. É na situação concreta, de confronto com diferentes oportunidades de trabalho que se revela o caráter de vínculo empregatício, determinado fundamentalmente pelo cálculo econômico (1978, p. 227).

A situação analisada por Romanelli, ao que parece, generalizava-se pelo conjunto dos bancos estatais nos anos 70 e 80. O depoimento de um dirigente sindical bancário com mais de 20 anos na profissão revela experiência semelhante no Banco do Brasil:

> [...] quando a gente entrou no Banco do Brasil, a minha geração, todo mundo achava que ia entrar no banco, ficar um tempo e sair... Isso era uma coisa meio generalizada e de algum jeito nunca deixou de ser uma expectativa entre as pessoas, de uma hora sair do banco. O banco era uma espécie de transição, enquanto as pessoas estavam fazendo uma universidade, estavam procurando se

> profissionalizar em outra área. Então, a expectativa de profissionalização como bancário propriamente era uma coisa muito rara; raramente uma pessoa pensava em fazer essa trajetória. Eu acho que isso veio a se concretizar porque as pessoas, de um modo geral, não se profissionalizaram em outras áreas e não tinham muitas opções profissionais fora do banco.[2]

Não seria demasiado lembrar que, desde as primeiras décadas do século XX, diferentes relações e condições de trabalho constituíram-se entre os bancários dos bancos privados e dos estatais, cindindo esta fração da classe trabalhadora em dois segmentos com distintas características profissionais. Com efeito, as relações laborais nas instituições privadas, dependentes de decisões administrativas unilaterais e caracterizadas, muitas vezes, pela arbitrariedade nos critérios de seleção, promoção e demissão, produziram ali níveis acentuados de rotatividade e baixa remuneração. Nas estatais, a conquista de ingresso por meio de concurso público e os quadros de carreira orientando as decisões relativas a promoção e a remunerações conduziram a melhores condições de trabalho e salariais. Isso engendrou distintos perfis profissionais — quanto a tempo de inserção na categoria, idade, escolaridade etc. — e experiências sindicais muito diferenciadas entre os bancários de bancos privados e aqueles de estatais (Canêdo, 1986).

Na atualidade, o ataque aos direitos e conquistas da classe trabalhadora e a desmontagem do sistema econômico estatal repercutem intensamente nas condições de vida e trabalho dos bancários das instituições financeiras estaduais e federais. Os programas de privatização e de reorganização produtiva implementados nos bancos estatais para "adaptá-los" às exigências do atual regime de acumulação capitalista têm ocasionado a perda de direitos trabalhistas conquistados ao longo de muitos anos de lutas sindicais bancárias.

Tais programas, que intensificam a adoção das formas produtivas flexíveis e da tecnologia microeletrônica nos bancos estatais, resultam em precarização do emprego, arrocho salarial e intensificação do trabalho. Como assinala Liliana Segnini, "no contexto da reestruturação produtiva o emprego nos bancos deixa de ser caracterizado como sendo *provisório* que se transforma em *definitivo*, para se constituir em *definitivamente provisório*" (1998b, p. 486).

Entre a força de trabalho do Banco do Brasil, o sentimento predominante no que se refere à carreira é de insatisfação profissional, conforme pesquisa solicitada pela Associação Nacional dos Funcionários do Banco do Brasil (ANABB) e realizada pela ?Who — Pesquisa e Informações de Mercado. Segundo o estudo, apenas 22% dos entrevistados consideram-se realizados profissionalmente, enquanto 77% estão insatisfeitos, sentindo-se parcialmente realizados (48%) ou exprimindo sentimentos de frustração (26%) e de acomodação (3%). Com longo tempo na profissão (75% estão no Banco do Brasil há mais de dez anos), os bancários entrevistados concordam quase unanimemente (78%) com a afirmativa de que "os funcionários do BB estão cansados e desiludidos e só não deixam o banco porque não têm outra opção" (?Who, 1997).

Os anos 90 assistiram a mudanças significativas no perfil ocupacional dos trabalhadores assalariados nos bancos. Diminui a quantidade de escriturários, chefias intermediárias e caixas — o contingente de trabalhadores vinculados à infra-estrutura de apoio e aos serviços de atendimento simplificado —, enquanto aumenta, em termos relativos, o número de técnicos e de gerentes especializados no mercado financeiro. Simultaneamente, cresce a participação da força de trabalho alocada em mesas e plataformas de atendimento remoto, por telefones e terminais eletrônicos. Como sintetiza um assessor sindical,

> O perfil do bancário mudou demais [...] hoje já não existe aquele perfil de escriturário e caixa como há um tempo atrás. Escriturário praticamente não existe mais, o serviço que escriturário fazia, de retaguarda, uma parcela foi terceirizada, outra foi automatizada [...]. Em alguns bancos, já não existe mais essa figura. E a figura do caixa também, a cada dia se reduzindo mais. O mercado, hoje, tem muito o que a gente chamava antigamente de chefia. Mas é o pessoal mais qualificado, que trabalha com operações, é o pessoal que sai da produção à cata de clientes com alto poder aquisitivo, oferecendo o serviço do banco. Hoje, um banco tem 20, dez gerentes ou auxiliares de gerente, nessa faixa. Uma faixa salarial mais elevada, com oito horas diárias de trabalho.[3]

Tais mudanças na estrutura funcional dos bancos estão visivelmente relacionadas às suas atuais estratégias de reestruturação, que intensificam o uso da tecnologia teleinformática e enfatizam a "qualidade no atendimento" como tática de mercado. Enquanto as máquinas automatizadas e a terceirização substituem continuamente postos do trabalho bancário sujeitos a maior grau de normatização, a ênfase empresarial na "excelência" conduz a uma demanda por profissionais mobilizados para a venda de serviços financeiros, informados sobre os movimentos do mercado monetário.

De fato, visando a vantagens mercadológicas, os bancos contratam ou treinam uma fração da força de trabalho, cuja participação relativa cresce no total dos empregados do setor, para atender de modo personalizado aos segmentos da clientela considerados com elevado potencial de consumo dos serviços e "produtos" ofertados. É esta a estratégia que leva à criação de gerências responsáveis pelos distintos tipos de contas correntes, divididas segundo os critérios dos bancos, conforme suas características de "nicho mercadológico". Este foco no "negócio" e sua relação com o atual perfil ocupacional no setor bancário aparecem no depoimento de um gerente de banco estatal, da seguinte forma:

> Eu ainda foco na área de negócios a grande mudança. O gerente administrativo que cuida de estruturas pesadas — deve passar para negócios. O que eu vejo para o bancário lá na frente é autonomia quase total para negócios, com alçada para isso; não há necessidade dessa burocracia toda para deferimento de transações. Tudo leva à agilidade. [...] O gerente antes tinha domínio de todos os serviços de uma agência e o modelo hoje é que ele tenha domínio dos produtos que o banco possa oferecer. Ele é um vendedor, um relações públicas [...].[4]

Segundo o estudo de Rodrigues (1999), no período compreendido entre 1986 e 1996, o segmento ocupacional representado por profissionais vinculados a cargos de direção e gerência cresceu de aproximadamente 6% para 11% do total dos assalariados bancários. No entanto, em termos absolutos, o autor constata uma perda de cerca de 2.600 postos de trabalho no segmento entre 1994 e 1996, quando se intensificou a reestruturação produtiva no setor.

Mesmo considerando o dado pouco significativo quando comparado com a drástica redução no total de trabalhadores bancários no período estudado pelo autor (cerca de 300 mil postos de trabalho perdidos em dez anos), é possível analisá-lo como revelador de tendências no perfil ocupacional do setor. Os prognósticos de alguns gerentes entrevistados por Segnini (1998b) indicam a possibilidade de eliminação de cargos de gerência, em face do desenvolvimento tecnológico:

> [...] a partir do momento em que você jogar na máquina determinados dados, o cliente vai estar acessando

> operações com a autorização de um único gerente [...] vai eliminar cargo de gerente [...] a tendência é que a pirâmide deixe de existir e, no seu lugar, uma estrutura mais nivelada com uma pessoa tomando conta de mais gente. A máquina vai estar dando mais informações e não vai ser preciso ficar negociando no dia-a-dia; vai ter uma estrutura pronta para o cliente.[5]

Outro grupo ocupacional analisado por Rodrigues (op. cit.) é o das chefias intermediárias, cuja participação relativa no setor bancário caiu de aproximadamente 16%, em 1986, para 12% em 1996. Contribuem largamente para a diminuição da importância desta função no setor bancário as formas atuais de controle e dominação do trabalho, as quais recriam táticas para aumento da produtividade, mistificadas pelas políticas gerenciais "participativas". De fato, os mecanismos patronais constitutivos dos programas de "qualidade total" e de "remuneração variável" tornam supérfluo o controle burocrático do trabalho, ao vincular o desenvolvimento da carreira e a remuneração ao desempenho individual e coletivo dos trabalhadores, estimulando a competição e a cobrança de produtividade entre companheiros de trabalho. Simultaneamente, a intensa aplicação da teleinformática no processo de trabalho bancário possibilita o registro dos níveis de produtividade alcançados, assim como dos movimentos de pausas, entrada e saída dos assalariados durante a jornada diária, substituindo a supervisão direta, própria do taylorismo/fordismo.

Os escriturários e auxiliares, que compõem o segmento mais numeroso na estrutura administrativa dos bancos, estão entre os profissionais bancários mais atingidos pela intensa mudança tecnológica e organizacional do setor. Especialmente a força de trabalho vinculada aos serviços de suporte ao atendimento nas agências, chamada "de retaguarda", assim como às rotinas realizadas nas centrais de serviços, computação e compensação, gradativamente é substituída pelos processos de trabalho automatizado e por assalariados terceirizados. De acordo com dados analisados por Rodrigues (op. cit.), a proporção relativa destes trabalhadores decresceu de aproximadamente 55%, em 1986, para 47% em 1996, o que significou a perda de mais de 192 mil postos de trabalho.

Outro segmento ocupacional destacado por Rodrigues é o representado pelos caixas e pagadores, cuja participação relativa no emprego bancário apresentou pequena elevação nos dez anos considerados no estudo (de 16% em 1986 para 19% em 1996). Todavia, em termos absolutos, observou-se, no período analisado, uma redução de mais de 28 mil postos de trabalho no segmento. Tal diminuição, apesar do aumento na participação relativa do grupo na estrutura ocupacional dos bancos, parece apontar uma tendência de perda da importância destas funções no emprego bancário, em face dos programas de inversão tecnológica e de *ajuste* operacional dos bancos, que convertem agências bancárias em pequenas lojas eletrônicas de produtos financeiros e enfatizam o atendimento remoto, por meio de sistemas eletrônicos de comunicação, tornando descartável grande contingente da força de trabalho vinculada às funções de atendimento.

Em estudo sobre a distribuição dos diferentes postos de trabalho na estrutura administrativa dos bancos, a FEBRABAN utilizou critério distinto para agrupamento dos segmentos profissionais analisados. O quadro a seguir, baseado em dados de 1993, 1996, 1997, 1998 e 1999, apresenta o comportamento dos seguintes grupos de bancários na década de 90, conforme a classificação da FEBRABAN:

Quadro 6

Segmentos profissionais Em 31/12	Total 1993	Total 1996	Total 1997	Total 1998	Total 1999	Var. (%) 1993-1999
Diretores	2.259	2.045	1.863	1.873	1.838	-18,64
Gerentes, chefes e supervisores	178.379	124.108	115.026	107.959	116.188	-34,86
Técnicos de nível universitário	44.131	34.182	34.296	42.307	47.273	7,12
Caixas, escriturários e auxiliares, recepcionistas, secretárias, operadores	398.253	322.016	300.949	272.403	239.931	-39,75
Outros funcionários	51.478	14.758	11.196	11.305	9.573	-81,40
Total	674.500	497.109	463.330	435.847	414.803	-38,50

Fonte: FEBRABAN, *Balanço social dos bancos*, 1997, 1998 e 1999

Elaboração: Nise Jinkings

Observando-se o Quadro 6, constata-se uma mudança mais drástica entre 1993 e 1996, quando se desencadeou mais intensamente a reestruturação no setor bancário. De fato, foi após a implementação do Plano Real, bem como de um conjunto de medidas governamentais que promoviam o aumento da vulnerabilidade externa da economia brasileira e a concentração e centralização de capital, que se acirrou o movimento de supressão de postos de trabalho e flexibilização do emprego no âmbito bancário. Conforme os dados da FEBRABAN, entre 1993 e 1996, mais de 177 mil trabalhadores perderam o emprego no setor.

Em conjunto com as modificações assinaladas na estrutura funcional das instituições financeiras, delineiam-se mudanças significativas nas características individuais e na forma de ser dos trabalhadores. Conforme pesquisa realizada no final dos anos 70 pelo DIEESE (1980), a categoria bancária do estado de São Paulo era predominantemente solteira (66%) e situava-se numa posição de relativa dependência econômica na família, tinha idade média de 26 anos, 64% de trabalhadores do sexo masculino e nível de escolaridade razoavelmente alto, com 81% deles possuindo no mínimo o 2º grau, e 13%, o superior completo.

Já a pesquisa elaborada nos anos 90 pelo instituto Datafolha (1996a), que abrangeu todas as regiões do país, apresenta um perfil bastante distinto de trabalhador. Mesmo levando em consideração as especificidades locais do setor, que dificultam a comparação entre os resultados das duas pesquisas — uma restrita ao estado de São Paulo, outra de dimensão nacional —, as conclusões dos estudos permitem apontar algumas tendências gerais de mudança nas características dos bancários.

A força de trabalho empregada atualmente nos bancos, conforme a pesquisa do Datafolha, tem idade média de 32 anos e possui nível de escolaridade extremamente alto, já que 66% tem formação universitária e 3% cursou pós-graduação. Cerca de 59% dos bancários são do sexo masculino, majoritariamente casados (60%) e principais responsáveis pelas despesas da família (57%). O estudo constata, ainda, que muitos dos bancários brasileiros (87%) são considerados brancos, enquanto 7% teriam cor parda/mulata, 3% amarela e 2% negra (op. cit.).[6]

Os dados da FEBRABAN (1999a) a respeito dos níveis de escolaridade entre os bancários contrastam com os apresentados no estudo do Datafolha. Ao comparar esses níveis nos anos de 1993 e 1998, a FEBRABAN constata, nos últimos anos, um crescimento da participação relativa de trabalhadores nas faixas de escolaridade mais altas. Todavia, no quadro funcional dos bancos ainda é predominante a força de trabalho com 1º e 2º graus completos, segundo o levantamento, que divulga os seguintes números: em 1993, havia 71,4% de bancários nesta faixa, decrescendo para 63,3% em 1998. Quanto àqueles com formação superior, mestrado ou doutorado, eram 28% em 1993 e chegaram a 36,7% em 1998.

O estudo aponta, ainda, um aumento de bancários com mais de 40 anos — de 19,7%, em 1993, para 31,7% em 1998 — e com maior tempo de trabalho na instituição à qual se encontram vinculados. Segundo os dados, a quantidade de bancários com mais de dez anos "de casa" cresceu de 33,5%, em 1993, para 55,8% em 1998. De acordo com a interpretação da FEBRABAN,

> A maior identidade entre o bancário e seu banco, as oportunidades de carreira e as limitações do mercado geraram as condições que levaram a uma maior permanência do funcionário no emprego, possibilitando que ele se desenvolvesse profissionalmente (op.cit., p.5).

Mas este conjunto de mudanças que redefinem a atividade bancária e modificam a estrutura funcional dos bancos repercute também, intensamente, na divisão sexual do trabalho e nos mecanismos de segregação ocupacional por gênero, que historicamente marcam os ambientes do trabalho bancário.

Divisão sexual do trabalho nos bancos: novas e velhas formas de segregação

À medida que se aprofundavam os processos de mudança tecnológica e organizacional do trabalho bancário, um movimento de feminização da força de trabalho desenvolvia-se nos bancos. Este fenômeno ocorreu no Brasil em relativa concomitância com o que se observou no sistema financeiro mundial nas últimas décadas, quando aumentou a participação das mulheres na força de trabalho bancária. Segundo estudo da Organização Internacional do Trabalho (OIT), as mulheres representam aproximadamente a metade dos assalariados bancários em países da Europa, e sua participação no total do emprego no setor cresceu significativamente, chegando à proporção de sete para cada dez trabalhadores nos EUA e no Canadá. Na França, o emprego feminino nos bancos cresceu de 46%, em 1962, para 51% em 1975 e 53% em 1985 (OIT, 1992, pp. 92-93).

As mulheres representavam cerca de 36% da força de trabalho bancária no estado de São Paulo em 1979, com nítida concentração nas faixas inferiores de salário (DIEESE, 1980). Todavia, a participação feminina no trabalho dos bancos cresceu rapidamente no decorrer da década de 80 e, em 1992, chegava a 47,5% no estado de São Paulo e 46,8% na capital, de acordo com dados do IADES (1992). É interessante notar, entretanto, que as pesquisas posteriores de perfil da categoria (SEADE e DIEESE, 1994; Datafolha, 1996a; DIEESE, 1997b) constataram um movimento de redução na quantidade de mulheres trabalhadoras nos bancos. O estudo do SEADE e DIEESE revelou um declínio da participação feminina entre os ocupadores do setor na Grande São Paulo, de 46,5%, em 1992, para 44,5% em 1993. Em 1996, as mulheres representavam cerca de 41% dos bancários do país, conforme o levantamento do Datafolha, e 42,7%, de acordo com o estudo de Rodrigues (1999).

É de supor que, por ocuparem predominantemente funções consideradas menos qualificadas, mais facilmente substituídas pelo trabalho automatizado e terceirizado, as bancárias tenham sido atingidas com maior violência pelos movimentos de reestruturação nos bancos. Entretanto, como se verá em seguida, a ênfase mercadológica dos bancos na venda de "produtos" e serviços financeiros, mais intensa na segunda metade dos anos 90, provavelmente revigora a participação da força de trabalho feminina no setor. Isso porque as atividades de atendimento são catalogadas, a partir de estereótipos sexistas, como principalmente femininas.

A divisão sexual do trabalho tem, historicamente, constituído hierarquizações e desigualdades entre homens e mulheres, nos espaços produtivos e domésticos, relacionadas complexa e contraditoriamente a outros processos de exclusão social. De acordo com Liliana Segnini, uma série de mecanismos sociais de discriminação — reproduzidos e intensificados nos ambientes de trabalho — estabelecem relações de dominação e de exploração mais duras sobre o trabalho feminino, que se traduzem em assimetrias nas condições salariais e nas possibilidades profissionais de homens e mulheres. Baseando-se em pesquisa sobre as relações de gênero num banco estatal, a autora observa que a inserção das mulheres no trabalho bancário revela as seguintes especificidades:

> 1. as mulheres ocupam sobretudo os cargos relacionados às operações simplificadas e repetitivas que os sistemas informatizados passaram a demandar, no contexto de aumento do volume do trabalho bancário, a partir da década de 60;
> 2. as mulheres bancárias são altamente escolarizadas, mais do que seus companheiros de trabalho;[7] desta forma, detêm um significativo potencial para o desempenho das tarefas que demandam mais responsabilidade e atenção. No entanto, esse diferencial educacional não é remunerado pelo banco, já que não é explicitada sua exigência para exercer as funções apontadas (1998a, p. 184).

Ao analisarem o processo de exclusão econômica que afeta as mulheres nos mercados de trabalho, Oliveira e Ariza (1997) apontam mecanismos de segregação ocupacional que criam "espaços laborais socialmente diferenciados e hierárquicos" e impedem a igualdade de oportunidades profissionais para homens e mulheres. Segundo as autoras, essa segregação reserva à força de trabalho feminina as ocupações de "menor prestígio social", mais instáveis e com escassa perspectiva de desenvolvimento profissional, limita condições de autonomia e controle no trabalho feminino e generaliza disparidades salariais entre gêneros.

A situação desigual de trabalho entre homens e mulheres no âmbito bancário é assinalada pela OIT, cujo estudo revela que a maioria das assalariadas bancárias ocupa postos de trabalho que requerem pequeno grau de qualificação e apenas um contingente restrito alcança cargos hierarquicamente altos na estrutura administrativa dos bancos. Na Inglaterra, por exemplo, o trabalho feminino ocupava 23% do total dos cargos de direção nos bancos nos anos 80, ao passo que, na França, 63% das mulheres bancárias exerciam funções de escriturárias ou secretárias (OIT, 1992, p. 94).

No Brasil, o trabalho da mulher nos bancos tornou-se quantitativamente importante a partir do final dos anos 60, quando a participação feminina passou a ser aceita em concursos públicos de bancos estatais, ainda de forma discriminatória. Segundo o relato de uma funcionária do Banespa, que ocupava em 1993 a função de subgerente de expediente, com 26 anos de trabalho na instituição, o banco realizou concurso para os cargos de auxiliar de escrita e escriturário em 1968, no qual era permitido às mulheres concorrer somente ao cargo de auxiliar de escrita, hierarquicamente inferior ao de escriturário. A situação de desigualdade foi interpretada pela bancária como

"[...] uma estratégia do banco, uma experiência para aumentar o quadro com salário mais baixo [...]".[8]

A experiência inicial de trabalho relatada por uma gerente do Banco do Brasil, há mais de 25 anos vinculada profissionalmente ao banco, ilumina aspectos expressivos das contradições das relações de gênero no setor, nos anos 70:

> Entrei no banco dia 1º de dezembro de 72. [...] Eu sou do segundo concurso em que entraram mulheres no banco; o primeiro foi em 71, em 72 era a segunda leva de mulheres. Naquela época, nem calça comprida podia vestir. Com relação ao controle do trabalho, à pressão, eu acho que naquela época não havia pressão. O que havia é que eles não confiavam muito nas mulheres, eles sempre achavam que a mulher não podia ser chefe do setor. De uns anos para cá, você vê que até na superintendência tem mulher. Aos poucos, as mulheres foram ganhando essa confiança. Uma mulher subir num setor era um escândalo. Hoje isso é comum.[9]

Recentemente, verifica-se um crescimento gradual da presença feminina em postos de direção, gerência e supervisão nos bancos, ainda que persistam as práticas discriminatórias que limitam a vida profissional das mulheres, nos diversos setores da economia mundial. Como assinalam Oliveira e Ariza (op. cit.), apesar do grande incremento dos níveis de escolaridade entre a população feminina e sua crescente participação e envolvimento no trabalho extradoméstico, observa-se uma "assombrosa permanência histórica" da segregação ocupacional por gênero nos anos 90.

As condições mais intensas de exploração do trabalho da mulher, no âmbito das formas de acumulação *flexível* de capital, são apontadas em depoimento de uma militante sindical bancária. Ao pensar a assimetria social entre homens e mulheres e o modo como ela se manifesta no cotidiano doméstico e nos ambientes produtivos, a bancária relaciona as atuais exigências do trabalho *flexível* aos atributos construídos culturalmente para legitimar a desigualdade de gênero, do seguinte modo:

> Nessa organização do trabalho flexível, você faz várias coisas ao mesmo tempo, e a mulher se adapta melhor a isso que o homem. Acho que tem a ver com uma educação que a gente recebe desde pequena. Em casa, a gente aprende a fazer várias coisas ao mesmo tempo: ajuda a mãe, estuda, cuida das coisas do irmão. Então, a vida toda a gente faz isso; quando casa, tem filhos, a gente tem uma facilidade de lidar com vários aspectos da vida. Então, na organização flexível do trabalho, na flexibilização, a mulher tem mais condições de realizar várias tarefas ao mesmo tempo, é mais útil, produz mais. Ela serve como uma luva ao capitalismo. Atualmente, as doenças cardiovasculares estão atingindo mais as mulheres. As LERs [lesões por esforços repetitivos] também.[10]

O estudo desenvolvido por Rodrigues (1999) revela que, na década de 90, no Brasil, houve um aumento proporcional na presença feminina em cargos diretivos e de supervisão nos bancos. No segmento ocupacional de gerência e direção, a participação das mulheres cresceu de aproximadamente 10%, em 1986, para 25,5% dez anos depois. Já no grupo representado pelas chefias intermediárias, o trabalho feminino aumentou de 22% para 31,5% no mesmo período. Todavia, a recente maior inserção de mulheres bancárias em cargos hierarquicamente relevantes na estrutura funcional dos bancos deve ser relativizada em mais de um aspecto.

Por um lado, os cargos vinculados a altos níveis de direção permanecem essencialmente masculinos no setor, como analisa Segnini (1998a). Afirmando que os dados coletados no banco estatal por ela estudado reafirmam tendências observadas em diversos outros países, a autora revela que o maior número de mulheres detentoras de cargos "comissionados" no banco exerce funções denominadas de "baixa chefia" (30%), caracterizadas por reduzido poder hierárquico e alto grau de responsabilidade. Nas funções classificadas como "média chefia", estão alocadas cerca de 22% dessas mulheres, enquanto apenas 4% exercem funções consideradas de "alta chefia".

Por outro lado, é relevante notar que o aumento da participação feminina em cargos "comissionados" é concomitante à ampliação de cargos de supervisão e gerência relacionados à venda de "produtos" e serviços financeiros nos bancos. Segnini (op. cit.) relaciona as atuais exigências de qualificação para o exercício destas funções, como, por exemplo, a "capacidade intersubjetiva de se comunicar", a "valores e representações de estereótipos sexistas que informam as relações de gênero" nas atividades de atendimento, orientadas pela lógica da "excelência" e da "qualidade total".

A qualificação do trabalho sob o culto da excelência

O debate em torno dos significados atribuídos à qualificação do trabalho e suas tendências no capitalismo contemporâneo tem suscitado interpretações distintas entre estudiosos da educação, sociologia e economia do trabalho. Neste estudo, optamos por adotar a noção ampla de qualificação proposta por Lúcia Bruno, como "um conjunto estruturado de elementos distintos, hierarquizados e reciprocamente relacionados", que decorrem das relações sociais estabelecidas em diversos contextos históricos. Assim, novos atributos são incorporados à qualificação, e hierarquizações diferenciadas são estabelecidas entre eles em diversos momentos do desenvolvimento social e tecnológico, o que relativiza o conteúdo do termo e lhe imprime um caráter socioistórico (Bruno, 1996, p. 91).

Na atualidade, a classe trabalhadora apresenta qualificações mais genéricas, e nelas predominam componentes cerebrais em detrimento dos musculares e manuais, nos setores mais dinâmicos da economia mundial. De acordo com a reflexão de Bruno, esta é uma dimensão essencial do movimento contemporâneo de reestruturação produtiva, que introduz processos laborais mais integrados e formas sistêmicas de organização do trabalho, valorizando conhecimentos, habilidades e atributos não requeridos sob a lógica taylorista de utilização da força de trabalho. Segundo a autora, para a jovem força de trabalho em processo de formação, a capacitação exigida no contexto da reestruturação produtiva centra-se em três tipos de competências: "Competências de educabilidade, isto é, capacidade de aprender a aprender; competências relacionais; competências técnicas básicas relacionadas com os diferentes campos do conhecimento". É a partir dessa capacitação genérica que se desenvolverão habilidades específicas requeridas por cada processo de trabalho, por meio dos programas de treinamento das empresas (idem, op. cit., p. 97).

No conjunto dos ramos produtivos da economia mundial, as ações e discursos empresariais destacam a necessidade de contratar força de trabalho qualificada, apta a atuar na nova base técnica criada pela reestruturação produtiva. Tais ações e discursos, que fazem apologia da formação geral e polivalente do trabalhador, no âmbito da acumulação flexível de capital e suas técnicas gerenciais participativas, contêm um evidente sentido político e prático. Com efeito, os mecanismos capitalistas de poder e dominação ficam mistificados nessas políticas patronais, que atribuem às novas leis do mercado exigências de múltiplas competências e atributos a serem mobilizados pelo trabalhador na jornada diária. Por um lado, visam à apropriação da capacidade de raciocínio e dos saberes adquiridos pelo trabalhador ao longo de sua experiência de vida e trabalho; por outro, objetivam eliminar resistências, buscando assegurar a obtenção da produtividade e da eficácia máximas do trabalho.

Gaudêncio Frigotto, ao analisar as concepções contemporâneas de educação e formação humana que fundamentam os programas de treinamento da força de trabalho nas empresas, assinala seus limites e contradições:

> [...] os novos conceitos abundantemente utilizados pelos homens de negócio e seus assessores — globalização, integração, flexibilidade, competitividade, qualidade total, participação, pedagogia da qualidade e a defesa da educação geral, formação polivalente e "valorização do trabalhador" — são uma imposição das novas formas de sociabilidade capitalista, tanto para estabelecer um novo padrão de acumulação, quanto para definir as formas concretas de integração dentro da nova reorganização da economia mundial. A súbita redescoberta e valorização da dimensão humana do trabalhador está muito mais afeita a sinais de limites, problemas e contradições do capital na busca de redefinir um novo padrão de acumulação com a crise de organização e regulação fordista, do que a autonegação da forma capitalista de relação humana (1996, pp. 40-41).[11]

Na realidade contemporânea de intensa mobilidade financeira e pressão concorrencial, dirigentes do setor bancário propagam a necessidade de uma "nova qualificação" para os trabalhadores do setor. De fato, em escala mundial cresce a demanda das instituições financeiras por uma força de trabalho com maior grau de educação formal e acúmulo de saberes tácitos, com capacidade de comunicação e de inovação, com domínio dos movimentos do mercado financeiro e dos "produtos" e serviços disponibilizados aos clientes bancários e, principalmente, *integrada* ideologicamente ao modo contemporâneo de acumulação de capital. Segundo análise da OIT a respeito das mudanças nos critérios de capacitação dos assalariados bancários em países capitalistas desenvolvidos, "um pessoal com excelentes qualificações e altamente motivado se converte rapidamente na marca distintiva da organização" (OIT, 1992, p. 116).

Com efeito, redefinem-se a atividade bancária e as habilidades requeridas para a sua realização, a partir dos movimentos de racionalização e tecnicização que transformam velozmente o trabalho nos bancos. A ênfase da "qualidade no atendimento" como importante estratégia mercadológica no setor, ao converter o assalariado bancário em vendedor de "produtos" e serviços financeiros, agrega novos atributos às exigências de qualificação deste trabalhador. É expressiva deste contexto a descrição de um diretor da Associação Francesa de Bancos (AFB) a respeito das capacidades específicas do bancário-vendedor: "Avaliar os riscos, ter um excelente conhecimento e apreciação do contexto econômico, manter o sangue-frio diante do dinheiro e gostar da relação comercial" (Dressen e Roux-Rossi, 1996, p. 33).

No desenho idealizado deste novo personagem do mundo bancário — empreendedor, autônomo e responsável —, dirigentes do setor ressaltam a substituição de uma "lógica da obediência" por aquela "da responsabilidade". O bancário-vendedor deve saber se comportar em situações imprevisíveis no contato com a clientela, nas quais a conduta não pode ser totalmente predeterminada. Deve ter capacidade de "antecipar problemas ou as conseqüências de determinada atitude em um contexto dado". Todavia, com esta idealização do perfil do bancário-vendedor, confronta-se a realidade cotidiana do seu trabalho, como assinalam Marnix Dressen e Dominique Roux-Rossi. Os autores referem-se à pressão intensa por produtividade nos ambientes de trabalho — a partir de metas estabelecidas pelas direções comerciais dos bancos, durante suas "campanhas de vendas" — e ao rigoroso controle da *performance* de cada trabalhador, em tempo real, com o apoio da teleinformática (ibidem).

Mais intensamente desde a segunda metade dos anos 90 no Brasil, num contexto de liberalização financeira e relativa estabilização monetária, grandes conglomerados financeiros vêm criando programas em busca "da maior eficiência e da excelência de produtos e serviços".[12] Tais programas, centrados nas atividades de vendas e negócios, reservam para a força de trabalho bancária um lugar de destaque: ela é conclamada a incorporar incondicionalmente os objetivos estratégicos dos bancos, a mobilizar toda a sua energia física, afetiva e psíquica para o capital (Aubert e Gaulejac, 1991).

Como exemplo das estratégias empresariais para mobilizar os trabalhadores em proveito de suas finalidades lucrativas, o teor da apresentação do programa anual AGIR Bem do banco Itaú, direcionado a equipes de vendas do banco, é significativo:

> [...] o programa deste ano traduz adequadamente a nossa expectativa para esta etapa: ter equipes cuja postura seja a de perceber e buscar as oportunidades que estão no mercado, de forma ágil, eficiente e criativa, antes dos concorrentes. [...] Apostamos no compromisso de cada um com o crescimento e por isso mesmo temos a certeza de que, mais uma vez, nossos profissionais buscarão a vitória e alcançarão grandes resultados no programa.

> [...] Cada agência, cada gerente e cada funcionário deve se dedicar ao máximo para trazer o maior número possível de novos clientes com o perfil que desejamos. [...] Será necessário fidelizar nossos clientes com um intenso processo de comercialização. [...] Os produtos certos para os clientes certos.[13]

A predominância das atividades comerciais no âmbito bancário repercute nas políticas de treinamento e formação da força de trabalho. Para adequá-la às exigências e requisitos da "excelência no atendimento", os bancos implementam programas que visam transmitir conhecimentos práticos e teóricos relativos a vendas e negócios, ao mesmo tempo em que buscam desenvolver a identificação do trabalhador com a empresa. Deste modo, os cursos e treinamentos oferecidos convertem-se em cenário privilegiado da "inculcação ideológica" referida por Tragtenberg (1989) ao criticar e desmistificar o discurso de "humanização na empresa", inspirado na Escola de Relações Humanas.

Nas suas ações de treinamento para as agências, o Unibanco oferece programas dirigidos ao "aperfeiçoamento gerencial" e a funcionários em início de carreira — assistentes de atendimento e de gerência —, com informações sobre a função a ser desempenhada e os "produtos" do banco. Entretanto, o treinamento inclui também temas menos objetivos, como, por exemplo, a "missão empresarial do Unibanco, os princípios do PEG (Programa de Excelência Gerencial), os valores dos clientes".[14] Portanto, *conjugam-se nestes cursos componentes objetivos e subjetivos que visam, de um lado, desenvolver habilidades e capacidades específicas e, de outro, controlar, disciplinar e integrar ideologicamente o trabalhador*, como fica patente em informativo dirigido aos funcionários, em que o Unibanco se refere às suas ações de treinamento da "força de vendas", explicitando o perfil da força de trabalho que lhe convém, do seguinte modo:

> Promover uma verdadeira revolução filosófica e operacional no treinamento da força de vendas [...] tem sido, nos últimos tempos, um dos principais desafios do Unibanco. Afinal, não é possível atingir excelência no atendimento aos clientes sem profissionais motivados, capacitados e valorizados. [...] É fundamental que o funcionário da Rede [de agências] esteja sempre atualizado quanto aos produtos e às ferramentas tecnológicas do Banco. Ele precisa também ser capaz de perceber qual o produto adequado a cada cliente da carteira. Somado a tudo isso, espera-se que assimile a cultura da Organização.[15]

Em setores econômicos e empresas mais fortemente atingidos pela atual mudança tecnológica e organizacional, a exigência de um conjunto de conhecimentos e atitudes — diferenciados das qualificações requeridas pelo taylorismo e fordismo — passa a dominar as políticas empresariais de gestão e controle do trabalho. Elementos implícitos, informais, adquirem muitas vezes proeminência sobre componentes formais da qualificação do trabalhador, relativos a educação escolar e profissional, no chamado "modelo da competência" (Hirata, 1999). Conforme a análise de Rolle[16] a respeito de empresas onde predominam os novos padrões produtivos, "a qualificação, correspondência entre um saber, uma responsabilidade, uma carreira, um salário, tende a se desfazer", sucedendo-se "um estado instável" no qual predominam "qualidades" como colaboração, engajamento e mobilidade.

Nos bancos, a valorização de certas aptidões e atitudes, que remetem a dimensões subjetivas do trabalho, orienta as atuais políticas de admissão, treinamento e demissão de pessoal. Ali, o discurso institucional faz apologia de atributos do trabalhador como "perfil psicológico para a área de negócios", "potencial energético", "espírito inovador", "criatividade", "facilidade de comunicação", "tolerância à pressão", "responsabilidade", "motivação", "gosto pela carreira bancária". Em entrevista cedida a Segnini (1998b), uma executiva bancária, ocupando a função de gerente de planejamento de carreira em um banco privado estrangeiro, assim explicita as "qualificações sociais" requisitadas quando da contratação de pessoal:

> Com relação às qualificações sociais, a gente procura ter pessoas que tenham interesse pela carreira bancária, porque o banco investe no encarreiramento. Não compensa trazer um profissional que queira a atividade no banco como forma de custeio de seus estudos ou como ponte para futura carreira, dentro daquilo que ele está estudando. [...] procuramos pessoas com iniciativa, dinamismo, porque a atividade bancária é extremamente dinâmica [...] exige um potencial energético mesmo em nível de trabalho [...] pessoas que tenham um nível de criatividade bom e que possam contribuir com idéias novas, no sentido de trazer melhorias para o banco. [...] É importante também a questão "relacionamento", porque a gente tem historicamente um ambiente de trabalho muito bom [...], facilidade de entrosamento e relacionamento com os colegas. [...] a pessoa tem que ter também um nível de tolerância à pressão razoável, porque o trabalho bancário é hoje bastante estressante, com pressão para cumprimento de metas, de resultados. E, mesmo que você não esteja inserido na área comercial, onde esta cobrança é mais intensa, há uma cobrança. Procuramos checar tudo isso na seleção e internamente.

Deste modo, elegem-se determinadas habilidades e modos de comportamento como essenciais à realização eficiente do trabalho e à "competitividade" dos serviços bancários no mercado financeiro,[17] no contexto da substituição de "uma lógica da obediência pela da responsabilidade" (Dressen e Roux-Rossi, 1996).

Entretanto, somadas a estes atributos comportamentais, banqueiros, assessores e executivos do setor ressaltam a importância de qualificações genéricas, que incorporam saberes teóricos e práticos adquiridos pelo trabalhador no decorrer de sua experiência de vida e trabalho. O discurso institucional enfatiza a necessidade de contratar força de trabalho com maior grau de escolaridade e acúmulo de conhecimentos e capacidades profissionais, técnicas e sociais, capaz de atuar em um ambiente laboral caracterizado pela polivalência e multifuncionalidade, consciente de sua responsabilidade profissional, num cenário de intensa concorrência mercadológica. Tal interpretação está exemplarmente resumida no depoimento da gerente de planejamento de carreira (apud Segnini, 1998b):

> Cada vez mais as estruturas vão se enxugar e cada vez mais o profissional tem que ser eclético. O mercado está exigindo isso e não só o sistema financeiro. Até um tempo atrás, você tinha valorizados os especialistas, que hoje estão perdendo vez dentro do mercado; é melhor ser um generalista que um especialista. [...] A área de treinamento é importante para isso, porque prepara as pessoas [...] a consciência profissional precisa ser desenvolvida no funcionário. A empresa precisa ter lucro e eu sou parte disso; e eu sou o diferencial disso.[18]

Assim, sob o culto da "excelência" e da "qualidade total", o trabalhador é coagido a *pensar e agir para o capital*, a alcançar a máxima produtividade e eficácia na atividade diária, a ser *lucrativo* para a empresa. É compelido a desenvolver uma formação geral e polivalente na tentativa de manter seu vínculo de trabalho e ascender na carreira bancária, numa conjuntura de crescente desemprego e de aumento de formas precárias de contratação no conjunto dos setores econômicos (Jinkings, 1999).

Em suas políticas de seleção e recrutamento de recursos humanos, os bancos têm priorizado a contratação de trabalhadores graduados ou cursando o 3º grau, mesmo para cargos considerados hierarquicamente menos importantes no quadro funcional da empresa. É expressivo deste contexto o aumento de assalariados com curso superior completo e pós-graduação nos bancos, na última década (Datafolha, 1996a; FEBRABAN, 1999a). Tal fato decorre, certamente, da possibilidade de escolha de uma força de trabalho mais escolarizada entre a população trabalhadora supérflua, hipertrofiada pela reestruturação contemporânea do capital.

No Bradesco, onde o nível de escolaridade nunca foi critério determinante nos processos de seleção e promoção de pessoal, orientados pelo sistema de "carreira fechada" (Segnini, 1988), a situação vem-se modificando, segundo a observação de um dirigente sindical:

> No Bradesco, não é prerrogativa para a ascensão profissional a formação escolar. [...] Na teoria não existe isso, não é assim. Mas na prática vem acontecendo, sim, que o próprio trabalhador do banco está entendendo que a coisa está ficando muito competitiva e que ele precisa se qualificar. Tem muita gente fazendo curso de inglês, curso de informática, tem muita gente voltando para a escola, fazendo universidade. Gerente já em fim de carreira indo fazer curso superior, muita gente fazendo 2º grau. E, hoje em dia, a promoção no banco tem levado em conta esse critério. Não é declarado, mas esta avaliação vem sendo feita, sim. Você pode perceber que quem está se graduando no banco são pessoas com boa formação escolar.[19]

Combinam-se, portanto, numerosos elementos na constituição da "nova qualificação" do bancário, hierarquizados segundo os imperativos do modo contemporâneo de acumulação de capital. Os discursos dominantes exaltam atributos, conhecimentos e habilidades considerados necessários ao desempenho eficiente das tarefas requisitadas pelo novo ambiente financeiro mundial. Os órgãos informativos patronais louvam o ambiente laboral de "valorização humana do trabalhador" e fazem apologia do profissional "pró-ativo" e polivalente, que se converte em fator diferencial de mercado.

Todavia, contrapondo-se a este discurso apologético, alguns estudiosos do trabalho bancário constatam a permanência de tarefas rotineiras e empobrecidas em seu conteúdo, que convivem com o trabalho mais complexo, vinculado ao atendimento personalizado. Segnini chama de "fetiche da qualificação mais elevada dos bancários" as interpretações que ignoram tais diferenciações e afirmam a predominância de tarefas enriquecidas pelo trabalho flexível e integrado no ambiente bancário. O significado da qualificação demandada nos bancos é assim revelado pela autora:

> [...] em um contexto de intensa concorrência interbancária [...] qualificação, na perspectiva dos bancos, expressa a capacidade de competir, com sucesso, tanto com colegas de trabalho na execução de serviços internos, na busca de um desempenho diferencial cada vez melhor, como no mercado financeiro, vendendo produtos e serviços bancários. Isto quer dizer que, na ótica dos bancos, ser capaz e ter disposição para competir, ser capaz de ser "um vencedor", marca e caracteriza competências, compreendidas como sendo qualificação (1998b, pp. 482-86).

De acordo com a análise de Segnini, apesar de se registrarem níveis mais altos de escolaridade entre os bancários na década de 90, tal fato não decorre de necessidades concretas dos processos de trabalho. Isso porque, em face do avanço tecnológico, os procedimentos de execução das tarefas tendem a ser cada vez mais simplificados, quanto ao conteúdo, e seguros, no que diz respeito a possibilidades de erros. A maior exigência do 3º grau, portanto, teria mais um "caráter legitimador do posto de trabalho ocupado do que mobilizador de conhecimentos". A autora afirma, ainda, que o controle sobre o trabalho torna-se mais rígido, "tanto para os postos de trabalho passíveis de alto grau de normatização (escriturário, caixa, compensador), como para aqueles que vivenciam forte tensão entre a norma e a particularidade, ou seja, aqueles que estabelecem relação direta com o cliente" (op. cit., p. 483).

Relacionando o trabalhador "de novo tipo" que surge no setor às ações de mudança organizacional das instituições financeiras, Paulo Izumi igualmente desenvolve uma abordagem crítica do discurso de "humanização e valorização do trabalhador" que ali se difunde amplamente. O autor considera que, nos bancos, os movimentos de reestruturação produtiva reproduzem a divisão técnica de trabalho sob o capitalismo e nega a ocorrência de uma elevação efetiva da qualificação dos assalariados bancários. A partir de pesquisa desenvolvida em um banco estatal e em uma instituição privada, Izumi conclui que, mesmo nas atividades consideradas estratégicas para o lucro das empresas — relacionadas a vendas e negócios —, pode-se identificar um conjunto de rotinas simplificadas (Izumi, 1996).

Em estudo sobre as atividades de *telemarketing* nas centrais bancárias de atendimento remoto, Selma Venco assinala que a organização do trabalho ali realizado "assume contornos caracteristicamente tayloristas, negando aos trabalhadores o desenvolvimento de suas competências e tentando, incessantemente, padronizar e controlar seus comportamentos e atitudes". A autora destaca a utilização de roteiros que padronizam o contato do operador com o cliente, tornando homogêneas as falas dos trabalhadores, desde o momento inicial do atendimento até a finalização. Neste trabalho, no qual qualquer assunto não incorporado ao roteiro deve ser objeto de consulta imediata ao supervisor, não resta ao operador nenhuma possibilidade de criar ou utilizar sua capacidade cognitiva. Como observa a autora, "[...] o 'saber-fazer' em *telemarketing* pode ser traduzido sobretudo por 'saber-ler' o *script* de forma natural, sem parecer robotizado, e por 'saber-ouvir' os clientes com paciência" (1999, p. 97).

A reflexão sobre o conteúdo da qualificação da força de trabalho bancária, num contexto de intensa mudança tecnológica e organizacional no mundo produtivo, remete a considerações de estudiosos das relações entre educação e transformações do trabalho no capitalismo contemporâneo. Vários pesquisadores questionam a ênfase de alguns autores nos aspectos fisiológicos, técnicos e de conteúdo das modificações nas habilidades requeridas pelas atuais transformações produtivas, em detrimento de elementos sociais e políticos. Apoiando-se na análise de Tadeu da Silva,[20] assinalam que o aumento de componentes cerebrais do trabalho, atualmente, não significa que tenha sido ultrapassada a "barreira da separação social e política entre concepção e execução, entre trabalho mental e manual" (Ferretti et al. (orgs.), 1999, p. 14).

Portanto, as desigualdades e contradições constitutivas do capitalismo não são superadas com as experiências atuais de flexibilização e automatização do trabalho. Realizadas em um regime de produção cujo objetivo predominante é a criação do valor, estas novas formas de acumulação capitalista não se convertem em possibilidade concreta de desenvolvimento das capacidades humanas. Ao contrário, visam essencialmente eliminar obstáculos ao domínio do capital sobre o trabalho, criando novas segmentações no interior da classe trabalhadora e agravando as condições de vida e trabalho de amplos contingentes assalariados.

A autoridade do mercado no cotidiano bancário

Nos anos 70, ao pensar os significados do trabalho humano sob o domínio capitalista, Harry Braverman desenvolve acurada análise das estratégias do capital que conduziram e aprofundaram a separação entre a concepção do trabalho e sua execução. Segundo o autor, este movimento de transferência do controle do trabalho para o capital "apresenta-se na história como a *alienação progressiva dos processos de produção* do trabalhador; para o capitalista, apresenta-se como o problema de *gerência*". Neste sentido, Braverman considera o taylorismo e sua teoria da "gerência científica" a "explícita verbalização do modo capitalista de produção" (1987, p. 59).

Na atualidade, as formas produtivas baseadas na flexibilidade dos processos e mercados de trabalho, que substituem (ou coexistem com) o regime de acumulação de capital fundado no taylorismo, recriam mecanismos para aprofundar o controle e exacerbar a produtividade do trabalho na empresa capitalista. Sob a aparência de democratização das relações de trabalho e mascarado pelas políticas gerenciais "participativas", o modo contemporâneo de organização e controle do trabalho preserva, na essência, a alienação e o estranhamento do trabalhador em relação a sua atividade e a sua vida societária, analisados por Marx nos *Manuscritos econômico-filosóficos.*[21]

Como assinala Ricardo Antunes, "múltiplas fetichizações e reificações poluem e permeiam o mundo do trabalho, com repercussões enormes na vida *fora do trabalho*". No ambiente laboral, as formas sofisticadas de dominação que substituem a rígida hierarquia e o despotismo aberto do taylorismo tornam menos visíveis a disciplina e o controle do trabalho. Os programas de "qualidade total", de "remuneração variável" e de treinamento da força de trabalho nas empresas constituem reais aparelhos ideológicos, que visam construir o modelo de trabalhador que *pensa e age em nome do capital.* Ali, tudo se passa como se tivessem sido finalmente eliminadas a cisão entre elaboração e execução no processo de trabalho e a determinação antagônica que confronta a capacidade viva de trabalho com o capital. Para os segmentos precarizados da força de trabalho, desempregados ou facilmente desempregáveis, a realidade de alienação e estranhamento é intensificada pela vivência da instabilidade cotidiana e da segregação social. Em sua análise das formas contemporâneas de estranhamento, Antunes observa:

> Nos pólos mais intelectualizados da classe trabalhadora, que exercem seu trabalho intelectual abstrato, as formas de reificação têm uma concretude particularizada, mais complexificada (mais "humanizada" em sua essência desumanizadora), dada pelas novas formas de "envolvimento" e interação entre trabalho vivo e maquinaria informatizada. Nos estratos mais penalizados pela precarização/exclusão do trabalho, a reificação é diretamente mais desumanizada e brutalizada, em suas formas de vigência. O que compõe o quadro contemporâneo dos estranhamentos no mundo do capital, diferenciados quanto à sua incidência, mas vigentes como manifestação que atinge a totalidade da classe-que-vive-do-trabalho (1999, pp. 133-34).

A alienação, como produção do capital realizada pelo trabalho, é o movimento incessante do capital para dominar o trabalho, para desenvolver a força produtiva do trabalho de modo que extraia o máximo de sobretrabalho. Mas a desalienação é parte integrante e essencial deste movimento. É a rebeldia da atividade contra sua condição estranhada, são as possibilidades permanentes de ação do trabalho contra o domínio do capital (idem, op. cit., p. 132).

Christophe Dejours nos oferece uma síntese da história das lutas da classe trabalhadora por melhores condições de existência. Segundo o autor, no decorrer do século XIX, quando crescia desordenadamente a população urbana com o desenvolvimento do capitalismo industrial e agravavam-se os problemas sociais, o centro da luta operária era o direito à sobrevivência e à organização sindical. Naquele contexto de surgimento de uma enorme população supérflua nos mercados de trabalho, de baixos salários e jornadas diárias que chegavam a 14 horas, a reivindicação de *redução da jornada de trabalho* era a "palavra de ordem" principal do movimento (Dejours, 1987, pp. 14-25).

O fortalecimento da organização sindical e política dos trabalhadores na primeira metade do século XX conduziu à diversificação das reivindicações, surgindo, como frente específica de luta, a questão da saúde no trabalho. O taylorismo cindia radicalmente trabalho intelectual e manual, neutralizando a atividade mental dos trabalhadores, ao mesmo tempo em que introduzia novas exigências fisiológicas — especialmente de tempo e ritmo de trabalho — nos ambientes produtivos. Dejours assinala que é "o corpo dócil e disciplinado" criado pela nova modalidade produtiva que aparece como principal objeto de sofrimento no trabalho: "corpo sem defesa, corpo explorado, corpo fragilizado pela privação de seu protetor natural, que é o aparelho mental". É este o cenário no qual a reivindicação por *melhores condições de trabalho* adquire proeminência nas lutas da classe trabalhadora.

No âmbito da eclosão generalizada de revoltas dos trabalhadores e de outros segmentos sociais contra a sociabilidade capitalista no final dos anos 60 e início da década de 70, a ação operária contestava os métodos tayloristas e a divisão hierárquica do trabalho, defendendo o controle social da produção. Dejours destaca o surgimento de novos temas nas lutas dos trabalhadores, quando afloraram *palavras de ordem* contra o trabalho alienado, o despotismo taylorista, a separação entre trabalho intelectual e manual, o sofrimento mental no trabalho. O questionamento da duração excessiva da jornada laboral e das condições de trabalho radicalizava-se, pela contestação da *organização do trabalho* e seus mecanismos de dominação de classe.

A busca de novos padrões de acumulação diante da crise contemporânea do capital resultou, no âmbito produtivo, na emergência das formas *flexíveis* de organização do trabalho. Decorrente tanto das exigências da concorrência intercapitalista, intensificada pelos movimentos de mundialização do capital, como da necessidade de controlar as lutas da classe trabalhadora, a reorganização produtiva incorpora temáticas anteriormente formuladas nas reivindicações e revoltas operárias. Assim, ao trabalho repetitivo e rotineiro disciplinado sob o sistema taylorista, a acumulação *flexível* contrapõe a atividade apresentada como polivalente e enriquecida de conteúdo; ao operário dócil, o trabalhador dotado de inteligência e criatividade; à rígida cisão entre concepção e execução do trabalho, a participação e o envolvimento do assalariado nas questões relativas à atividade laboral.

Entretanto, as atuais transformações do trabalho, quer organizacionais, quer tecnocientíficas, implicam a permanência das dificuldades e do sofrimento para grande contingente da classe trabalhadora. Michel Gollac e Serge Volkoff, baseados em pesquisas de 1984 e 1991, constatam a degradação das condições de trabalho dos assalariados em países da Europa e de outras regiões do mundo capitalista. Recentemente, entre múltiplos elementos dessa degradação, os autores destacam que a *intensificação do trabalho*, mediante o grande aumento da pressão sobre o ritmo das tarefas, é o fator essencial de agravo das condições laborais (Gollac e Volkoff, 1996).

No contexto de desregulamentação dos mercados e de acirramento da concorrência, as técnicas de gestão da força de trabalho no interior das empresas vinculam as atividades a serem realizadas e seu ritmo às flutuações e exigências do mercado consumidor. Como assinalam Gollac e Volkoff, "a substituição do patrão ou chefe pelo cliente-rei, a transformação da autoridade em gestão da competência são, com efeito, o coração dos novos métodos de gerenciamento". Apoiados em investigação empírica sobre a evolução da organização do trabalho na França, os autores mostram que 58% dos trabalhadores declararam, em 1993, que seu ritmo de trabalho dependia das variações qualitativas e quantitativas da demanda, contra 39% em 1984 (op. cit., p. 59).

Ao mesmo tempo, os resultados da pesquisa levaram à constatação de que não regrediram as pressões decorrentes da organização do trabalho e de seus mecanismos burocráticos. Ao contrário, cresce a pressão pela intensificação do ritmo de trabalho em função da cadência de máquinas, de normas de produção, do controle permanente exercido por chefias, da interdependência entre colegas de trabalho. Deste modo, "o ritmo de trabalho tende a ser determinado por normas, controlado pela hierarquia e legitimado pelas exigências da clientela" (idem, op. cit., p. 60).

Nos bancos, as estratégias mercadológicas baseadas na *excelência* do atendimento implicam intensa pressão por produtividade nos ambientes de trabalho. Todavia, como em outros segmentos da classe trabalhadora, a pressão apresenta-se diluída e obscurecida pelas "leis" do mercado e pelas exigências atribuídas aos clientes, assim como pelos mecanismos de dominação entranhados nos programas de "qualidade total" e "remuneração variável". O controle burocrático tem importância reduzida neste cenário, no qual predominam relações de rivalidade ou tentativas de destruição dos laços de solidariedade entre companheiros de trabalho, mediadas por campanhas de venda e prêmios de produtividade e pelo medo do desemprego.

Nos anos 80, as chamadas "chefias intermediárias" — responsáveis diretas pelo controle e supervisão do trabalho nas diversas seções dos bancos — eram figuras centrais nas relações de poder ali estabelecidas. Com efeito, como personificação do poder organizacional no ambiente de trabalho, o bancário detentor de cargo de chefia constituía-se na expressão inequívoca da autoridade patronal. Na imprensa sindical do período, constam milhares de denúncias relativas a situações de arbitrariedade nas relações entre chefias e trabalhadores, exemplarmente sintetizadas na *Folha Bancária*, jornal diário do Sindicato dos Bancários de São Paulo.

A este propósito, são ilustrativas as denúncias de intensa pressão por produtividade nos bancos privados Mercapaulo, Itaú e Unibanco, explícitas nas exigências das chefias quanto a ritmo de trabalho e cumprimento de metas de produção:

> Mercapaulo. Está havendo auditoria no DEPRO do Mercapaulo e há muita pressão da chefia. Até o horário de ida ao banheiro tem que ser lançado no computador. Exigem 10 mil toques de cada funcionário. Aquele que não entrar no esquema está na rua (*FB*, nº 1.111, 17 abr., 1985).

> Itaú — Núcleo Conceição. Chefia força o pessoal a trabalhar em ritmo acelerado; não pode nem olhar para o

> lado, nem conversar. Em alguns turnos, o pessoal é forçado a ficar além do horário. Isto porque existe uma competição entre as chefias, para ver qual turno produz mais para o banco (*FB*, nº 879, 20 fev., 1984).

> Unibanco — CAU. Os chefes de todos os setores estão pressionando e ameaçando o pessoal de demissão, caso não alcancem as metas de produção fixadas pelo banco (*FB*, nº 265, 28 jul., 1981).

As formas despóticas de controle e supervisão do trabalho, manifestadas em práticas administrativas repressivas e arbitrárias nos locais de trabalho, foram igualmente objeto das críticas e denúncias do sindicalismo bancário dos anos 80. Os exemplos de situações ocorridas nos bancos Bradesco, Mercantil-Finasa e Itaú são significativos:

> Bradesco DAD. Implantado controle de uso do banheiro. Também há controle de produção; se não produzir tem de assinar ficha de advertência (*FB*, nº 1.156, 26 jun., 1985).

> Mercantil-Finasa/CPD Marginal. Chefia proíbe funcionários de atender telefone [...] (*FB*, nº 885, 29 fev., 1984).

> Itaú — CTO. Arbitrariedade de chefia. O chefe de montagem de microfichas exige que os funcionários trabalhem como se fossem máquinas. Não podem usar o telefone nem para receber recados e também não podem conversar entre si (*FB*, nº 580, 29 out., 1982).

Nos dias de hoje, a disciplina e a docilidade do bancário não dependem mais das ações repressivas das chefias intermediárias. Ao controle burocrático, sobrepõe-se a autoridade do mercado, à qual o banco, suas unidades e sua força de trabalho devem submeter-se incondicionalmente. Sob princípios neoliberais, o discurso institucional vincula o desempenho da força de trabalho aos resultados obtidos pela empresa na concorrência interbancária. Assim, os trabalhadores são responsabilizados pela *sobrevivência* do banco num contexto de competição acirrada, atribuindo-se às "exigências do mercado" e aos desejos dos clientes a pressão por ritmo intenso de trabalho e qualidade das tarefas executadas.

Mas, a estas novas condições de domínio do capital sobre o trabalho, agregam-se as relações de rivalidade entre companheiros de trabalho como fonte de pressão por produtividade, estimuladas pelo sistema *flexível* de remuneração e pela conjuntura de altos índices de desemprego e subemprego. De fato, ao individualizar os rendimentos, promovendo diferenças salariais em função do cumprimento de metas por trabalhador, por unidades ou equipes de trabalho, os programas de "remuneração variável" maximizam a exploração do trabalho e conduzem a atitudes pouco solidárias nos ambientes laborais. Ao mesmo tempo, a reestruturação nos bancos — e suas medidas de *ajuste*, que reduzem drasticamente a quantidade de força de trabalho — é mais um fator de pressão e tensão nos locais de trabalho. De um lado, por potencializar a submissão, diante da ameaça permanente de demissão; de outro, por aumentar a sobrecarga de trabalho e as exigências de cumprimento de metas aos que permanecem empregados.

Das palavras de duas bancárias detentoras de cargos de gerência média, é possível extrair a intensidade da pressão e das relações de tensão e competição nos locais de trabalho, intensificadas pela reestruturação capitalista:

> [...] hoje, o teu colega ali do lado, que é um gerente como você, é um concorrente que está de olho em você. E num

vacilo teu, ele está atento. Você é muito cobrado porque tem uma meta a ser atingida. [...] Você tem a pressão do banco, a pressão dos teus colegas, a pressão do cliente.[22]

[...] com os prêmios, muitas agências começaram a batalhar para cumprir as metas. Tinha agência que ganhava três, quatro viagens para o exterior, pelo que estava vendendo: 15 dias em Nova York, um mês na Europa. Gente que nunca soube que podia vender descobriu que era um vendedor, foi até bom. Mas para outras pessoas foi um martírio, porque elas gostavam de trabalhar no suporte e não tinham competência para vender. [...] Hoje há uma cobrança maior. Todo mundo está vigiando se você está trabalhando as suas seis horas mesmo, porque não tem funcionário, você tem que se desdobrar para fazer o serviço de outro. Então, cada vez mais a gente está exigindo dos colegas que trabalhem as seis horas deles, porque senão alguém vai trabalhar por ele. Isso faz com que um funcionário fique em cima do outro. [...] O que eles querem é que tudo que for repetitivo que a máquina faça e que libere o funcionário para vender. E você vai ter que pagar o seu salário, hoje em dia é assim. Eles estão fazendo o funcionário se conscientizar disso, o gerente também. Foi-se o tempo em que o gerente ficava atrás da mesa e não corria atrás de cliente. O gerente agora é cobrado também.[23]

"*Pagar o salário*" significa, no jargão empresarial interpretado pela gerente bancária, aderir incondicionalmente aos critérios de rentabilidade e lucro da empresa. Nos bancos, sob o discurso da "qualidade no atendimento" e da "busca da excelência de serviços e produtos", o bancário-vendedor *paga* sua remuneração, não simplesmente vendendo sua capacidade de trabalho ao capitalista financeiro. É necessário que ele *incorpo-*

re o ideário do capital, *que se represente, enquanto elemento do processo produtivo, não como encarnação do trabalho assalariado que se defronta antagonicamente com o capital, mas como o próprio capital personificado*.

A partir de diferentes prismas, os depoimentos das gerentes bancárias transcritos a seguir explicitam o conteúdo atual das relações de dominação do trabalho nos bancos e o modo como repercutem na vida cotidiana dos bancários, combinando controle, pressão e técnicas de "motivação"/manipulação:

> Hoje eles exigem que você venda, que você pague a sua folha de pagamento, o seu salário. Então, se você custa 3 mil reais para o banco, você vai ter que vender produtos para cobrir o seu salário, como banco particular faz aí. Banco particular faz assim: você tem que abrir 150 contas no prazo de dois meses, vender dois, três produtos para cada conta que você abrir e, se você não conseguir atingir esse objetivo, tem outro no seu lugar.[24]

> [...] eu vejo no caso do banco. Ele sabe administrar muito bem essa coisa de como lidar com o bancário. Cada vez mais, parece que ele está mais rápido, mais anos-luz na frente e está no contexto. Eu acho que é pano de fundo, vamos ver o negócio da qualidade. É uma forma de você fazer a pessoa se motivar num contexto que vai ser diferente, se envolver, ser cobrado e sorrir. Entendeu? Eu vejo dessa forma. Porque a pressão vai continuar existindo, talvez ela seja mais forte, mas existe aquele pano de fundo da gestão participativa. Vai dar uma idéia para o trabalhador que ele está realmente participando, ele é importante para a empresa [...].[25]

Como em outros ramos da economia, em diversas regiões do mundo capitalista, no setor bancário persiste o controle burocrático do trabalho, agora legitimado pelas exigências do mercado consumidor. A significativa redução das chefias intermediárias nos bancos, nos anos 90 — de 16%, em 1986, para 12% uma década mais tarde (Rodrigues, 1999) —, não implicou a superação da pressão advinda da divisão hierárquica do trabalho. Entretanto, nos dias de hoje, formas mais sutis de dominação permeiam as relações de poder nos locais de trabalho, apoiadas nas possibilidades da teleinformática e legitimadas pelo ideário neoliberal.

A tradição despótica inspirada nos métodos tayloristas de trabalho vai sendo rompida, à medida que se disseminam nos bancos os princípios de gestão da produção constitutivos das formas *flexíveis* de acumulação. Neste quadro, *a autoridade do capital personificada na figura do chefe vai dando lugar a outra forma de autoridade, da qual são portadoras as metas de produtividade impostas pelas direções dos bancos.* Mais difusa porque impessoal, todavia concreta nos mecanismos de quantificação do trabalho executado, esta nova forma de autoridade conjuga-se, harmoniosamente, à autoridade das leis do mercado, para garantir a dominação capitalista sobre o trabalho. Com efeito, nos ambientes laborais bancários, tudo se passa como se a pressão por produtividade fosse mera tradução das necessidades e exigências da clientela e das imposições da concorrência interbancária.

Nessa forma de autoridade do capital mistificada e complexificada pela mediação intensa dos valores de mercado, um instrumento gerencial adquire proeminência e garante as relações de hierarquia no local de trabalho: a *avaliação de desempenho funcional.* Nela é mensurada a produtividade do trabalhador e qualificada sua atuação, conforme metas e requisitos exigidos pelos bancos. Com periodicidade semestral ou anual, a avaliação, efetuada pelo funcionário responsável pelo trabalho em determinada seção ou divisão, converte-se em mecanismo essencial de dominação. Isso porque os rendimentos advindos dos programas de remuneração variável, assim como as possibilidades de carreira do trabalhador, estão atrelados ao conteúdo da avaliação. A gerente entrevistada por Segnini assim explica o sistema de avaliação funcional em um banco privado estrangeiro:

> Temos um processo de avaliação anual de desempenho, amarrado a resultados e à qualidade desses resultados. A avaliação tem uma etapa por fatores e uma etapa de compromissos, de objetivos. A primeira elenca fatores que envolvem resultados [...] fatores que, ao final, vão dar uma classificação do indivíduo e que considero a parte quantitativa. A parte qualitativa é onde se amarram alguns compromissos, estabelecendo algumas ações de desenvolvimento desse funcionário e também já dando algumas impressões do possível encarreiramento desse funcionário no banco. [...] para as funções de negócios, tem um sistema de rentabilidade e isso é uma área de produtos, de informações gerenciais dentro da divisão de produtos, que avalia e acompanha. É essa mesma área que estabelece as metas e vai acompanhando o desenvolvimento do funcionário dentro dessas metas. [...] os gerentes são avaliados dentro da rentabilidade que dão; têm as suas carteiras de clientes [...] e todos os negócios realizados com esses clientes vão implicar numa rentabilidade para o gerente — que tem um patamar mínimo, dependendo do cargo que ocupa. Procuramos amarrar esse resultado com o resultado da avaliação. [...] essa avaliação gera também subsídios para as outras áreas de RH como treinamento, administração de salários, benefícios, para recrutamento e seleção e até para a área de qualidade e produtividade.[26]

Em diversas entrevistas, as avaliações de desempenho são referidas como importantes instrumentos patronais nas relações cotidianas de poder, nos locais de trabalho. De fato, elas sintetizam os atuais conceitos dos bancos relativos à qualificação da força de trabalho, expressos nos critérios qualitativos e quantitativos de avaliação do trabalhador. Atributos, habilidades e modos de comportamento considerados fundamentais à eficiência do trabalho e à competitividade da empresa são analisados e enfatizados no processo de avaliação. Igualmente, o desempenho do trabalhador em relação a metas de produtividade estabelecidas e a campanhas de venda de "produtos" constitui parte integrante e essencial da avaliação.

É a partir da conjugação destes elementos econômicos, culturais e, sobretudo, ideológicos que serão definidos as características e o perfil de cada bancário, sobre os quais se alicerçará a avaliação de desempenho funcional. A ela cabe, portanto, função de relevo nas condições atuais de controle e dominação do trabalho pelo capital. Nos ambientes laborais, entre o discurso apologético do capital, as metas impostas pelas direções dos bancos e o medo do desemprego, muitos bancários intensificam o trabalho e tentam seguir os critérios patronais de competência e as exigências de produtividade. É o que se depreende dos depoimentos a seguir:

> [...] A meta é de cima para baixo. Uma coisa que é interessante: há 20 anos atrás, a sensação que se tinha era que existia uma pressão de cima para baixo, através das normas, de cartas circulares. Então, o pessoal trabalhava dentro daquele esquema preestabelecido. E hoje a coisa é em cima de metas, é de cima para baixo também. Eles vêm e estabelecem metas para a agência: vender tanto disso, tanto daquilo. Algumas agências já estão adotando metas por pessoa, individuais. E junto com a DF, que é a avaliação de desempenho funcional. Então o gerente fala: "A sua meta no próximo período é

vender tantos produtos". E se o funcionário não cumpre, está ali na avaliação funcional. É camisa-de-força mesmo, a meta.[27]

[...] eu sei o que tenho que vender durante os quatro meses da campanha de venda. E isso o gerente pode pôr na minha DF: "Ela se destacou na venda dos produtos" ou "Ela não fez nada em quatro meses". [...] Eles especificam, cada produto tem uma pontuação e é dividido pelo número de funcionários. [...] tem uma pontuação e eles sabem as agências que estão se destacando ou não. Se existe um funcionário doente, eu tenho que vender por ele, se ele é da minha equipe. Na minha agência, cada setor tem uma meta, e cada funcionário sabe a sua meta. Tem pontuação para cada agência, em relação ao que ela vender no mês.[28]

Especialmente nas agências bancárias, onde se desenvolvem mais intensamente as atividades de atendimento, a determinação de metas na venda de "produtos" e serviços centraliza e tensiona as relações de trabalho no espaço laboral. A disseminação das formas de remuneração baseadas em indicadores de desempenho, as promessas de promoção e os prêmios oferecidos aos vencedores das campanhas de vendas, assim como a ameaça permanente do desemprego, convertem-se em fatores importantes de pressão e de intensificação do trabalho. A situação é criticada por um dirigente sindical, que tece as seguintes considerações sobre as conseqüências do programa Agir, do banco Itaú, para os trabalhadores:

Neste programa de cumprimento de metas, você acaba tendo, por um lado, uma cobrança individual muito forte, e o banco premia, de uma forma mínima, mas premia, as pessoas que se destacam mais. O banco estimula uma

> competição muito forte entre os funcionários. E aqueles que ficam entre os últimos serão os primeiros a serem mandados embora; é aquela coisa. Então, isto é muito forte e acarreta uma série de problemas para o funcionário. Doenças, *stress*, LER, é horrível. E, ao mesmo tempo, o banco amarra o funcionário naquilo. Numa economia desta, se o banco segura o salário do cara, ele fica refém de vender mais Credicard, por exemplo. [...] Ele fica naquela obsessão de vender, vender, vender e acaba ficando refém.[29]

Na mesma perspectiva crítica, uma bancária do Bradesco questiona as metas de vendas impostas e os critérios que fundamentam o sistema de promoções em seu local de trabalho:

> Ninguém gosta [das metas], porque é uma pressão. Ninguém gosta. A gente gostaria que eles vissem mais o lado profissional, a qualidade do trabalho que a pessoa faz, o conhecimento dela. Mas não. Um funcionário que não entende nada, nem sabe o que está vendendo, mas vende, esse merece ganhar a promoção, segundo a opinião do banco, porque produziu. Então, essa política a gente não aceita. Não gosta. [...] entre nós, a gente comenta sobre as injustiças: "Fulano tem tantos anos de banco e ainda é caixa A..." [...] tem muita gente que trabalha, "rala", procura aprender, fazer as coisas certas, procura estar informado, tem iniciativa, mas não é reconhecido.[30]

Nas centrais de atendimento dos bancos, onde se realizam as atividades de *telemarketing* no atendimento bancário a distância (via telefone e computador), complexos mecanismos de poder controlam e disciplinam o trabalho. Como assinala Venco (1999), diversos instrumentos, apoiados na teleinformática, compõem uma "arquitetura do controle" nestes espaços laborais. Relacionando as estratégias de dominação do trabalho ali desenvolvidas à análise de Foucault[31] sobre a construção do poder disciplinar, a autora revela suas especificidades no ambiente profundamente marcado pelo uso capitalista da ciência e da técnica.

Venco enfatiza o modo como a teleinformática e a automatização atuam para que o "olhar hierárquico", muitas vezes invisível na atualidade, exacerbe-se nos locais de trabalho de *telemarketing*. A utilização de cartões magnéticos como via de acesso às diversas unidades de trabalho, possibilitando à empresa controlar e registrar a entrada e a saída dos trabalhadores, além de sua locomoção no decorrer da jornada laboral, é um instrumento importante do poder disciplinar ali instaurado. Ao mesmo tempo, o *software* que organiza e controla o trabalho — distribuindo chamadas telefônicas entre os operadores, orientando procedimentos, mensurando o tempo de duração do atendimento, emitindo relatórios de produtividade, registrando interrupções do trabalho, gravando todas as ligações telefônicas — constitui ferramenta essencial do olhar hierárquico nas centrais de atendimento dos bancos (idem, op. cit., pp. 54-55).

Mas a distribuição espacial das centrais ocupa, igualmente, papel de relevo nos procedimentos para dominar e disciplinar o trabalho. O ambiente físico é segmentado em reduzidos compartimentos com um terminal de computador e um *headphone* (fone de ouvido), onde o operador, separado dos companheiros de trabalho por divisórias laterais e sob intensa concentração, realiza sua atividade. A denominação de "baias"[32] conferida a esses compartimentos é extremamente expressiva do seu significado controlador e "adestrador", na medida em que determina o espaço de cada trabalhador, isola-o e limita seus estímulos visuais e auditivos (idem, op. cit., pp. 56-57).

A pressão por produtividade, nos ambientes de *telemarketing*, revela-se na determinação de um tempo médio para cada ligação telefônica. Os operadores são instruídos a realizar o atendimento no tempo mínimo de 30 segundos e máximo de dois minutos, de modo objetivo, conforme normas de conduta estabelecidas e transmitidas nos programas de treinamento do banco. Venco ressalta as contradições do discurso e das exigências empresariais relativas ao trabalho dos operadores, que, de um lado, enfatizam a importância da qualidade do atendimento e, de outro, pressionam pelo contato ágil e objetivo, em busca de maior produtividade.

Mecanismos de controle como o *timer* — que sinaliza "tempo excedido" sempre que o atendimento ultrapassar os dois minutos determinados —, o *software* — que permite ao coordenador da unidade acesso simultâneo a todas as ligações recebidas e sua interferência quando o atendimento extrapolar o tempo máximo desejado —, a indicação intermitente no monitor de computador da "fila" de clientes aguardando atendimento, assim como a *gravação* das ligações — como "medida de segurança" e "subsídio a treinamentos", no discurso gerencial —, constituem efetivos instrumentos da dominação do capital nos ambientes laborais de *telemarketing* (idem, op. cit., pp. 74-80).

Para os trabalhadores que exercem a função de *caixa* nas agências bancárias e têm na fila de clientes — como presença visível — um objeto cotidiano de pressão, a produtividade é mensurada pela quantidade de autenticações[33] efetuadas, registradas na fita do terminal de computador. A intensa automatização do atendimento bancário não implicou menos trabalho para os caixas, que passaram a acumular diversas funções antes realizadas na "retaguarda" das agências, desde a difusão do sistema *on-line*, na década de 80. Nos anos 90, no contexto de intensificação dos movimentos de reestruturação dos bancos, com a redução drástica de assalariados no setor e a sobrecarga de trabalho para aqueles que permanecem no emprego, os bancários-caixas sofrem, como antes, a dupla pressão derivada da fila de clientes, de um lado, e do controle burocrático do trabalho, de outro. Um comportamento cortês e servil ao cliente é exigido deste trabalhador, que, todavia, deve seguir normas (muitas vezes extremamente rígidas) relativas a tempo de atendimento e exigências de produtividade. Um dirigente sindical relata a situação de pressão ocorrida no banco Itaú:

> [...] ao mesmo tempo em que o cara dá menos toques durante o trabalho, a intensidade do trabalho dele continua a mesma, porque se reduziu demais o tempo que ele tem para fazer determinada operação. Então, em dias de pico, numa agência do Itaú como esta aqui da XV de Novembro, um cliente estrela não pode ficar mais de um minuto e meio na fila. Você acredita nisto? Ele não pode ficar mais de um minuto e meio na fila, porque senão o funcionário perde pontos em relação ao programa de metas, o AGIR. Ele tem um tempo para atender; se ele não atender naquele tempo, a agência perde pontos neste programa de metas. Então, embora o bancário necessite dar menos toques e utilize um maquinário muito mais sofisticado, a intensidade do ritmo de trabalho para ele aumentou, porque ele tem um tempo muito restrito para atender o cliente. Para um cliente não estrela, este tempo é um pouco maior, mas também é reduzido. E as filas continuam [...].[34]

De fato, mantêm-se grandes filas de clientes e usuários nas agências, em face das políticas que segmentam a clientela bancária, elitizando o atendimento e restringindo o uso das sofisticadas inovações propiciadas pela teleinformática às frações da população que detêm maior poder econômico. Aos segmentos com pequena capacidade de consumo dos "produtos" dos bancos, estão destinados os serviços simplificados de auto-atendimento e o caixa tradicional. Com efeito, a *qualidade do atendimento* alardeada nos documentos institucionais do sistema financeiro nacional não atinge a porção amplamente majoritária de clientes e usuários dos bancos, nem significa mudança qualitativa nas condições do trabalho bancário.

No depoimento de bancárias-caixas entrevistadas, a sobrecarga de trabalho, a exigência de atenção constante, a condição de tensão permanente expressa no *medo de "diferenças de caixa"*, assim como a pressão de supervisores e gerências pelo cumprimento de metas relativas à quantidade de autenticações e à venda de "produtos", aparecem como situações que seguem marcando a jornada diária dos empregados nas agências dos bancos:

> O Banco do Brasil não conseguiu diminuir o tempo do cliente na fila. O que ele conseguiu foi eliminar postos de trabalho [...]. O trabalho do caixa só aumenta. Eu sou caixa há 16 anos no banco; só piora. Ultimamente está caótico. O maior problema é o caixa, sobra tudo para ele fazer.[35]

> Você bateu seu caixa, você vai embora. O único problema é prestar atenção para ver se não deu nenhuma diferença, porque daí você vai ter que pagar do seu bolso. Então, atenção é fundamental. Você tem que cuidar para não pegar documento errado, não fazer nada errado.[36]

> Quando eu entrei no banco, em 89, era uma loucura. Naquela época, o banco vivia cheio, todos os dias. Depois amenizou um pouco isso, com a automação. Ago-

ra, eu acho que a gente está sobrecarregada. Porque tem toda essa evolução do sistema, mas também saiu muita gente do banco. Se a gente parar para pensar, quando eu entrei no banco, trabalhava numa agência menor, e éramos cento e poucos funcionários. Hoje estou numa agência maior, que tem menos da metade do quadro de funcionários. [...] Os que sobraram têm muito trabalho. É o que estavam falando meus colegas esta semana: "Foi 1% de aumento de salário e 100% de aumento de trabalho". [...] As filas continuam imensas. E tem muita pressão por parte da chefia, da gerência. Você vai conseguir trabalhar legal com alguém ali atrás te pressionando? [...] Uma moça teve uma diferença de 1.200 reais e um rapaz também, no mesmo dia, de mil reais. Na semana seguinte, eles tiveram que pagar. [...] Ou paga ou vai embora.[37]

A jornada de trabalho de seis horas diárias nos bancos é incessantemente desrespeitada, desde sua conquista pela luta sindical bancária na primeira metade do século XX.[38] Segundo estudo do IADES (1992) no estado de São Paulo, dos cerca de 68% de assalariados em regime de seis horas de trabalho[39] no início dos anos 90, menos de 38% tinham a jornada efetivamente respeitada. O cumprimento da jornada contratada era expressivamente menor nos bancos privados (28,5% nos nacionais e 12,5% nos estrangeiros), enquanto, nos estatais, este índice alcançava aproximadamente 63% dos bancários.

A pesquisa elaborada pelo instituto Datafolha (1996a), abrangendo todo o território nacional, apresentou redução relativa na quantidade de bancários em regime de seis horas de trabalho (54% deles, 65% dos quais do sexo feminino e 74% com menos de 25 anos de idade). De acordo com o estudo, nos bancos privados a incidência de "comissionados" — principalmente ocupando cargos de gerência — era maior em meados da década de 90, ao passo que a realização de horas extras era mais freqüente nos bancos federais, sobretudo no Banco do Brasil. A pesquisa apontava, ainda, que o pagamento das horas adicionais ocorria mais amiúde nos bancos privados que nos estatais, onde muitas vezes não se remunerava o tempo extra de trabalho.

A comparação entre os resultados da pesquisa elaborada pelo IADES e daquela feita pelo Datafolha — ainda que abranjam distintos campos de investigação — a respeito da situação da jornada laboral nos bancos nos permite observar tendências das condições atuais do trabalho bancário. Realizados com um intervalo de quatro anos, o estudo do IADES e o do Datafolha revelam os movimentos iniciais de degradação das condições de trabalho dos bancários dos bancos públicos, em face da desmontagem do sistema financeiro estatal brasileiro, que se intensificaria em meados da década de 90.

Com efeito, situações arbitrárias características do cotidiano laboral dos bancos privados vão substituindo, ao longo dos anos 90, as relações de trabalho constituídas nos bancos estatais, baseadas em critérios regulamentados de ascensão profissional e em uma condição (implícita) de estabilidade. As desigualdades na situação de trabalho entre os assalariados de bancos privados e aqueles de estatais, as quais produziram experiências de organização sindical diferenciadas e constituíram distintos perfis profissionais entre bancários, perdem importância no decorrer da década.

Um retrato do drama social do trabalho

Os programas de reorganização produtiva implementados nos bancos estatais para "enxugar" a estrutura administrativa e convertê-los em empresas lucrativas a serem privatizadas mudam radicalmente as condições que diferenciavam positivamente os trabalhadores destas instituições no conjunto do sistema financeiro. Reduzindo de modo drástico o emprego — mediante a adoção de programas de pressão para aposentadoria ou demissão — e aumentando a subcontratação, os *ajustes* operacionais produzem sobrecarga de tarefas e intensificação do ritmo de trabalho, prolongamento da jornada laboral e desgaste da saúde dos bancários mantidos nas instituições. De fato, situações de pressão e insegurança que se converteram em experiências diárias dos bancários de bancos estatais nos anos 90, denunciadas freqüentemente nos órgãos da imprensa sindical, estiveram nas pautas dos jornais de trabalhadores de bancos privados durante toda a década de 80.

No Banco do Brasil, a violência dos movimentos de reestruturação reduz drasticamente a quantidade da força de trabalho empregada e desmonta, gradativamente, o sistema de direitos trabalhistas e salariais construído ao longo de várias décadas de luta sindical. No período entre 1994 e 1996, quando se aprofundaram tais movimentos e se deflagrou um efetivo ataque às condições laborais estabelecidas, um ambiente de perplexidade, desânimo e medo impregnou os locais de trabalho bancário.

Com efeito, os bancários do Banco do Brasil assistiram a uma veloz sucessão de planos e programas destinados a "racionalizar" e "otimizar despesas de pessoal", cujo conteúdo contrastava fortemente com as práticas que permearam as relações de trabalho ali constituídas. O programa de Adequação de Quadro de Pessoal (PAQ) — que transferia arbitrariamente o trabalhador considerado "excedente" em determinada dependência —, o de Demissão Voluntária (PDV) e o de incentivo à aposentaria — que coagiam os bancários com maior tempo de trabalho a se demitir ou aposentar — negavam a condição de estabilidade e de previsibilidade na carreira profissional que tornavam sólidos os vínculos do trabalhador com a instituição.

Quando da criação do PDV, a administração do Banco do Brasil contratou consultoria da empresa DBM — Drake, Beam & Morin, que prestou detalhada orientação sobre os impactos emocionais do programa para os funcionários. Em palestra à diretoria e gerências do banco, psicóloga da empresa alertava para os significados da quebra do antigo modelo de estabilidade e suas manifestações no "clima organizacional" da instituição:

> Quando eu entro na organização, entro com uma expectativa de ter segurança e a organização tem a expectativa de minha lealdade. [...] Então, quando se faz uma reforma, um plano como o que foi feito aqui, o que estamos fazendo é o rompimento dessa expectativa. Isso impacta as pessoas no que diz respeito ao vínculo psicológico. Ou seja, não só para as pessoas que saem, mas principalmente para as que ficam, estes valores — lealdade e segurança —, foram questionados. Vocês estão lidando com uma população que, hoje, questiona esse vínculo. Ou seja, aquilo que eu imaginava que ia durar para o resto da vida e toda a lealdade que dediquei à organização está em questão. [...] Quando você se propõe a gerenciar esse processo, o que você está fazendo é, como o banco propôs, pegar a pessoa no período de choque, criar condições para que assimile o que aconteceu com ela [...].[40]

Sobre a reconstrução das relações de trabalho a partir dos novos pressupostos de gestão adotados, a psicóloga expõe técnicas patronais para lidar com os trabalhadores que permanecem no banco, os quais são chamados por ela de "sobreviventes". Preocupada com repercussões na produtividade do trabalho e na "satisfação do cliente", orienta os administradores:

> Para mim, o segredo para a criação de uma nova relação está no comprometimento que essas pessoas passem a ter com o resultado. Se elas não se sentirem responsáveis pelos resultados que irão produzir, vão continuar dizendo que o Banco do Brasil que quebrou essa relação não é o banco deles. O deles é outro e vão continuar vivendo nesse outro Banco do Brasil.[41]

A situação de degradação das condições de trabalho dos bancários do Banco do Brasil, sintetizada em alguns de seus elementos essenciais na palestra da assessora patronal, é reveladora dos traços destrutivos da sociedade capitalista contemporânea, dominada pelo grande capital privado transnacional. De fato, sob as políticas de liberalização e desregulamentação dos mercados que expandem o desemprego estrutural e aumentam as desigualdades sociais, o que se passa em bancos estatais como o Banco do Brasil desnuda mais ainda as tendências estruturais do capitalismo, como regime que subordina o homem às necessidades do capital.

No Brasil, os anos de 1995 e 1996 foram marcados por um aprofundamento da recessão, com aumento das taxas de desemprego, arrocho salarial e queda no nível da atividade econômica. No sistema financeiro, as quebras de bancos, processos de fusões e incorporações de instituições, programas de desmontagem do setor estatal, além das medidas de reorganização do trabalho e ajustes operacionais, ocasionaram aguda redução no nível de emprego e rápido crescimento das formas precárias de contratação. Enquanto permanecia alta a lucratividade dos bancos,[42] principalmente dos grandes conglomerados privados, o número de bancários no país caiu de mais de

824 mil, em 1989, para cerca de 532 mil em junho de 1996,[43] segundo órgão da imprensa sindical bancária.[44]

No Banco do Brasil e em outros bancos federais e estaduais, os processos de reestruturação, acompanhados de fechamento de agências e de centrais de serviços e de computação, cortes nas dotações das agências relativas à quantidade necessária de trabalhadores, relações de bancários considerados excedentes afixadas nos locais de trabalho, transferências compulsórias, ameaça permanente de demissão, disseminaram medo e tensão nos ambientes laborais. O depoimento de um assessor sindical sobre sua percepção das experiências dos programas de "demissão voluntária" no Banco do Brasil e no Banespa revela a dramaticidade da situação:

> O Banco do Brasil, nesse período de desmonte, tem registro de mais de 15 casos de suicídio. Pessoas que não conseguiram ver saídas coletivas para a situação. Endividadas no cheque-ouro, penduradas com dívidas para todo lado e cometem o suicídio. Sem reajuste salarial, vendo a situação profissional a cada dia com menos perspectiva. Então, a situação desse pessoal nos bancos é terrível. No Banespa, acompanhei uns amigos que saíram recentemente, mas que ficaram numa pressão tão grande, de gerente chamar na mesa e ameaçar de demissão e a pessoa não consegue produzir, não consegue se alimentar direito, começa a entrar em parafuso. Alguns, que só têm a perspectiva do banco, ainda continuam [...] vão ficando exatamente as pessoas que sabem que, se saírem dali, não têm mais o que fazer na vida, não têm perspectiva de outra carreira.[45]

Em entrevistas realizadas com bancários presentes ao VII Congresso dos Funcionários do Banco do Brasil, em julho de 1996, expressões como "medo do desemprego", "desânimo", "desmotivação", "falta de perspectiva", "perda da esperança de mudança", "perda da auto-estima", "sensação de impotência" foram as mais utilizadas para descrever os ambientes laborais no banco e o modo como as transformações atingiam a subjetividade dos trabalhadores.

O sofrimento desses bancários, nos momentos cruciais da desmontagem do sistema anterior de relações de trabalho, foi também captado em pesquisa realizada pela empresa ?Who (1997). Segundo o estudo, cerca de 87% dos entrevistados concordavam com a afirmativa de que "os sentimentos que melhor definem o atual estado de espírito dos funcionários do BB são de mágoa, descrença no futuro e insegurança".

Em análise psicossocial da reestruturação no banco e do seu impacto sobre a identidade e a saúde dos trabalhadores, Marcus Pereira tece considerações sobre o que *era* e o que *é* ser do Banco do Brasil. O autor confronta a situação anterior, na qual se constituía uma identidade funcional baseada no "prestígio social" e no "amor" e "dedicação" à empresa, com a condição atual de perda de valores sociais, medo da demissão, descontentamento. Os trechos de entrevistas por ele realizadas transcritos a seguir são expressivos das representações e sentimentos dos bancários a respeito da mudança brutal em suas condições de vida e trabalho:

> É como se você estivesse num casamento e os cônjuges tivessem absoluta fidelidade um ao outro e ambos, assim, tivessem uma sintonia. E de repente um chegasse para o outro e dissesse: "olha, as coisas mudaram, o mundo mudou e esse negócio de fidelidade não vale mais nada para os padrões de hoje".

> Olha, você é um corredor. Aí você entra num lugar onde te sentaram. [...] Então, por mais que você não concor-

de, como você precisa do emprego você acaba se desacostumando a correr e começa a trabalhar sentado. Um belo dia te dizem assim: "você tem que correr, o mundo é dos corredores". E aí? Você ficou 10 anos sentado e o seu corpo já não sabe mais correr. [...] As pessoas às vezes caem, se machucam.

A gente tinha fama de marajá, né? E hoje é assim: a fotografia do caos [...]. Nossa vida ficou exposta; e exposta assim, de forma cruel [...].

Para mim, pessoalmente funcionária do banco há 24 anos, eu gosto do banco, amo o banco e sofro com o banco como se fosse uma pessoa que foi rica e hoje está pobre [...]. A gente está simplesmente como que num velório, esperando a qualquer hora aquela pessoa morrer e a gente também, com ela, morrer [...].

É como um time de futebol. Se você tem um time de futebol que todo mundo joga pensando no time ganhar, é uma coisa. Quer dizer que o cara que está lá na defesa, ele não está aparecendo, ele não faz gol, mas ele está suando a camisa, ele está jogando pelo time. Mas, quando você começa a dizer que a finalidade é o time ganhar, mas quem fizer o gol é quem ganha o prêmio, começa a haver um clima de competição (Pereira, 1996, pp. 102-24).

Em pesquisa encomendada pela Associação Nacional dos Bancários do Banco do Brasil (ANABB), a empresa ?Who (1996) entrevistou ex-bancários desta instituição,[46] em todo o território nacional, um ano após sua adesão ao Programa de Demissão Voluntária, que implicou a exclusão de mais de 13.700 trabalhadores do quadro funcional. Ao avaliarem o Banco do Brasil do passado, cerca de 68% dos entrevistados consideraram que o banco era "uma instituição segura, tendo os funcionários como seu maior patrimônio e uma missão junto à sociedade". Ao mesmo tempo, 82% revelaram que o banco significava "um projeto de vida" ao qual pretendiam dedicar-se até a aposentadoria. A respeito do PDV, a maioria questiona fundamentos do programa, descartando o caráter de "voluntariedade da adesão" e enfatizando seu significado como instrumento de pressão pela demissão. Assim, cerca de 56% declararam ter aderido ao PDV constrangidos por uma ou mais das situações a seguir: encontravam-se endividados com o banco e sob ameaça de demissão por justa causa; sofreram pressão direta de chefias ou gerências; seriam transferidos compulsoriamente; não vislumbraram alternativa, diante do "clima de terror e insegurança" disseminado no local de trabalho.

O "clima de terror e insegurança" nos locais de trabalho do Banco do Brasil e de outros bancos públicos, desde a intensificação das políticas de desmonte do sistema financeiro estatal, é amplamente referido em depoimentos de trabalhadores e na imprensa sindical. O estudo da ?Who refere-se, ainda, a outras situações de pressão nos ambientes laborais, que constrangeram muitos bancários a aderir ao PDV. A escolha, pela direção da instituição, de trabalhadores cuja adesão ao programa era considerada conveniente — os chamados *elegíveis* — convertia estes bancários em objeto privilegiado da ação coercitiva de gerências e dos próprios companheiros de trabalho. De fato, sob o medo da demissão, muitos bancários pressionavam colegas a aderir ao PDV, acreditando que aí residia a garantia de sua permanência no emprego (ibidem).

Apesar de a maioria dos entrevistados na pesquisa afirmar que foi correta sua opção de aderir ao programa (aproximadamente 75%), somente 15% destes ex-bancários consideravam-se satisfeitos profissionalmente, e apenas 30% possuíam remuneração superior à que recebiam no Banco do Brasil, no período pesquisado. De fato, quando explicam os motivos pelos quais manteriam a decisão tomada um ano antes, os entrevistados, na ampla maioria, não se referem a aspectos positivos relacionados a seu futuro profissional. Ao contrário, alegam a permanência ou o agravamento da crítica situação que os compeliu a se desligar da instituição.

Note-se ainda que, ao apresentarem sugestões e conselhos aos bancários remanescentes na instituição quanto à possibilidade de aderirem a um novo programa, os ex-bancários enfatizam a precaução e a resistência às pressões. Com efeito, aproximadamente 50% das recomendações assinalam a garantia de uma atividade alternativa estável como requisito fundamental da adesão ao programa; decidir somente após longa reflexão e análise detalhada das vantagens e desvantagens do plano; não se deixar contaminar e resistir às pressões. Em suas conclusões, os pesquisadores propõem-se a uma leitura dos resultados do estudo "à luz das novas relações de trabalho que eles expressam":

> Os entrevistados contaram a sua vida antes, durante e depois do PDV. Através dessa história mostraram que o Banco do Brasil cortou, num primeiro momento, funcionários de sua folha de pagamento, mas o país ganhou um número igual de indivíduos inseguros profissionalmente e financeiramente, inadaptados e até desempregados. Mesmo os que estão satisfeitos com a sua nova situação relativizam a própria satisfação, através de suas ressalvas e recomendações. E, por isso, a sua história de sucesso não pode representar um diagnóstico final de um PDV que é sintoma de um mundo onde as regras alteram-se para "preservar" as instituições, sacrificando a sobrevivência de homens que são, em princípio, a razão de sua existência [...] (idem, op. cit., pp. 44-45).

Aproximadamente cinco anos após os momentos iniciais da reorganização que vem transformando radicalmente relações e condições de trabalho nos bancos estatais, os bancários que permaneceram nas instituições buscam se adaptar ao novo modo de gestão e controle do trabalho estabelecido. Segundo uma gerente do Banco do Brasil, os trabalhadores *sobreviventes* ainda têm dificuldades em assimilar a situação atual:

> [...] entre os funcionários, ainda existem aqueles que não conseguiram entender que as coisas estão mudando; esses ainda se chocam. Hoje mesmo teve uma reunião onde a gente falou para eles o que o banco estava fazendo. Muitos ficaram chocados, porque não é mais aquele emprego para toda a vida. Você entrava e sabia que ia se aposentar ali. Hoje, se você não produzir, você vai ser mandado embora. E tem muita gente que ainda não se conscientizou disso, que o banco mudou, é como um banco privado.[47]

O depoimento da gerente do Banco do Brasil exprime com precisão a lógica privatista que, nos dias de hoje, adquire proeminência e permeia as estratégias gerenciais e os ambientes de trabalho dos bancos que se mantêm estatais. De fato, *sendo instrumentos de um poder estatal crescentemente subordinado aos interesses do grande capital privado transnacional, esses bancos incorporam, cada vez mais visivelmente, a dinâmica e a lógica de expansão das grandes empresas privadas*. Nestes locais de trabalho, as formas atuais da dominação capitalista concretizam-se e reproduzem-se em programas de "qualidade total" e de "remuneração variável", cujos princípios e diretrizes são impostos cotidianamente aos trabalhadores.

Evidentemente, a transformação violenta da situação de trabalho pode afetar gravemente a saúde do trabalhador. No caso dos bancários do Banco do Brasil e de outros bancos estatais, a perda repentina da expectativa profissional e a ameaça concreta do desemprego, a intensidade da pressão por produtividade, a sobrecarga de trabalho e as relações competitivas nos ambientes laborais ocasionaram experiências profundamente dolorosas de desgaste mental, expressas de modo inequívoco na realidade de mais de 20 suicídios de funcionários do Banco do Brasil, no período entre 1995 e 1996. Para o conjunto dos trabalhadores do setor, a automatização acelerada e os métodos *flexíveis* de acumulação de capital, que mudam radicalmente a organização e o conteúdo das atividades e precarizam empregos e salários, potencializam enorme sofrimento físico, mental e social.

A realidade do trabalho bancário: medo, ansiedade, suicídio

Diversos estudos relacionam momentos de crise econômica ou de transformações intensas nos processos de trabalho com problemas de saúde. Edith Seligmann-Silva assinala que doenças cardiovasculares, distúrbios mentais, taxas de suicídio e homicídio tendem a aumentar em situações de recessão. Tratando do que chama de *psicopatologia da recessão*, a autora analisa o sofrimento não somente daqueles que perderam o emprego, mas também daqueles trabalhadores que, mantendo vínculos empregatícios sob a constante ameaça de demissão, sujeitam-se a formas brutais de exploração do trabalho e vivem relações cotidianas tensas e competitivas nos ambientes laborais (Seligmann-Silva, 1994).

Com efeito, a violência da reestruturação capitalista torna mais dramáticas as condições de existência da classe trabalhadora. Confrontando-se com políticas de liberalização econômica e desregulamentação que desmontam as instituições reguladoras da sociedade, assistindo à adoção de formas de racionalização produtiva que resultam na hipertrofia de uma população trabalhadora supérflua às necessidades do capital, a classe-que-vive-do-trabalho (Antunes, 1999) experimenta de modo extremo sua condição estranhada e alienada e sofre maiores abalos na sua condição de saúde.

Segundo o médico do trabalho Dominique Huez, a precarização social contemporânea gera uma "patologia da pobreza", manifesta em problemas de saúde decorrentes ou agravados pela exclusão social e degradação das políticas públicas de saúde. Observa-se, por exemplo, a crescente incidência de pequenos processos infecciosos que assumem feição catastrófica por falta de atendimento médico conveniente, assim como o ressurgimento de doenças consideradas superadas, como a tuberculose. Quanto aos trabalhadores, a atual precarização alia-se à organização do trabalho como fator de desgaste da saúde. O autor assinala a acentuação de problemas na esfera psicossomática, como doenças gástricas, infecções respiratórias, problemas reumatológicos, além das numerosas LERs, ligadas à hipersolicitação articular. Para os segmentos precarizados da classe trabalhadora, os danos à saúde são mais importantes, como evidencia a análise de Huez, podendo conduzir a problemas respiratórios, cutâneos e neurológicos, em curto prazo, e a cânceres, doenças neurotóxicas e de reprodução, a longo prazo (Huez, 1997, pp. 17-26).

Sobre as conseqüências da precarização do trabalho e da saúde na esfera psíquica, o estudo aponta um aumento expressivo do desgaste mental dos trabalhadores em momentos de crise. Com efeito, sendo uma vivência individual, o sofrimento psíquico adquire significação como fenômeno social quando atinge parcelas crescentes da população. Huez constata um grave aumento na proporção de trabalhadores atingidos recentemente por problemas de ansiedade, depressão e perturbações do sono.

Entre os bancários do Banco do Brasil, intenso sofrimento físico e psíquico tem acompanhado o processo de reestruturação no banco, produzindo medo, insegurança e tensão nos locais de trabalho. Os bancários entrevistados, presentes no VII Congresso dos Funcionários do Banco do Brasil, apontaram problemas de saúde, quase unanimemente, ao relacionar a mudança institucional com suas condições de trabalho. Com efeito, 82% referem-se a doenças profissionais — especialmente as resultantes de LERs — e a problemas relacionados à saúde mental, como estresse, depressão, angústia, tensão, alcoolismo etc. Jornadas de trabalho longas e extenuantes, ritmo intenso e sobrecarga de trabalho foram aspectos referidos pelos trabalhadores como fatores agravantes de suas condições de saúde.

As repercussões das atuais condições de trabalho no Banco do Brasil sobre a saúde dos trabalhadores foram assim abordadas nos depoimentos de bancários entrevistados, a partir de sua percepção e experiência de trabalho na instituição, em grandes agências de São Paulo:

> Se tiver outro PDV, vai sair muita gente. Olha, agência cheia todo dia, filas e mais filas. O caixa, hoje, que hora será que esse caixa pode sair? Dia 1º o pessoal fechava o caixa às cinco e meia, no máximo às vinte para as seis estava indo embora. Hoje, às 7 horas, quase todo dia, o pessoal ainda está fechando o caixa. Isso é uma pressão psicológica. O pessoal tem 20, 25 anos de banco.[48]

> [...] tem muita gente que pirou de vez. Por exemplo, o pessoal que trabalhava no CESEC, quando soube que ia ser transferido para agência, teve gente que pirou, pre-

cisou de tratamento. Eu conversei com pessoas que começaram a ter problemas sérios de depressão.[49]

Na minha agência, não teve lista de excedente, está faltando funcionário. Em São Paulo, de maneira geral, não houve lista de excedente. Isto houve mais no interior. Tanto é que veio gente de fora para cá. Tem gente do Ceará, do interior de São Paulo, que todo final de semana volta para casa, viaja 500 quilômetros. Vivendo em república, de cabelo branco, com filho e vivendo em república, empurrando o tempo com a barriga, esperando a aposentadoria.[50]

Tem gente que não quer mais pensar em nada, fica ali trabalhando e fazendo de conta que daqui a pouco passa. Tem uma parcela que não quer enxergar mais nada. E tem gente que está se preparando para sair. Ou estudando para outros concursos, ou buscando outro tipo de atividade, se especializando em outra coisa. Esta parcela está mais preparada para sair. O outro grupo não quer nem saber, está quietinho esperando passar.[51]

Seligmann-Silva (1994) examina mecanismos psicológicos ou de condutas por meio dos quais os trabalhadores se defendem de situações ou condições de trabalho penosas ou de risco a sua integridade física e saúde psicossocial. Baseada em estudos da teoria psicanalítica, a autora explica que tais defesas se desenvolvem "num *continuum* que vai do inconsciente ao consciente", em circunstâncias nas quais o trabalhador se defronta com sentimentos de impotência para o enfrentamento de situações ameaçadoras. A negação de uma realidade penosa, a repressão de sentimentos de medo, a adesão ao discurso empresarial de modernidade e segurança das condições atuais de trabalho constituem-se em mecanismos psicológicos de defesa contra o sofrimento mental, que podem fortalecer a dominação capitalista. Com efeito, ao dificultarem uma análise objetiva da situação laboral vivenciada e, por conseguinte, a luta coletiva dos trabalhadores pela transformação das condições que originam o sofrimento, tais mecanismos tornam-se funcionais para o capital.

Ao deter-se sobre o *medo* como um aspecto concreto da realidade de trabalho, que atinge todos os tipos de atividades profissionais, Dejours enfatiza as estratégias defensivas dos trabalhadores para controlá-lo e neutralizá-lo. Estudando o caso de categorias profissionais expostas a riscos relacionados à integridade física (como as da construção civil e de indústrias químicas), o autor analisa "a pseudoinconsciência do perigo" como originada de um sistema defensivo cuja *eficácia simbólica* é assegurada coletivamente pelo respeito a suas instruções implícitas:

> Ninguém pode ter medo. Ninguém deve demonstrá-lo. Ninguém pode ficar à margem deste código profissional. Ninguém pode recusar sua contribuição individual para o sistema de defesa. [...] A ideologia defensiva é funcional em nível do grupo, de sua coesão, de sua coragem, e é funcional também em nível de trabalho; é a garantia da produtividade (1987, pp. 71-72).

Entretanto, as estratégias defensivas de negação de riscos e auto-repressão do medo podem ser rompidas, individualmente, pela ocorrência de situações que explicitam e concretizam o perigo, como, por exemplo, acidentes de trabalho (Seligmann-Silva, 1994). Entre os bancários que exercem atividades nas agências, o medo, muitas vezes oculto por mecanismos psicológicos de defesa, ressurge com nitidez quando da ocorrência de assaltos e agressões com armas, que ameaçam diretamente sua integridade física.

As seqüelas psíquicas nos bancários cujos locais de trabalho foram assaltados manifestam-se, muitas vezes, por longo tempo após a ocorrência. Perturbações do sono, ansiedade, sobressaltos e crises de taquicardia ante qualquer movimento ou ruído estranho na agência e medo intenso de que se repita o episódio foram sintomas de desgaste mental apresentados por trabalhadores entrevistados por Seligmann-Silva (1985). Alguns bancários vítimas de assaltos são acometidos de uma neurose traumática, cujos sintomas se intensificam ao longo do tempo, manifestando-se como ansiedade permanente e podendo evoluir para quadros de hipocondria ou descompensação do tipo depressivo (Silva Filho, 1993).

Mas o medo e a ansiedade não degradam apenas a saúde dos trabalhadores que enfrentam situações de perigo na labuta cotidiana. Eles desgastam, de modo progressivo, a saúde mental daqueles vinculados a atividades marcadas pelo controle rigoroso e pela imposição de metas de produtividade, nas quais as relações laborais estão impregnadas de ameaças de demissão ou restrições salariais aos trabalhadores considerados menos produtivos. Nos bancos, o sofrimento psíquico causado pelo controle, pressão e intensidade do trabalho agrava-se pela exigência de altos níveis de concentração e atenção na execução das atividades. Com efeito, o medo do erro permeia o cotidiano de grande contingente de bancários que lidam com valores alheios e arcam, financeiramente, com quaisquer equívocos na realização da tarefa diária. A fadiga mental, após a jornada de trabalho, foi assim referida em depoimento de uma bancária-caixa:

> O problema é a pressão psicológica, você às vezes fica cansado mentalmente, com tanto número. [...] Por exemplo, às vezes você tem muita responsabilidade, você está num setor em que você tem muita responsabilidade, você

> sozinha. Então, você vai para casa pensando: "Será que eu apliquei o dinheiro de tal fulano?", essa pressão. Você vai para casa com aquilo na cabeça, se você fez tudo certinho, se você não esqueceu nada parado nas gavetas, essas coisas. Eu fico ali, com muito cuidado para não errar, presto bastante atenção, se precisar eu confiro umas duas ou três vezes [...].[52]

O trabalho bancário é fonte importante de desgaste da saúde física e mental dos trabalhadores. Na primeira metade do século XX, os problemas de saúde mais freqüentemente diagnosticados entre os bancários eram a tuberculose e a chamada "psiconeurose bancária", como informa Letícia Canêdo. Segundo a autora, 23% dos bancários de São Paulo eram portadores de tuberculose em 1938, ao passo que a "psiconeurose bancária" foi diagnosticada em 259 trabalhadores do Rio de Janeiro em 1942, tendo os sintomas assim descritos na época: "[...] afeta as funções do cérebro, dando fraqueza, dificuldade de concentrar a atenção, dor de cabeça e irritabilidade. Surgem insônias e fobias de várias espécies. [...] O sintoma que domina é a angústia ou excesso de escrúpulo" (Canêdo, 1978, p. 43).

O processo de racionalização e automatização do trabalho bancário, desde a década de 60, produziria novos riscos para a saúde do trabalhador. Nos anos 80, o ritmo intenso e a sobrecarga de trabalho, o prolongamento da jornada estabelecida, a pressão por produtividade e as formas de controle exercidas, a grande carga de responsabilidade (em razão da manipulação de valores alheios, direta ou indiretamente), o acúmulo de funções, a exigência dos clientes em caso de atendimento ao público foram algumas das fontes laborais de cansaço e tensão no trabalho bancário, apontadas em pesquisa realizada por Seligmann-Silva et al. (1985).

Analisando o modo como as condições de trabalho repercutem na saúde psicossocial e psicossomática dos trabalhadores bancários, em um contexto de intensificação da mudança tecnológica e organizacional nos bancos, os pesquisadores relacionam a automatização do trabalho e o aumento do controle sofrido pelo trabalhador aos níveis de tensão e desgaste mental observados nos ambientes laborais:

> Quanto mais automatizado o processo e, quanto maior o número de procedimentos, regras, determinações para os atos laborais e condutas no ambiente de trabalho, maior esta tensão. [...] o controle excessivo e permanente é capaz de conduzir, inclusive, a modificações de personalidade, que se refletem sobre as características da vida afetiva do trabalhador: a rigidez passa a fazer parte do modo de ser da pessoa, ocorrendo um embotamento afetivo que se instala gradualmente e que termina por alterar profundamente as relações interpessoais do trabalhador [...]. Isto ocorre simultaneamente a um aumento crescente de isolamento social, fazendo parte de um processo todo de alienação que vai se instalando, muitas vezes, sem que o indivíduo perceba (idem, op. cit., p. 154).

Em estudo sobre as condições de saúde do trabalhador bancário no Rio Grande do Sul, na década de 90,[53] constatou-se que a ampla maioria dos entrevistados[54] considera repetitiva e cansativa a atividade que realiza. Grandes exigências cognitivas de atenção e memorização, o alto grau de responsabilidade e o risco da atividade — possibilidade de prejuízo financeiro, doença profissional, acidente ou assalto — foram referidos como aspectos que demandam intenso esforço mental dos trabalhadores. Quanto às características ergonômicas físicas do trabalho, mais da metade dos entrevistados queixa-se de "fazer as coisas sempre do mesmo jeito", "repetir sempre os mesmos movimentos", "ficar muito tempo em posição incômoda". Tais fatores de desgaste da saúde, diretamente relacionados ao aumento do risco de *lesões por esforços repetitivos* (LERs), são mais freqüentemente apontados pelos bancários-caixas, cuja função demanda alta carga de esforço muscular.

As últimas décadas assistem a um aumento sem precedentes na incidência das LERs, que afetam músculos, tendões e articulações dos membros superiores (ombros, braços, mãos) e, eventualmente, membros inferiores e coluna vertebral (pescoço, coluna torácica e lombar) e estão vinculadas a características ergonômicas da atividade laboral.

Na pesquisa realizada no Rio Grande do Sul,[55] cerca de 53% dos bancários entrevistados declararam apresentar sintoma das LERs, o que indica sua alta incidência nos bancos, atingindo mais da metade dos trabalhadores. Entre estes, os sintomas referidos são: sensação de peso ou desconforto, dor, dormência ou cãibras, diminuição da força muscular, limitação do movimento. Caixas, digitadores, programadores, operadores, funcionários da área de compensação e recepcionistas são os mais afetados pela doença, segundo a investigação. Note-se ainda que as mulheres apresentam freqüências mais altas de sintomas, o que certamente deriva do fato de ocuparem, predominantemente, cargos que demandam maior esforço osteomuscular, como caixa e escriturário.

O estudo constata também maior presença de distúrbios psiquiátricos entre os portadores das LERs, conseqüência, segundo os pesquisadores, de uma "vivência da incapacidade e da dor". O sentimento de impotência diante da doença e, muitas vezes, o de culpa, pela limitação imposta às atividades laborais e na vida privada, além do medo da discriminação no trabalho, foram peculiaridades do sofrimento mental destes trabalhadores destacadas por dirigente sindical responsável pela

Secretaria de Saúde do Sindicato dos Bancários de São Paulo. A sensação de isolamento, em face da insensibilidade ou desconhecimento das pessoas sobre o significado e a gravidade das lesões, foi relatada por uma bancária do Bradesco, ex-cipeira, ao comentar sua experiência, em órgão da imprensa sindical: "Como a LER não é visível, as pessoas não conseguem nem imaginar a dor que a gente sente. Acham que você não tem nada, quando você já não consegue fazer as mesmas atividades. A indiferença das pessoas é uma das coisas que nos colocam mais para baixo [...]".[56]

Intenso sofrimento tem sido vivenciado pelos trabalhadores, em face dos programas de reestruturação produtiva que impregnam de medo e ansiedade os ambientes laborais. A citada pesquisa realizada no Rio Grande do Sul[57] apresenta dados que indicam alto índice de alterações psiquiátricas entre os bancários entrevistados. Segundo o estudo, cerca de 33% destes trabalhadores sofrem freqüentemente de dores de cabeça, 25% dormem mal, 22% assustam-se ou têm medo com facilidade, 56% sentem-se nervosos, tensos e preocupados, 38% sofrem perturbações digestivas, 12% consideram-se infelizes, 9% já pensaram em acabar com a própria vida.

Especialmente nos bancos estatais, onde as políticas governamentais privatizantes impõem demissões, arrocho salarial e intensificação do trabalho, agravam-se as manifestações psicopatológicas entre os trabalhadores, que se expressam muitas vezes como prostração, abatimento, depressão, alcoolização e até suicídio. É significativo observar que, entre 1993 e 1995, 72 bancários de bancos estatais suicidaram-se, de acordo com dados do Centro de Epidemiologia do Ministério da Saúde registrados por Xavier (1998).

Certamente fatores subjetivos e acontecimentos da vida privada interferiram na atitude desses bancários, que não vislumbraram sentido na continuidade de sua existência. Entretanto, vistos no conjunto, esses suicídios compõem um retrato social do drama contemporâneo do trabalho, cujo significado, como fenômeno mais totalizante, expressa o impacto de elementos da lógica destrutiva do capital e sua reestruturação produtiva sobre a vida e a saúde dos trabalhadores. Com efeito, a brutal racionalização do trabalho, as mudanças abruptas das condições e relações laborais e a precarização social — tragédias do trabalhador moderno — colocam em risco a sobrevivência e o equilíbrio psíquico de crescentes segmentos da classe trabalhadora. O depoimento de uma bancária entrevistada por Pereira exemplifica, magnífica e tragicamente, a profunda subordinação da vida humana e suas necessidades aos imperativos da expansão capitalista: "Me deu uma crise doida, eu falei assim: acho que não adianta mais. Eu acho que o negócio é morrer. Então fiquei pensando: olha, se eu morrer meu marido pega o seguro, aí resolve a parte financeira... Sabe, eu fiquei pensando assim: sair do cenário, porque o banco já não me queria" (Pereira, 1996, p. 135).

O longo relato de uma sindicalista, responsável pela Secretaria de Saúde da Confederação Nacional dos Bancários, ilumina os impasses da ação sindical diante de manifestações trágicas de sofrimento no trabalho, que tomam muitas vezes a aparência de problemas meramente individuais:

> No Banco do Brasil, especificamente, aconteceram muitos suicídios nesta época de PDV, de fechamento de agência, acho que em torno de 25. Inclusive eu estive em uma agência em Fortaleza em que o vice-presidente da CIPA havia se suicidado pouco antes da realização da Semana Interna de Prevenção de Acidentes no Trabalho (SIPAT). Ele tinha se suicidado e deixado uma mensagem que era um repúdio a tudo o que estava acontecendo; a saída,

para ele, era o suicídio. E você conseguir fazer propostas de transformar o sofrimento numa ação de transformação fica mais difícil. A questão da solidariedade entre os colegas fica difícil. É muito difícil você conseguir fazer o debate de que é importante você não ficar sozinho na depressão, mas enfrentar a questão de uma forma mais coletiva. A gente teve um caso, no ano passado, de uma bancária do Banco do Brasil que era do Nordeste e tinha vindo morar em São Paulo. E ela estava já num quadro psicótico, pedindo dinheiro emprestado para as empresas para cobrir a conta dela, por exemplo. O banco estava com processo administrativo para demitir a funcionária. Acontece que ela havia tido uma briga com o chefe que lhe causou uma lesão cerebral, ela ficou com tremor num lado do corpo, tremia perna, braço, daquele lado, e ela estava sofrendo um processo de demissão, quando veio até a gente. Então, o doutor Nassib conseguiu provar que aquela lesão estava relacionada com a briga com a chefia, que aquela coisa de ela estar pedindo dinheiro para as empresas não era má-fé, mas sintoma de um quadro psicótico. Fez todo um resgate da sua trajetória desde que ela havia chegado em São Paulo e de tudo o que ela havia sofrido pela transformação do ambiente como gerador daquele quadro. E conseguiu que ela, ao invés de ser demitida, fosse aposentada por invalidez, por causa do acidente. Então, foi bastante importante isso, porque foi um caso raro em que se conseguiu relacionar saúde mental com o trabalho. A gente consegue demonstrar este nexo com mais facilidade quando o caso está relacionado a assalto.[58]

No âmbito da reestruturação capitalista contemporânea e de suas formas brutais de precarização social, o cotidiano laboral dos trabalhadores bancários é marcado pela insegurança, pelo estresse e pelo medo. O sofrimento psíquico desses trabalhadores, derivado do controle, da pressão por produtividade, da intensidade do trabalho, do medo de erro e de demissão, das relações de competição e rivalidade nos ambientes laborais, desgasta sua saúde mental, muitas vezes de modo inelutável, "contaminando" seu tempo livre. As LERs — esta síndrome do mundo produtivo na era da eletrônica — atingem imenso contingente de bancários, degradando sua saúde física e repercutindo sobre sua vida psíquica. Neste quadro, o crescente índice de suicídios de trabalhadores empregados nos bancos é revelador do alcance destrutivo do atual processo de reorganização do capital e de suas formas de destruição da subjetividade do trabalho.

As relações de dominação constitutivas do capitalismo aprofundam-se com os padrões contemporâneos de racionalização do trabalho. Nos bancos, uma intensa ofensiva ideológica persegue a *integração* do bancário ao ideário patronal, de tal modo que ele se represente, como elemento do processo produtivo, não mais como encarnação do trabalho assalariado que se defronta antagonicamente ao capital, mas como o próprio capital personificado. As relações de poder ficam mistificadas e obscurecidas pelos mecanismos que esvaziam o controle burocrático do trabalho e atribuem às leis do mercado imperativos de produtividade e competência. Sob as normas da "competitividade" e da "excelência no atendimento", diante de múltiplas exigências de atributos e capacitações, os bancários seguem realizando atividades empobrecidas de conteúdo, sujeitas a imposições de qualidade e produtividade, segundo os atuais valores de mercado.

As formas dramáticas da sociabilidade contemporânea, submetida aos movimentos cada vez mais excludentes e desumanizadores do capital, concretizam-se, para os trabalhadores bancários, na precarização do emprego, intensificação e maior controle do trabalho, degradação das condições laborais e de saúde. Na realidade de desregulamentação da economia, aumento drástico dos níveis de desemprego estrutural e desmontagem de direitos sociais e de trabalho, muitos bancários vivem a insegurança e o medo no cotidiano laboral e sujeitam-se a uma brutal exploração do trabalho. Jornadas extenuantes, ritmo intenso e sobrecarga de tarefas, ambientes laborais marcados pela ansiedade e tensão desestruturam relações solidárias entre companheiros de trabalho, desgastam a saúde física e mental, intimidam ações individuais e coletivas de resistência.

É sobre as possibilidades da luta sindical e da resistência dos trabalhadores bancários, no contexto da reestruturação contemporânea do capital e suas manifestações nos bancos, que nos deteremos no capítulo a seguir.

Notas

[1] Ao analisar o efeito desestabilizador da mundialização financeira nos sistemas bancários nacionais e nas condições de trabalho dos assalariados, Plihon apresenta o exemplo dos bancos franceses, cuja participação no financiamento da economia foi reduzida de 64,6%, em 1985, para 22,6% em 1993. Quanto ao emprego bancário na França, seguiu um movimento de contínua diminuição entre 1987 e 1993 (Plihon, 1999, pp. 126-27).

[2] Entrevista com dirigente de base do Sindicato dos Bancários de São Paulo, funcionário do Banco do Brasil, realizada pela autora em junho de 1997.

[3] Entrevista com assessor sindical, sociólogo, coordenador da Secretaria-Geral do SEEB-SP, realizada pela autora em novembro de 1997.

[4] Entrevista com gerente de informática de um banco estatal realizada em julho de 1996, in Segnini, 1998b, p. 230.

[5] Entrevista com gerentes de agência de um banco estatal realizada em novembro de 1996, in Segnini, op. cit., pp. 230-31.

[6] A classificação de raça/cor utilizada no estudo do Datafolha é questionada por entidades e movimentos que combatem a discriminação racial e consideram como população de origem negra também os grupos classificados como pardos/mulatos. De acordo com esta interpretação, 9% dos bancários brasileiros seriam negros.

[7] No banco estatal objeto do estudo de Segnini, dentre os 20% de assalariados com formação superior em 1993, 55% eram mulheres. Em contrapartida, 76% dos cerca de 11 mil cargos comissionados no banco — que requerem maior grau de qualificação e supõem funções de direção, gerência ou supervisão — eram ocupados por homens, resultando em aguda desigualdade salarial entre gêneros. De fato, as bancárias têm remuneração média 20%

menor que os companheiros de trabalho com o mesmo tempo de banco, segundo a pesquisa (Segnini, 1998a, pp. 119 e 124-25).

[8] Entrevista realizada por Segnini (op. cit.) em 1993.

[9] Entrevista com gerente de expediente do Banco do Brasil realizada pela autora em outubro de 1997.

[10] Entrevista com ex-delegada sindical do Banco do Brasil realizada pela autora em junho de 1998.

[11] Uma análise crítica dos atuais processos educacionais e de qualificação da força de trabalho encontra-se também em Aued (1999).

[12] "A pedra de toque para empresas competitivas", *Revista Unibanco*, nº 266. São Paulo: Unibanco, mar., 1997.

[13] *Informativo AGIR Bem 97/98 — Super Ação*. São Paulo: Itaú, jul., 1997.

[14] "Do início ao topo da carreira", *Revista Unibanco*, nº 278. São Paulo: Unibanco, maio-jun., 1998.

[15] "A força do treinamento", *Revista Unibanco*, nº 272. São Paulo: Unibanco, set., 1997.

[16] P. Rolle, "Du producteur", in *La provocation: hommes et machines en société*. Paris: Cesta, 1985, apud Hirata, 1999.

[17] Segnini (1998b, pp. 242-44) cita, entre outras, as seguintes habilidades e atitudes tidas como ideais para o exercício da função de gerente em um banco privado estrangeiro: ter "jogo de cintura", saber equilibrar os interesses do banco com os do cliente, ter percepção aguçada, ser ambicioso, polido, transmitir confiabilidade. Já para os caixas, alguns dos atributos ideais seriam: rapidez, eficiência, equilíbrio, amabilidade.

[18] Entrevista com gerente de planejamento de carreira em um banco privado estrangeiro realizada por Segnini (op. cit.).

[19] Entrevista com diretor de base do Sindicato dos Bancários de São Paulo, funcionário do Bradesco, realizada pela autora em junho de 1997.

[20] T. Tadeu da Silva, "Novas tecnologias e relações estruturais entre educação e produção", *Cadernos de Pesquisa*, nº 87. São Paulo, nov., 1993, apud Ferretti et al., 1999.

[21] Para um estudo aprofundado da teoria marxiana da alienação e da distinção entre seus conceitos de alienação e estranhamento, consultar Ranieri (2000).

[22] Entrevista com gerente de empresas do Sudameris realizada pela autora em novembro de 1998.

[23] Entrevista com gerente de expediente do Banco do Brasil realizada pela autora em outubro de 1997.

[24] Op. cit.

[25] Entrevista com gerente de empresas do Sudameris realizada pela autora em novembro de 1998.

[26] Entrevista com gerente de planejamento de carreira de um banco privado estrangeiro realizada por Segnini (1998b).

[27] Entrevista com bancário do Banco do Brasil, escriturário, ex-delegado sindical, realizada pela autora em outubro de 1997.

[28] Entrevista com gerente de expediente do Banco do Brasil realizada pela autora em outubro de 1997.

[29] Entrevista com o secretário de Estudos Socioeconômicos do Sindicato dos Bancários de São Paulo, funcionário do Itaú, realizada pela autora em junho de 1997.

[30] Entrevista com bancária do Bradesco, na função de caixa B, realizada pela autora em dezembro de 1998.

[31] M. Foucault, *Vigiar e punir*. Petrópolis: Vozes, 1977, apud Venco, 1999.

[32] Como já assinalamos, o termo é utilizado para denominar o compartimento ao qual os animais são recolhidos nas cavalariças ou estábulos (Venco, op. cit.).

[33] O termo "autenticação" refere-se a cada uma das operações efetuadas pelo bancário-caixa no processo de atendimento, ou seja, depósitos, pagamentos, entrega de talonários, saldos etc.

[34] Entrevista com o secretário de Estudos Socioeconômicos do Sindicato dos Bancários de São Paulo realizada pela autora em junho de 1997.

[35] Entrevista com dirigente sindical de base, bancária-caixa do Banco do Brasil, realizada pela autora em junho de 1997.

[36] Entrevista com bancária do Bradesco, exercendo a função de caixa B, realizada pela autora em dezembro de 1998.

[37] Entrevista com bancária do Bradesco, exercendo a função de caixa C, realizada pela autora em dezembro de 1998.

[38] A chamada Lei das 6 Horas (Decreto-Lei nº 23.322, de 3/11/1933) respondia às reivindicações e lutas dos bancários e demais trabalhadores pela melhoria das condições de vida e trabalho, quando as jornadas laborais diárias estendiam-se, muitas vezes, por mais de 12 horas (ver Canêdo, 1978, p. 40). Apesar de impor limites aos movimentos de exploração do trabalho naquela etapa do desenvolvimento capitalista brasileiro, a efetiva aplicação da lei e a luta contra as jornadas extenuantes mantêm-se como tema relevante na ação sindical bancária.

[39] Os bancários que exercem funções de direção, gerência, fiscalização, chefia ou que desempenham cargos considerados "de confiança" não usufruem da jornada diária de seis horas. Estes funcionários — detentores de cargos chamados de "comissionados", por receberem gratificação de valor nunca infe-

rior a um terço do salário do cargo efetivo — têm a duração normal do trabalho acrescida de duas horas diárias.

[40] Banco do Brasil, *Informe BB-Reservado*, nº 56. Brasília, 9 jul., 1996.

[41] Op. cit.

[42] Mesmo perdendo, com o Plano Real, as receitas advindas da "ciranda financeira" em contexto de economia hiperinflacionária, os conglomerados financeiros, especialmente os privados, mantêm altos níveis de rentabilidade, conforme já assinalamos. Segundo levantamento da consultoria Austin Asis em 210 bancos brasileiros, as instituições obtiveram lucro líquido de 2,309 bilhões de reais em 1994, 2,196 bilhões de reais em 1995 e 2,426 bilhões de reais no primeiro semestre de 1996 ("Bancos mantêm a rentabilidade de 1995", *Folha de S. Paulo*, 20 out., 1996, pp. 2-6).

[43] Como informamos no segundo capítulo, em dezembro de 1999 os bancários estavam reduzidos a pouco mais de 400 mil, segundo levantamento do Dieese (2000a). Em abril de 2001, ainda conforme estimativa do Dieese, o estoque de empregos nos bancos era de 389.218.

[44] *Folha Bancária Diária*, nº 3.668. São Paulo: Sindicato dos Bancários de São Paulo, 4 set., 1996.

[45] Entrevista com assessor sindical, sociólogo, coordenador da Secretaria-Geral do Sindicato dos Bancários de São Paulo, realizada pela autora em novembro de 1997.

[46] 74% dos entrevistados, na ampla maioria do sexo masculino (71%), trabalharam por mais de 16 anos no banco, e 86% têm mais de 36 anos de idade, muitos com nível de escolaridade superior (42%) e alguns com pós-graduação (3%).

[47] Entrevista com gerente de expediente do Banco do Brasil realizada pela autora em outubro de 1997.

[48] Entrevista com escriturário do Banco do Brasil, ex-delegado sindical, realizada pela autora em outubro de 1997.

[49] Entrevista com gerente de expediente do Banco do Brasil realizada pela autora em outubro de 1997.

[50] Entrevista com escriturário do Banco do Brasil, ex-delegado sindical, realizada pela autora em outubro de 1997.

[51] Op. cit.

[52] Entrevista com caixa B do Bradesco realizada pela autora em outubro de 1998.

[53] Sindicato dos Bancários de Porto Alegre e Federação dos Bancários do Rio Grande do Sul (1997).

[54] Foram entrevistados cerca de 22% dos bancários do Rio Grande do Sul, dos quais aproximadamente 91% originários de bancos estatais.

[55] Sindicato dos Bancários de Porto Alegre e Federação dos Bancários do Rio Grande do Sul (op. cit.).

[56] *Raios*, jornal estadual dos funcionários do Bradesco e BCN. São Paulo: Sindicato dos Bancários de São Paulo, maio-jun., 1998.

[57] Sindicato dos Bancários de Porto Alegre e Federação dos Bancários do Rio Grande do Sul (op. cit.).

[58] Entrevista com secretária de Saúde da Confederação Nacional dos Bancários, bancária do Banco do Brasil, realizada pela autora em junho de 1997.

Capítulo 4

Práticas de resistência e estratégias defensivas no sindicalismo bancário

Os movimentos contemporâneos de tecnicização e reorganização do trabalho revelam dimensões econômicas — como processos de transformação produtiva para maior valorização do capital —, mas também políticas e ideológicas. De fato, os mecanismos capitalistas criados para obstaculizar práticas de resistência dos trabalhadores, assim como as estratégias empresariais de poder que objetivam a submissão, a disciplina e a integração ideológica nos ambientes laborais, são igualmente expressões do processo historicamente constituído que subordina o trabalho ao capital. Em contrapartida, a tais movimentos opõe-se a resistência da classe trabalhadora contra a exploração capitalista. Este é o fundamento do processo contraditório que integra fatores subjetivos e objetivos e constitui as relações de dominação e antagonismo entre classe proprietária e trabalho assalariado no regime capitalista de produção.

Com efeito, os desdobramentos e as particularidades das formas históricas por meio das quais o capital assegura sua reprodução resultam, em grande medida, desse movimento antagônico entre classes sociais. Na atualidade, a brutal racionalização do trabalho, apoiada na teleinformática, recria em novas bases as condições de domínio do capital sobre o trabalho. Os atuais padrões de organização produtiva, fundados na flexibilidade de processos e mercados de trabalho, combinam as modalidades clássicas de apropriação da mais-valia — absoluta e relativa —, agudizando fragmentações e desigualdades no interior da classe trabalhadora, deteriorando suas condições de vida e trabalho e contribuindo para um aumento dramático dos níveis de desemprego e subemprego.

Longe de solucionar as tradicionais cisões que discriminam sexo, etnia, cor e privilegiam a força de trabalho masculina e branca no mercado de trabalho, os atuais métodos produtivos criam novas formas de fragmentação. Diferenças marcantes nas condições de emprego, carreira e remuneração separam os trabalhadores contratados formalmente daqueles com precário vínculo empregatício, subcontratados por processos de terceirização, emprego temporário ou em tempo parcial. Ao mesmo tempo, a destruição veloz de postos de trabalho, assim como a queda generalizada dos rendimentos do trabalho assalariado, realimenta o imenso segmento da população mundial empobrecido e marginalizado pelos movimentos excludentes do capitalismo contemporâneo.

Como assinala Alain Bihr, a fragmentação no seio do trabalho assalariado não é nenhuma novidade. Desde os primórdios do capitalismo, coexistem duas tendências contraditórias nas relações de produção: a de homogeneização da capacidade viva de trabalho, que se incorpora ao capital como trabalho humano abstrato, cujo conteúdo particular é indiferente, e a de heterogeneização, que se manifesta em desigualdades nas condições salariais e de emprego, entre homens e mulheres, qualificados e não qualificados, nacionais e estrangeiros, brancos e negros etc. Segundo a análise do autor, sob o fordismo,

> a tendência à homogeneização dos *status* entre o proletariado triunfou sobre as heterogeneidades constantes [...] especialmente devido à redução tendencial do trabalho proletário a um trabalho simples, ao desenvolvimento das garantias de emprego em um contexto de crescimento contínuo e sustentado, ao desenvolvimento dos contratos coletivos que homogeneizavam as situações individuais e locais, à mensalização do salário operário, à extensão da assistência social, etc.

Deste processo, resultou o operário-massa, "forma especificamente fordista de homogeneização do proletariado" (Bihr, 1998, p. 99).

Na atualidade, as transformações no modo pelo qual o capital se reproduz impõem formas de flexibilização do trabalho que disseminam a instabilidade e a fragmentação no interior da classe trabalhadora. De acordo com Bihr, tais modificações "operam um *verdadeiro trabalho de destruição* em relação ao modelo social-democrata do movimento operário", lançando novos desafios ao sindicalismo, agora confrontado com uma base social profundamente heterogênea.

O sindicalismo em crise

As transformações que agitam o mundo produtivo compõem uma contextualidade política, social e econômica de intensa mobilidade e concentração do capital, hegemonizada por princípios e programas de ação neoliberais. Construída desde final dos anos 70, a partir de governos conservadores de países da Organização para Cooperação e Desenvolvimento Econômico (OCDE) e dos EUA, a hegemonia neoliberal veio se consolidando em diversos países de capitalismo periférico, como o Brasil, ao longo dos anos 90. As experiências neoliberais, praticadas com variantes distintas em grande parte do globo terrestre, aumentaram extraordinariamente os níveis de pobreza, ampliaram a heterogeneidade entre os povos e a dependência do capitalismo periférico e semiperiférico e aprofundaram a concentração da riqueza privada. Para a classe trabalhadora, a reestruturação capitalista neoliberal traduz-se em desemprego e precarização do trabalho, com intensa repercussão sobre suas históricas formas de luta contra a exploração do capital.

Ao analisar as possibilidades de resistência dos trabalhadores em face das formas atuais de acumulação de capital, Andy Danford assinala a contradição entre a ideologia do "trabalhador compromissado e capacitado", largamente difundida nas empresas e em estudos defensores das novas modalidades produtivas, e o processo material de exploração e de resistência no mundo do trabalho dos anos 90. Baseado em investigação em uma fábrica fornecedora de equipamentos de aço para a indústria automobilística na Inglaterra — ex-estatal, privatizada em 1989 —, o autor examina as iniciativas gerenciais de intensificação do trabalho e seus mecanismos de mistificação, que buscam imprimir às transformações do trabalho a aparência de um processo "consensual" entre empresários e trabalhadores (Danford, 1997, pp. 107-41).

Em sua análise, Danford observa que o estilo gerencial do "'consenso' transforma-se rapidamente em coerção", quando afloram conflitos e atitudes de resistência nos ambientes laborais. Afirmando que as formas organizadas de resistência coletiva da classe trabalhadora contra o capital continuam possíveis, o autor discute seus impasses e obstáculos contemporâneos diante das transformações produtivas. Analisa as atuais condições políticas e econômicas como extremamente favoráveis ao capital e destaca o papel da legislação anti-sindical da Inglaterra como importante fator adicional de enfraquecimento das lutas dos trabalhadores ingleses (op. cit., p. 109).

Na Inglaterra, onde se desenvolveu a primeira experiência neoliberal européia, iniciada com o governo de Margaret Thatcher em 1979, foram intensamente destrutivos os impactos sobre o sindicalismo. Como parte integrante das políticas estatais de liberalização financeira, disciplina orçamentária e desmonte do Estado de Bem-Estar, o governo conservador impôs uma legislação do trabalho nefasta ao conjunto dos trabalhadores e ao movimento sindical. A nova legislação tratava de retirar encargos das empresas e direitos trabalhistas, desregulamentar o mercado de trabalho e diminuir os mecanismos de proteção ao emprego. Paralelamente, confrontava diretamente os sindicatos ao proibir greves, restringir a organização e a autonomia sindicais e dificultar a negociação coletiva (McIlroy, 1997).[1]

Sob as pressões do crescente desemprego e das estratégias anticoletivistas do Estado, o movimento sindical inglês, tradicionalmente forte e representativo, converteu-se num fenômeno minoritário e vulnerável, conforme a interpretação de John McIlroy. Nos anos 70, mais de 55% da força de trabalho estava sindicalizada, e a organização nos locais de trabalho estava disseminada e desenvolvida na Inglaterra, segundo o autor, que assinala a existência de cerca de 350 mil delegados sindicais de base naquela década. Em meados dos anos 90, os sindicatos organizavam apenas um terço dos trabalhadores e possuíam delegados sindicais de base em uma minoria de locais de trabalho (38% em 1990). Ao mesmo tempo, as taxas de sindicalização das entidades filiadas à mais importante central sindical do país, o Trade Union Congress (TUC), sofreram queda vertiginosa — diminuíram de 12,2 milhões, em 1979, para 6,9 milhões em 1994 (idem, op. cit., pp. 51-55).

A análise de McIlroy aponta, ainda, a repercussão deste processo de debilitamento da organização sindical dos trabalhadores ingleses sobre suas lutas coletivas de defesa da classe. A negociação coletiva teve o alcance reduzido substancialmente — de 71% dos assalariados, em 1984, para 54% em 1990 —, enquanto diminuíram rápida e ininterruptamente os movimentos grevistas. De fato, a média anual de greves nos anos 70 era de 2.412, segundo os dados do autor, ao passo que, na primeira metade dos anos 80, caía para 1.276, seguindo neste movimento de forte declínio no decorrer da década de 90.[2]

Este ambiente de desmobilização não era exclusivo do sindicalismo inglês. Ao contrário, na década de 80, ele se expandia para a maioria dos países capitalistas industrializados, onde se difundiam intensamente as políticas neoliberais e as experiências de reestruturação produtiva. Uma aguda crise afetava as ações reivindicativas e conflituais dos trabalhadores e seus organismos sindicais naqueles países, representada concretamente na queda drástica da quantidade de greves realizadas e numa acentuada tendência de diminuição dos níveis de sindicalização. Na Europa Ocidental, a quantidade de sindicalizados decresceu de 41% para 34%, no período entre 1980 e 1989. No mesmo período, as taxas de sindicalização caíram de 30% para 25%, no Japão, e de 23% para 16%, nos EUA (Visser, 1993).

No sentido oposto, a década de 80 foi de avanços da ação sindical no Brasil. Nestes anos, observa-se um recrudescimento dos movimentos sociais no país, que se reorganizam e rearticulam na resistência ao domínio político ditatorial da burguesia, imposto desde o golpe militar de 1964. Irrompendo nas greves operárias da região paulista do ABC no final dos anos 70, o sindicalismo ressurge na cena política do país lutando contra a política econômica de arrocho salarial e reivindicando maior autonomia e liberdade de organização. Segundo o depoimento de um dirigente sindical bancário,

> A grande capacidade que o movimento sindical teve naquela época foi de, primeiro, ter tido a capacidade de dialogar com setores amplos da sociedade. Porque, na época, a gente brigava não era só por salário, pelo reajuste das perdas inflacionárias, mas tinha um sentimento social de luta cívica, de luta pela democratização do país, que nós soubemos aproveitar muito bem. Nós, bancários, nós, trabalhadores, sindicalistas ligados à CUT, ao PT, construímos esse movimento todo a partir daí.[3]

No decorrer dos anos 80, esse movimento, chamado *novo sindicalismo*, alastra-se por todo o país. Aumenta a quantidade de trabalhadores sindicalizados no campo e nas cidades, desenvolve-se a organização nos locais de trabalho e fortalece-se o sindicalismo dos assalariados médios e do setor de serviços. São criadas centrais sindicais de âmbito nacional, destacadamente a Central Única dos Trabalhadores (CUT),[4] que aglutinava as correntes e tendências sindicais vinculadas ao *novo sindicalismo*, e a Confederação Geral dos Trabalhadores (CGT), que praticava um sindicalismo tido como mais moderado e conciliador (Antunes, 1995a).[5]

As ações grevistas multiplicam-se no decorrer dos anos 80, seja assumindo a feição de greves por categorias profissionais, muitas vezes em dimensão nacional, seja se configurando como paralisações por empresas, seja, ainda, na forma de greves gerais da classe trabalhadora. Inicialmente com forte predominância do operariado industrial, o movimento grevista abrangeu trabalhadores de todos os setores produtivos. Neste contexto, os bancários realizam, em setembro de 1985, a primeira greve por categoria profissional após o golpe militar de 1964, que atingia todas as regiões do país.

Entre 1978 e 1986, os assalariados do setor de serviços, público e privado (professores, funcionários públicos, médicos, bancários etc.), foram responsáveis por 1.352 das 3.264 greves realizadas, enquanto a força de trabalho da indústria respondia por 1.604. Na segunda metade da década, intensifica-se a prática grevista, com movimentos marcados por longo tempo de duração, especialmente os desencadeados pelo funcionalismo público, responsável por 75,2% do total das jornadas de trabalho paralisadas em 1988. Apresentando-se de modo distinto e atingindo categorias profissionais com diferentes condições de vida e trabalho, as greves da década de 80 tiveram em comum a centralidade na luta por melhores salários, contra a *superexploração do trabalho*, conforme a interpretação de Antunes (op. cit.).

A crise que fragilizou o sindicalismo na maioria dos países de capitalismo avançado, ao longo dos anos 80, atinge com força o movimento sindical brasileiro somente nos anos 90. Nessa década, desenvolvem-se, no Brasil e em outros países da América Latina, algumas das condições políticas e econômicas que determinaram o refluxo das ações de resistência da classe trabalhadora em grande parte do globo terrestre. De fato, em conformidade com determinações do Fundo Monetário Internacional e do Banco Mundial, o governo brasileiro adotava um conjunto de iniciativas para implementação do projeto neoliberal no país. O programa de estabilização, ajuste e reformas institucionais que constituiu o centro da estratégia política e econômica do governo Fernando Collor (1990-1992) baseava-se em medidas liberalizantes de reforma administrativa, patrimonial e fiscal do Estado, renegociação da dívida externa, abertura comercial, liberação dos preços e desregulamentação salarial (Fiori, 1993).

Os fundamentos estratégicos e as reformas do governo Collor teriam continuidade nos governos posteriores. Todavia, a consolidação do programa neoliberal no Brasil se dá na segunda metade dos anos 90, por meio do bloco de forças conservadoras que constituiu o governo Fernando Henrique Cardoso, desde 1995. Por meio de um programa de estabilização monetária que se converteu no centro de sua política econômica — o Plano Real —, o governo FHC implementa medidas de liberalização financeira e comercial que desarticulam a estrutura industrial do país e aumentam a vulnerabilidade externa da economia brasileira.

Como na Inglaterra e em outros países capitalistas centrais e periféricos, no cerne dessas políticas estavam reformas na legislação do trabalho, objetivando criar condições cada vez mais favoráveis à dominação do capital — de um lado, mantendo e aperfeiçoando os instrumentos coercitivos do Estado para reduzir ou eliminar a força dos organismos de representação da classe trabalhadora; de outro, transferindo para o mercado as principais determinações sobre emprego e salário, em coerência com os movimentos mundiais de privatização da economia.

Neste contexto, a superexploração do trabalho — característica decisiva da dinâmica capitalista brasileira nas suas diversas etapas — apresenta-se no cotidiano laboral sob a égide da desregulamentação e da privatização, do desemprego e das políticas de precarização do trabalho. Segundo dados da "Pesquisa de emprego e desemprego", (PED), do SEADE e DIEESE (1994), a taxa de desemprego na região metropolitana de São Paulo seguia um movimento ascendente nos anos 90, com algumas pequenas variações, chegando a 18,7% do total da população economicamente ativa (PEA) em maio de 2000.

Em análise da situação recente dos trabalhadores brasileiros, Márcio Pochmann assinala que o desemprego em massa significou o ingresso adicional de quase 600 mil novos desempregados por ano na década de 90, ao mesmo tempo em que se verificava uma expansão da jornada laboral. Segundo o autor, em 1988 havia aproximadamente 12,5 milhões de trabalhadores que faziam horas extraordinárias de trabalho, ao passo que, dez anos depois, em 1998, cerca de 27,2 milhões trabalhavam além da jornada estabelecida de 44 horas semanais. Pochmann atribui este aumento de sobretrabalho a fatores derivados da atual política macroeconômica brasileira — que dissemina a insegurança e o medo do desemprego entre a população, dificultando a resistência nos locais de trabalho —, assim como à queda na participação dos rendimentos da classe trabalhadora na renda nacional. Com efeito, o autor estima em 20% a redução da renda do trabalho na década de 90, verificando-se crescente parcela de trabalhadores que possuem mais de uma ocupação para ter a sobrevivência assegurada (Pochmann, 2000).

Diante de sindicatos debilitados pela reestruturação capitalista, um conjunto de medidas vai sendo adotado para criar novas modalidades de trabalho precário e possibilitar retrocessos nos direitos trabalhistas, enfraquecer as negociações coletivas e esvaziar o papel social das entidades sindicais. A legalização do contrato temporário de trabalho, que reduz drasticamente os encargos das empresas com força de trabalho;[6] a introdução do chamado "banco de horas", com o objetivo de flexibilizar a legislação sobre horas extras, permitindo que a jornada de trabalho varie de 36 a 60 horas semanais, conforme os interesses patronais; o estímulo à contratação por intermédio de "cooperativas" de força de trabalho, nas quais os "sócios" são trabalhadores autônomos, sem vínculo empregatício e quaisquer direitos trabalhistas assegurados, são alguns dos mecanismos atuais de precarização do trabalho e de exclusão de direitos conquistados nas lutas da classe trabalhadora, mecanismos esses regulamentados recentemente por medidas provisórias, emendas constitucionais ou portarias do Ministério do Trabalho, que vão compondo pouco a pouco o modelo neoliberal para o trabalho no país.

Quanto à política salarial, permanece, na essência, o padrão concentrador de renda que tem marcado a acumulação capitalista no Brasil. Todavia, diferentemente dos modelos de intervenção do Estado no mercado de trabalho, construídos nos anos 30 e na ditadura militar do pós-64, na atualidade o espaço social de determinação dos salários passa a ser prioritariamente o mercado, em conformidade com a lógica neoliberal.

Com efeito, um importante instrumento da ofensiva neoliberal contra o trabalho é a instituição da chamada "livre negociação" salarial. Em um quadro de índices crescentes de desemprego e subemprego e de redução da capacidade de luta sindical e política da classe trabalhadora, tal política produz a deterioração das condições salariais e de trabalho. No mesmo sentido, o estabelecimento da participação nos lucros e resultados por medidas provisórias, reeditadas mensalmente, constitui outro mecanismo estratégico do capital que potencializa a exploração do trabalho e tende a esvaziar o papel dos sindicatos. Isso porque, *ao transferir para o âmbito das empresas a negociação de parte da remuneração — dependente de metas de produtividade preestabelecidas —, este sistema fragmenta a negociação coletiva, promove a intensificação do trabalho e busca obter a adesão dos trabalhadores aos objetivos de lucratividade das empresas.*

Simultaneamente à privatização da política salarial, o atual governo brasileiro pratica uma política extremamente autoritária e centralizadora no que se refere às ações de resistência da classe trabalhadora, quer utilizando o aparato repressivo para inibir manifestações de massa, quer intervindo para restringir o direito de greve e limitar a esfera da negociação coletiva, por meio de mecanismos de controle do movimento sindical herdados dos anos 30 e da ditadura militar. Quanto aos trabalhadores, com a capacidade organizativa afetada drasticamente pela reestruturação capitalista neoliberal em curso, não conseguem reverter tendências políticas e econômicas que degradam suas condições de vida e trabalho e debilitam a prática sindical.

No interior das empresas, as mudanças nos processos produtivos — automatização intensa, flexibilização, novas formas de controle e gestão da força de trabalho — somam-se às condições sociais, ideológicas e econômicas que marcam a contemporaneidade brasileira como fatores de refluxo da ação sindical. Sabe-se que a organização dos trabalhadores nos locais de trabalho tem-se constituído, historicamente, em um meio de resistência fundamental contra as estratégias cotidianas da dominação capitalista. Na atualidade, as fragmentações decorrentes do intenso processo de reestruturação produtiva e das novas formas de organização e contratação do trabalho, além da incessante ameaça do desemprego, obstaculizam as lutas sindicais nos ambientes laborais. Paralelamente, as atuais estratégias patronais de dominação e controle da força de trabalho mascaram os antagonismos inerentes às relações de produção capitalistas, buscando induzir os assalariados a uma incorporação prática e teórica do ideário empresarial.

Ao analisar os efeitos dos atuais métodos de racionalização produtiva sobre a resistência da classe trabalhadora, Francisco Teixeira destaca as formas precárias de contratação e as novas técnicas gerenciais como importantes fatores de exacerbação da subordinação do trabalho nos dias de hoje:

> [...] as modernas formas de contratação (subcontratação, trabalho domiciliar, trabalho por tarefas, trabalho em

> tempo parcial etc.) e de gerenciamento (trabalho de equipes, *just-in-time*, círculos de controle de qualidade etc.) da força de trabalho criam novas condições extremamente favoráveis para um maior domínio e controle do trabalho pelo capital. Com efeito, como essas formas de organização do processo de trabalho só funcionam se os trabalhadores estiverem dispostos a participar das atividades de grupo e a assumir a responsabilidade pelo seu próprio trabalho, elas são, na verdade, mediações criadas pelo capital para quebrar a resistência da classe trabalhadora e, assim, ganhar a confiança dos trabalhadores (1996, p. 65).

Este conjunto de condições, que se realimenta mutuamente, desnuda as tendências estruturais do capitalismo como regime de produção destinado, em última instância, ao aumento da riqueza abstrata e da valorização do capital. Neste cenário, conduzido pelas determinações do mercado, potencializa-se como nunca a exploração de mais-valia e aprofundam-se as desigualdades sociais. Os altos índices de desemprego e subemprego criam um imenso exército de reserva de trabalho, que se constitui em instrumento importante do controle e domínio capitalista sobre salários e emprego.

Na realidade contemporânea de agudas mudanças nas formas pelas quais o capital assegura a própria reprodução, lesivas à classe trabalhadora e ao movimento sindical no conjunto dos países capitalistas, os bancários confrontam-se com importantes entraves a sua ação de resistência. Nos ambientes laborais, predomina a sobrecarga de trabalho, enquanto a intensidade da mudança tecnológica e organizacional traz no bojo formas precárias de contratação e novas exigências de atributos e competências do trabalhador formalmente vinculado às empresas. Exacerbando a fragmentação e estimulando práticas segregadoras entre os bancários, a reestruturação nos bancos exclui do mercado de trabalho o trabalhador considerado desqualificado ou não integrado (ideologicamente) aos atuais padrões de produtividade e qualidade das instituições financeiras. Os programas de "qualidade total" e de "remuneração variável" desenvolvem um conjunto de estratégias que perseguem o envolvimento e a adesão de cada bancário ao ideário patronal, aprofundando a dominação capitalista do trabalho nos bancos.

Os mecanismos de resistência praticados pelos bancários nos sindicatos e ambientes laborais não têm sido capazes de impedir os efeitos destrutivos do intenso processo de reestruturação do trabalho nos bancos. Os atuais métodos de racionalização produtiva e as estratégias de poder recriadas nas empresas para mascarar a exploração capitalista do trabalho debilitam a organização e a mobilização dos bancários em direção a seus interesses de classe. Diferentemente dos anos 80, quando se destacou no cenário nacional de lutas contra a ditadura militar, o sindicalismo bancário da década de 90 enfrenta obstáculos para o desenvolvimento de práticas conflituais unificadoras e mobilizadoras do coletivo de trabalhadores dos bancos.

A resistência bancária na década de 80

Na década de 80, o sindicalismo bancário realizou grandes manifestações coletivas, com intensa participação dos trabalhadores e abrangendo todas as regiões do país, contrapondo-se à estrutura sindical atrelada ao Estado. Este movimento foi impulsionado pela vitória de grupos de oposição sindical nas eleições para os sindicatos de grandes centros bancários do país, como São Paulo, Porto Alegre, Belo Horizonte e Rio de Janeiro, no final da década de 70. Naquele contexto de fortalecimento das lutas sociais e políticas contra a ditadura militar, os bancários realizaram greves durante a campanha salarial de 1979 — em Porto Alegre, o movimento duraria 14 dias —, violentamente reprimidas pelo aparato policial do regime militar. Em um balanço da difícil experiência grevista de 1979, as direções sindicais atribuem às debilidades organizativas do sindicalismo bancário a derrota do movimento, buscando desenvolver sua articulação e unificação nacional (Karepovs, 1994).

Esta organização em nível nacional aprofunda-se a partir do trabalho de direções e oposições sindicais vinculadas ao "novo sindicalismo", constituídas de uma ampla maioria de trabalhadores vinculados aos bancos estatais. Com a fundação da CUT, em agosto de 1983, foi organizado o Departamento Nacional dos Bancários da CUT, que teria papel de destaque na definição da estratégia e na organização da greve de 1985 e na estruturação de sindicatos e grupos de oposição sindical comprometidos com o programa da central, em diversas localidades do país.[7]

Ao mesmo tempo em que as lutas dos trabalhadores reapareciam no cenário político brasileiro, a burguesia financeira buscava uma articulação nacional mais efetiva de suas entidades de representação. Em 1983, fundiam-se a Federação Nacional dos Bancos (FENABAN), de caráter sindical, e a Federação Brasileira das Associações de Bancos (FEBRABAN), de caráter civil, que passariam a ocupar a mesma sede, em São Paulo, a partir de 1986. Na mesma perspectiva, criava-se a Confederação Nacional das Instituições Financeiras (CNF), em 1985, que reunia entidades associativas dos diversos segmentos do sistema financeiro (Minella, 1998, p. 167).

No final da década, criavam-se entidades associativas da burguesia financeira que representavam interesses específicos no interior do sistema financeiro. Assim, surgiam a Associação Brasileira dos Bancos Comerciais e Múltiplos (ABBC) — para representar as instituições pequenas e médias e os bancos múltiplos —, a Associação Brasileira de Bancos Internacionais (ABBI), bem como a Associação Nacional das Instituições de Crédito, Financiamento e Investimento (ibidem).

O desenvolvimento da organização sindical dos trabalhadores bancários, no decorrer dos anos 80, possibilitou a realização de movimentos grevistas, encontros estaduais, regionais e nacionais, assembléias e passeatas, que unificaram milhares de bancários e fortaleceram sua capacidade de luta política e sindical. A campanha salarial de setembro de 1985, quando foi deflagrada a primeira greve bancária nacional da década, converteu-se em um marco da luta sindical dos assalariados dos bancos. Entre aquele ano e o final dos anos 80, as campanhas salariais dos bancários articularam e mobilizaram grandes contingentes de trabalhadores em todo o país, no confronto com o capital por melhores condições de vida e trabalho.

Ações de confronto nas campanhas salariais

Quando foi deflagrada a greve nacional bancária de 1985, as implicações da mudança tecnológica e organizacional sobre o emprego e os traços profissionais dos trabalhadores nos bancos não se apresentavam imediatamente visíveis e acessíveis em um primeiro olhar. Naquela contextualidade, a rápida expansão do sistema financeiro nacional e o grande aumento da produtividade do trabalho encobriam a realidade de gradativa substituição da força de trabalho humana pela maquinaria automatizada, que atingia de modo diferenciado os diversos postos de trabalho bancário.

De fato, o sistema bancário experimentava, até a metade da década, um movimento de redução relativa do emprego em comparação ao crescimento do setor.[8] Entretanto, a problemática do desemprego somente se converteria em "móvel de ação" do sindicalismo bancário após a implementação do programa de estabilização monetária chamado de Plano Cruzado, no ano seguinte, quando se desencadeou a primeira "grande onda de demissões" nos bancos (Cerqueira e Amorim, 1998).

A campanha salarial anual dos bancários, em setembro de 1985, inseria-se na luta sindical mais ampla dos trabalhadores pelo reajuste trimestral de salários. Realizada em uma conjuntura econômica e política de crescimento acelerado da inflação — que alcançava a taxa aproximada de 234% ao ano — e de transição do regime de ditadura militar para a chamada "Nova República", a campanha beneficiou-se do forte movimento social e político que se manifestava em prol da efetiva democratização do Estado brasileiro. Ao mesmo tempo, a alta rentabilidade dos bancos — baseada no circuito de valorização do capital-dinheiro que se convencionou chamar de "ciranda financeira" —, em contraste com as difíceis condições de vida da maioria da população, revelava uma unidade de interesses entre as reivindicações dos bancários e as necessidades da sociedade no conjunto.

Paralelamente, o sindicalismo bancário vinha conquistando avanços na capacidade de organização e mobilização desde o final dos anos 70, destacando-se nas lutas da classe trabalhadora do país. A análise da direção sindical paulista sobre as condições políticas da campanha salarial bancária de 1985 assinala:

> A categoria vinha acumulando experiência e organização há vários anos. O fracasso das greves de 1978 e de 1979, as várias paralisações de 15, 30 e 60 minutos em 83 e 84 nas principais capitais do país e a paralisação nacional de 24 horas em 7 de dezembro de 1984 no Banco do Brasil, demonstraram para a categoria a importância da unidade nacional e serviram de base para a campanha de 1985. Ao lado do acúmulo de experiência tivemos a conquista de espaços importantes para o movimento: a eleição do Conselho de Representantes no Banespa e Caixa Econômica Estadual, a vitória da direção cutista nas eleições do Sindicato do Rio de Janeiro, a retomada do Sindicato de São Paulo — depois de 20 meses de intervenção — e a formação do Departamento Nacional dos Bancários da CUT (Sindicato dos Bancários de São Paulo, 1986, pp. 12-13).

Foi nesta contextualidade que os trabalhadores bancários paralisaram nacionalmente o trabalho, realizando uma greve que conquistou a reposição de perdas salariais da categoria, fortaleceu a organização sindical dos bancários em nível nacional e converteu-se em referência do movimento sindical brasileiro dos anos 80. Em artigo da revista *Veja*, a paralisação foi assim noticiada:

> Os 700 mil bancários brasileiros provavelmente estarão mais risonhos neste setembro [...]. Eles promoveram a primeira greve efetivamente nacional da história do sindicalismo brasileiro. Paralisaram 30 mil agências em todo o país — das 1.200 de São Paulo às seis de Muriaé, no interior de Minas Gerais. Armaram um movimento no qual a massa da categoria, e não apenas os militantes, estava genuinamente determinada a não ir trabalhar.[9]

Foto nº 6: Assembléia geral da campanha salarial bancária de 1985, na Praça da Sé, centro de São Paulo, durante o movimento grevista nacional de 11 e 12 de setembro desse ano.
Foto: Esdras Martins

Foto nº 7: Demonstração de força policial na Rua Boa Vista, centro de São Paulo, onde estão localizadas as agências dos maiores bancos sediados no país, durante a greve nacional bancária de setembro de 1985.
Foto: Rosa Gauditano
Arquivo: Centro de Documentação SEEB-SP

Na realidade, o desenrolar unitário e vitorioso do movimento grevista bancário de 1985 foi resultado de diversos fatores — conjunturais e organizativos — que se combinaram de modo complexo, permitindo que ficassem obscurecidas momentaneamente as debilidades do sindicalismo bancário, assim como as diferenciações no seio dos trabalhadores, derivadas da divisão hierárquica do trabalho e das distintas condições laborais nos bancos privados e nos estatais. Tais cisões reapareceriam no desfecho do movimento, quando o governo federal decretou sua ilegalidade.

A busca da unidade no movimento e a tentativa de evitar seu isolamento político, por meio do apoio da opinião pública, foram elementos centrais nas estratégias sindicais de organização da greve bancária de 1985. Esta, na avaliação dos sindicalistas, era uma necessidade suscitada pelas novas formas de enfrentamento das lutas dos trabalhadores adotadas pelo empresariado e pelo governo da "Nova República". De fato, diante do movimento grevista de longa duração deflagrado pelos metalúrgicos do ABC naquele ano, apelidado de "operação vaca brava", o governo utilizara o acirramento do confronto entre classe patronal e operários, para tentar promover seu isolamento político. Acusando os grevistas de impedir o "direito ao trabalho" com o uso da violência, o Estado procurava opor o movimento de contestação grevista à opinião pública, enquanto eram demitidos cerca de 6 mil trabalhadores (CEDI, 1985).

Baseados na experiência da luta metalúrgica, os dirigentes sindicais bancários, em sua campanha salarial, procuraram explicitar a greve como forma de luta extrema, utilizada somente após terem sido esgotadas todas as tentativas de acordo. A caracterização do movimento grevista como *ordeiro e pacífico* nos documentos e no discurso sindical visava, igualmente, evitar situações marcadamente ofensivas no confronto com a classe patronal, ao mesmo tempo em que buscava obter a adesão dos bancários "comissionados" e a simpatia popular. Desta estratégia derivou a criação das chamadas *comissões de esclarecimento*, em substituição aos tradicionais piquetes das greves de trabalhadores. Conforme Leila Blass,

> As comissões servem de álibi para os ausentes de seus locais de trabalho e de justificativa para interromper as atividades e abandonar os postos de trabalho. A sua atuação garante uma paralisação "pacífica e ordeira" do setor bancário, que constitui uma das maiores preocupações dos dirigentes sindicais em 1985. As comissões permitem que estes controlem as ações do conjunto dos bancários no desenrolar da própria paralisação. Desse modo, torna-se um instrumento para evitar o confronto entre os que aderem de imediato à greve e os demais, que ainda resistem em se integrar ao movimento (1992, p. 139).

Decorridos dois dias do movimento, com adesão praticamente total dos bancários, o Tribunal Regional do Trabalho de São Paulo julgou o dissídio coletivo, determinando a concessão de um percentual a título de reposição de perdas, e declarou a greve ilegal, em sentença que atingia, de imediato, apenas os bancos do estado de São Paulo, à exceção dos federais. O Comando Nacional de Negociação dos Bancários defendeu e assembléias aprovaram em todo o país a suspensão da greve, mantida apenas pelos bancários do Banco do Brasil e outros bancos federais.

A decisão do TRT, válida apenas para o estado de São Paulo, não foi aceita pelos banqueiros, que recorreram ao Tribunal Superior do Trabalho. Em outros estados, os tribunais regionais do trabalho concederam percentuais diferenciados de reposição, levando os sindicatos a exigir um acordo nacional, que se efetivou com base na correção salarial acordada com o Banco do Brasil (89,55%), no terceiro dia da paralisação (Blass, op. cit.; Karepovs, 1994).

A suspensão de uma ação grevista de tal expressividade política sem sequer ter assegurada a decisão do TRT de São Paulo para o conjunto dos bancários do país parece contraditória. Todavia, o próprio movimento, em seu processo, revelava limites organizativos e políticos que se convertiam em obstáculos ao seu aprofundamento e se apresentavam de modo concreto na sua provável desmobilização e desarticulação, num contexto de confronto direto e explícito com o poder estatal. De fato, com a decretação da ilegalidade da greve pelo TRT/SP e a ameaça de intervenção do aparelho repressivo do Estado, a greve assumiria uma inequívoca dimensão de ofensividade, que negava a feição de movimento "ordeiro e pacífico" imputada pelas direções sindicais.

De acordo com avaliação dos sindicalistas organizadores da ação grevista, a debilidade da organização sindical nos bancos privados certamente provocaria crescentes dificuldades à adesão e participação dos trabalhadores vinculados àquelas empresas, sob condições mais radicalizadas de confronto. Do mesmo modo, tudo indicava que os bancários "comissionados" — detentores de cargos de chefia e de gerência, que constituíam aproximadamente 30% da categoria — retornariam ao trabalho diante da decretação da ilegalidade do movimento, sob o temor da perda do cargo ou da demissão por justa causa.

De qualquer forma, é inquestionável o significado político da greve nacional dos bancários para as lutas da classe trabalhadora, ao reafirmar os avanços qualitativos do movimento sindical brasileiro desde as greves metalúrgicas do final dos anos 70. Em publicação do Sindicato dos Bancários de São Paulo (1986), diversos depoimentos de trabalhadores participantes da ação grevista avaliam seus resultados como positivos, seja em termos de ganhos organizativos do sindicalismo bancário, seja no plano da consciência sindical dos trabalhadores. O desenvolvimento da organização no local de trabalho nos bancos estatais e a consolidação do Departamento Nacional dos Bancários da Central Única dos Trabalhadores (CUT), articulando todos os sindicatos bancários do país filiados à central, foram saldos organizativos da greve assinalados pelos bancários entrevistados. Os depoimentos referem-se, ainda, a maiores possibilidades de conscientização dos trabalhadores a respeito da importância de sua organização e mobilização coletivas de resistência, após o movimento grevista. A entrevista a seguir apresenta considerações de um sindicalista bancário sobre a ação conflitual:

> Esta greve deu uma injeção de consciência no bancário. [...] hoje temos orgulho de dizer que somos bancários, não pela função que temos no banco, mas pela função social e pelo peso político que adquirimos na sociedade. [...] O bancário passou a se ver como trabalhador assalariado igual aos metalúrgicos, químicos, etc., com condições de reagir contra a opressão (idem, op. cit., pp. 67-68).

Fortalecidos pelo movimento grevista de 1985, os bancários de bancos estatais reivindicavam reajustes salariais nos mesmos patamares do que havia sido estipulado para o Banco do Brasil. Em decorrência, passaram a ser assinados acordos em separado em vários bancos estaduais. Desta forma, desenvolvia-se um processo de organização e negociação nacional por banco nas instituições estaduais e federais que, se de um lado fortalecia suas lutas específicas, de outro aprofundava as diferenças nas condições de trabalho e salariais entre bancários de bancos privados e de estatais. Tais diferenças convertiam-se em obstáculos crescentes à deflagração de ações unitárias de resistência no sindicalismo bancário e conduziam a experiências sindicais cada vez mais desiguais.

Os movimentos de organização e mobilização no interior dos bancos estatais haviam-se intensificado em 1984, no contexto de maciças manifestações populares durante a campanha por eleições diretas para presidente da República. No Banespa, o ano foi marcado pela conquista de duas instâncias de representação dos trabalhadores, que se converteram em importantes mecanismos articuladores e centralizadores de suas lutas específicas: o Conselho de Representantes (COREP)[10] e o Diretor Representante (DIREP), com direito a voz e voto na direção do banco. No Banco do Brasil, os bancários realizaram uma greve vitoriosa de 24 horas, em dezembro daquele ano, exigindo o cumprimento da convenção coletiva da categoria, com ampla adesão em todo o território nacional (Blass, 1992; Karepovs, 1994; Neves, 1998).

No que se refere às possibilidades de organização sindical nos locais de trabalho, uma aguda diversidade de situações apresentava-se para os bancários de bancos privados e de estatais. Nos bancos privados, a alta rotatividade do emprego e formas de pressão e controle do trabalho mais intensas e explícitas dificultavam a criação de instrumentos sindicais nos ambientes laborais. Em contrapartida, os trabalhadores dos bancos estatais, que desfrutavam de condições de trabalho mais estáveis, conquistaram o direito de organização sindical nos locais de trabalho, elegendo delegados ou comissões sindicais que exerceram papel destacado na articulação e mobilização das lutas bancárias dos anos 80.

No movimento grevista de 1985, as distinções de capacidade organizativa, no âmbito sindical, entre bancários de bancos privados e de estatais estiveram visíveis no decorrer de todo o processo de luta. Com uma organização sindical mais desenvolvida em nível nacional e nos locais de trabalho, constituindo-se a maioria absoluta dos membros das direções dos sindicatos bancários do país, os trabalhadores dos bancos estatais foram essenciais para garantir o caráter maciço da ação grevista, até mesmo nas bases dos sindicatos que se recusavam a encaminhar a greve. O depoimento de um dirigente sindical da época ressalta este papel:

> Estávamos bem organizados no Banco do Brasil e nos estaduais, onde era grande a influência dos bancários de esquerda. Como na maioria do país ainda predominavam sindicatos "pelegos", a rede de contatos que tínhamos nestes bancos foi essencial para viabilizar o caráter nacional da greve. De posse das deliberações do encontro nacional, estes bancários organizaram a greve e reuniram as condições necessárias para disputar e ganhar as eleições nestes sindicatos, nos anos seguintes, ampliando a organização do Departamento Nacional dos Bancários da CUT no país.[11]

De fato, além de exerceram papel decisivo na organização e articulação do movimento, os bancários de bancos estatais compuseram a imensa maioria das *comissões de esclarecimento*, viabilizadoras da paralisação nos bancos privados em todo o país. É o que explicitam os comentários de bancários dirigentes e participantes da greve:

> Parávamos as agências do BB e do Banespa e íamos fazer piquetes nas portas dos bancos privados. Ia todo mundo para lá. Era uma massa muito grande de bancários, e a participação dos bancários de bancos públicos foi decisiva nesse sentido, eles faziam a greve [...].[12]

> Nos anos 80, o Banco do Brasil, a Caixa Econômica, BNB e Basa tinham uma conformação mais ou menos parecida, onde havia uma política de não demitir. E os bancos estaduais tinham as suas particularidades, mas também tinham uma política de não-demissão. O conjunto destes bancos, eles somam mais de 60% de toda a categoria. Então, que papel tinham os militantes desses bancos? Eles iam para a greve e a partir daí desenvolviam um trabalho de convencimento e mobilização nos outros bancos.[13]

> [...] eu me lembro da greve de 85, que o pessoal de bancos estatais ia ao banco privado ajudar a organizar a greve. A gente, em Santo Amaro, fazia paralisações durante a campanha salarial, de preparação para a greve. E a gente parava, mas não ficava discutindo internamente, fazia grupos de três, quatro pessoas, para ir aos bancos privados das imediações agitar a preparação da greve.[14]

Em 1986, a decretação do Plano Cruzado provocou uma queda abrupta da inflação, afetando os lucros dos bancos e conduzindo a um processo de reestruturação do trabalho no sistema financeiro nacional que repercutiu intensamente no emprego bancário[15] e nas formas de atendimento aos clientes e usuários dos bancos. Contas correntes consideradas pouco rentáveis foram eliminadas, mais de mil agências foram fechadas e critérios mais rigorosos para abertura de novas contas passaram a ser adotados.

Neste contexto, os bancários deflagraram sua campanha salarial anual, realizando grandes passeatas e assembléias gerais. Na pauta de reivindicações, exigiam estabilidade do emprego, reposição de perdas salariais (26,5%), pagamento integral do valor calculado pelo índice de preços ao consumidor (IPC), mais 10% a título de produtividade, e piso salarial de 3 mil cruzados. Em contrapartida, os banqueiros propunham um reajuste salarial baseado no IPC (6%), zero de produtividade e piso de 1,9 mil cruzados, o que determinou a decretação de greve pelos bancários espalhados por todo o país (Karepovs, 1994; Neves, 1998).

A conjuntura, naquele ano, era inteiramente desfavorável à ação grevista bancária. Em artigo publicado na revista *Veja*,[16] o contexto no qual se inseria a greve nacional bancária de 1986 é assim comentado:

> No ano passado, quando a especulação financeira era a atividade mais rentável do país, os bancos investiam em pessoal, tinham folga suficiente para engordar a folha de salários — e perdiam dinheiro sempre que fechavam uma agência. Com o Plano Cruzado, a situação inverteu-se. Do dia 28 de fevereiro para cá, os bancos demitiram mais de 140 mil funcionários, planejam promover novos cortes e mostram-se aliviados quando conseguem se livrar de um pacote de agências deficitárias. Nesse quadro, a greve dos bancários era tão predestinada ao fracasso como a do ano anterior — marco histórico do sindicalismo do país — estava condenada ao sucesso.

Na realidade, às drásticas medidas de redução de custos implementadas pelos bancos, somava-se a utilização intensa do aparato institucional e repressivo do Estado como fator de desmobilização e divisão do movimento grevista. A respeito das estratégias patronais adotadas no movimento grevista bancário de 1986, um assessor da FENABAN, em entrevista à revista *Veja*, assinalava que, "com seu pessoal de confiança [comissionados] preparado para fazer as agências funcionarem, os banqueiros simplesmente esperaram o dia marcado para a greve e apressaram-se em pedir a ilegalidade do movimento, garantindo a repressão".[17]

De fato, a burguesia financeira do país lançara mão de mecanismos de poder para pressionar o governo da Nova República pela decretação imediata da ilegalidade da greve e pelo uso da violência policial contra os trabalhadores. Deste modo, articulados ao Estado, os banqueiros tentaram impedir a ação dos piquetes ou *comissões de esclarecimento* desde os primeiros momentos da paralisação, com o apoio de forças policiais. Em São Paulo, vários carros de som do sindicato foram apreendidos, enquanto três dirigentes sindicais eram presos e 31 manifestantes levados à sede da Polícia Federal.

O movimento foi suspenso no Rio de Janeiro no final do primeiro dia, depois de julgado ilegal pelo TRT. Em São Paulo e em mais 13 estados, a greve se estenderia por mais 24 horas. A exemplo de 1985, o período imediatamente posterior à greve se converteria em um momento de negociações, cujo desfecho seria a assinatura de uma convenção coletiva que contemplava parcialmente as reivindicações dos trabalhadores. Nos bancos estatais, foram assinados vários acordos específicos. A imprensa sindical, em artigo de avaliação do movimento, denunciava a articulação de interesses entre capitalistas financeiros e o Estado, do seguinte modo:

> A greve dos bancários revelou por inteiro uma das piores facetas da cada vez mais velha "nova república". Jamais, desde o final da ditadura, se tinha visto tanta violência e repressão contra o legítimo movimento dos trabalhadores. O governo mobilizou-se em defesa dos interesses dos banqueiros, lançando mão de todos os piores instrumentos da ditadura militar. Enquadramento na famigerada lei de greve, prisões e espancamentos de bancários que conduziam pacificamente sua luta por melhores salários.[18]

Apesar dos mecanismos repressivos e institucionais mobilizados, o movimento paralisou de 60% a 80% dos trabalhadores bancários em todo o país.[19] Segundo avaliação das direções sindicais, mesmo não sendo vitoriosa do ponto de vista econômico,[20] a greve reafirmou os avanços organizativos do movimento sindical bancário nos anos 80.[21]

Foto nº 8: Manifestação da greve nacional bancária de setembro de 1986, em frente a bancos da Rua Boa Vista, centro de São Paulo, na campanha salarial desse ano. Em atividade chamada de "arrastão", os grevistas conclamavam os bancários que permaneciam nos bancos a aderirem ao movimento.
Foto: Ed Viggiani
Arquivo: Centro de Documentação SEEB-SP

Fotos nº 9 e nº 10: Assembléias gerais da campanha salarial bancária de setembro de 1986, na Praça da Sé, centro de São Paulo, durante o movimento grevista.
Fotos: Esdras Martins

Fotos nº 9 e nº 10: Assembléias gerais da campanha salarial bancária de setembro de 1986, na Praça da Sé, centro de São Paulo, durante o movimento grevista. Fotos: Esdras Martins

A situação salarial dos bancários seguia um movimento de deterioração na década de 80. As altas taxas inflacionárias e a decretação de reajustes salariais abaixo do índice do custo de vida rebaixaram o poder aquisitivo do salário, que em 1987 era o menor de toda a década. Os resultados econômicos da campanha de 1986, quando os bancários não conquistaram a reposição das perdas salariais reivindicada, reduziram ainda mais o salário real médio da categoria.[22]

Quanto ao contexto econômico e político, o início de 1987 assistia à queda do Plano Cruzado, quando os índices inflacionários voltaram a crescer, atingindo níveis mensais superiores a 25%. A alta inflacionária e o aumento drástico do custo de vida agravavam a situação de arrocho salarial vivida pela classe trabalhadora, cujas ações de resistência contra a exploração capitalista assumiam dimensão explicitamente conflitante. Diversas categorias profissionais realizaram paralisações no período, reivindicando aumento salarial. É significativo deste cenário o exemplo da greve dos trabalhadores marítimos, que enfrentou a intervenção da marinha e a decretação de ilegalidade do movimento pelo Tribunal Superior do Trabalho (Sindicato dos Bancários de São Paulo, 1987a).

O sindicalismo bancário deflagrou uma campanha nacional por aumento de salários em janeiro, com participação decisiva dos dirigentes e militantes sindicais do Banco do Brasil, onde era explosiva a insatisfação com a situação salarial. Após a realização de assembléias e encontros nacionais da categoria, os bancários decidiram entrar em greve em março, exigindo 100% de reajuste salarial. Num quadro heterogêneo quanto à capacidade de organização e mobilização sindical em bancos privados e estatais, os organizadores do movimento adotaram uma estratégia que se chamou "bola de neve": a greve iria crescendo em abrangência à medida que se desenvolvia, de acordo com as particularidades e possibilidades da resistência coletiva dos trabalhadores nos diversos locais de trabalho, em cada região do país (ibidem).

Segundo dados do Sindicato dos Bancários de São Paulo (op. cit.), a adesão dos bancários ao movimento cresceu de 50% em média, no primeiro dia de greve, para 70% no segundo, 80% no terceiro e 85% entre o quarto e o oitavo dia da paralisação, apresentando queda, no último dia, para 70%. O movimento, que teve duração de nove dias, perdeu força em nível nacional com a assinatura de acordo específico para o Banco do Brasil, que atendia parcialmente as reivindicações dos trabalhadores. Nos bancos privados, onde a organização sindical era mais frágil, o movimento foi suspenso sem nenhuma conquista e os trabalhadores tiveram descontados os dias de paralisação.

Fotos nº 11 e nº 12: Passeatas "arrastão" na Rua 15 de Novembro, centro de São Paulo, durante a greve nacional bancária de março de 1987.
Fotos: Esdras Martins

Foto nº 13: A chamada "Banda do Peru", em passeata do movimento grevista de 1987, no dia 31 de março, na Rua 15 de Novembro, centro de São Paulo.
Foto: Esdras Martins
Arquivo: Centro de Documentação SEEB-SP

Foto nº 14: Manifestação no centro de São Paulo, durante a greve nacional de março de 1987, na qual os bancários fizeram o enterro simbólico dos banqueiros.
Foto: Esdras Martins
Arquivo: Centro de Documentação SEEB-SP

Os dirigentes da entidade patronal, que se recusaram a negociar durante todo o processo de greve, adotaram táticas de enfrentamento ao movimento grevista, apontadas em estudo de L. M. Rodrigues e I. Rodrigues (1989, p. 13):

> – Uma ação de intimidação: ameaças de iniciar demissões tão logo os tribunais competentes declarassem a ilegalidade da paralisação;
> – Uma manobra de desmoralização do adversário, depreciando sua capacidade de pressão: difusão de notícias sobre o caráter limitado da greve e sobre o retorno ao trabalho, etc.;
> – Uma operação de captação de apoios externos visando ganhar a opinião pública e as autoridades governamentais e isolar politicamente o adversário: difusão de notícias sobre os prejuízos ocasionados pelos dirigentes sindicais à economia e à população.

Os resultados da greve de março de 1987, segundo o citado documento do Sindicato dos Bancários de São Paulo, tornaram mais explícita a fragmentação no interior do segmento bancário da classe trabalhadora. De fato, as experiências diferenciadas quanto à organização sindical e a realização de negociações específicas aprofundavam um processo de separação econômica e política entre os trabalhadores de bancos privados e os de estatais, promovendo impasses e dificuldades crescentes para o desenvolvimento de práticas unitárias de resistência.

Neste sentido, as greves de 1986 e 1987, que resultaram em cláusulas salariais diferenciadas para bancários de bancos privados e de estatais, podem ter-se constituído em experiências problemáticas para o fortalecimento da identidade de classe entre estes trabalhadores. Por outro lado, ao se constituírem em expressão inequívoca de resistência coletiva dos trabalhadores, os movimentos grevistas de 1985, 1986 e 1987 revelaram, para milhares de bancários, os antagonismos e contradições das relações capitalistas de produção, muitas vezes obscurecidos no cotidiano laboral.

Para as direções sindicais, as ações grevistas convertiam-se em lições práticas da dinâmica da luta do trabalho contra a dominação capitalista, iluminando ganhos e debilidades do movimento. Em texto de preparação da campanha salarial bancária de setembro de 1987, a direção sindical paulista analisa os resultados políticos da greve de março, buscando extrair seus ensinamentos:

> Do balanço da greve de março e da análise da atual situação da categoria, temos que tirar uma conclusão firme: é preciso aprofundar a organização e a definição de uma política para os bancos privados, em especial os maiores bancos (Bradesco, Itaú, Unibanco), que congregam cerca de 300 mil bancários em todo o país e quase 100 mil só em São Paulo. Estes bancos, além de importantíssimos para a mobilização e paralisação, são decisivos na mesa de negociação. As últimas greves vêm demonstrando importante evolução de consciência dos [bancários de] bancos privados, possibilitando paralisação sem piquetes em grande número de agências e regiões. Mas ainda verificamos grandes dificuldades em locais [...] vitais para o funcionamento das empresas e para a sustentação de um movimento vigoroso (Sindicato dos Bancários de São Paulo, 1987b).

Na campanha salarial de setembro daquele ano, os bancários ameaçaram paralisar novamente o trabalho, em escala nacional. Reivindicavam 102% de aumento salarial (73% de reposição mais 15% de produtividade), enquanto os banqueiros ofereciam 14,8% (4,74% de resíduo e 9,6% de IPC integral dos meses de julho e agosto). Com o julgamento do dissídio coletivo dos bancários e a concessão, pelo Tribunal Regional do Trabalho, de um reajuste global de 56,57%, a proposta de paralisação foi retirada.

No ano seguinte, em um cenário político de intensa discussão e mobilização popular no país em torno da Constituição de 1988, os sindicatos articularam forças para garantir a incorporação à carta constituinte de direitos sociais anteriormente conquistados nas lutas da classe trabalhadora. Num contexto de início da reforma política do Estado e de crise econômica — que sinalizava o esgotamento do modelo de desenvolvimento capitalista seguido no país desde os anos 30 —, o governo José Sarney (1985-1989) adotava medidas liberalizantes internas, seguindo determinações do Fundo Monetário Internacional e do Banco Mundial (Fiori, 1993).

Os bancários iniciam a organização da campanha salarial anual, definindo em assembléia a pauta de reivindicações, exigindo 102% de reajuste salarial, 26% a título de reposição de perdas decorrentes da inflação, 15% de produtividade, estabilidade do emprego, adoção de quadro de carreira nos bancos privados, respeito à jornada laboral estabelecida. Como eixos políticos, a campanha incorporava temas que centralizavam o debate e as ações de resistência do conjunto do movimento sindical e popular, na luta pela democratização das relações sociais e políticas no Brasil. Assim, a minuta de reivindicações dos bancários incluía itens contra a privatização de instituições estatais e pela estatização dos bancos do país, contra a reforma bancária e o FMI, pelo controle público das aplicações de crédito, pelo direito de representação sindical nos locais de trabalho.

Diante de uma contraproposta patronal considerada insatisfatória, o conjunto da categoria decide entrar em greve por tempo indeterminado, em setembro. Após seis dias de greve, que atingiu 65% dos bancos privados e se estendeu por nove estados, foi assinado acordo a partir de contraproposta da FENABAN, que atendia de modo parcial as reivindicações dos trabalhadores (Karepovs, 1994).

Foto nº 15: Passeata durante a greve nacional bancária da campanha salarial de setembro de 1988, na Rua Boa Vista, centro de São Paulo.
Foto: Esdras Martins
Arquivo: Centro de Documentação SEEB-SP

Um novo programa de estabilização monetária marca a conjuntura econômica nacional em 1989: o chamado Plano Verão, anunciado em janeiro, após a inflação haver alcançado um índice acumulado de 933,62% em 1988. Em resposta a impactos negativos sobre as condições salariais dos trabalhadores, as centrais sindicais CUT e CGT organizaram uma greve geral que atingiu cerca de 35 milhões de trabalhadores no país, nos dias 14 e 15 de março, de acordo com Karepovs (op. cit.). Os bancários organizaram a campanha Reposição das Perdas Salariais, iniciada em março daquele ano, exigindo 81% de reajuste e deflagrando uma greve nacional por tempo indeterminado a partir de 20 de abril, diante da proposta patronal de 15% como reajuste salarial. A força de trabalho dos bancos privados alcançou um índice de paralisação de 80%, retirando-se do movimento após aceitar a contraproposta dos banqueiros, que oferecia agora 63% de reajuste.

A greve teria continuidade nos bancos federais — no Banco Central e na Caixa Econômica Federal, ela seguiria até 5 de maio, e no Banco do Brasil, até o dia 10 daquele mês, e seria suspensa sem que fosse conquistada a reposição salarial reivindicada. Importa salientar que a política governamental, ao introduzir reformas de inspiração liberal no país, atingia diretamente as lutas dos trabalhadores, especialmente daqueles vinculados a instituições estatais, que se tornavam objeto de medidas de reestruturação produtiva e programas de redução de custos com força de trabalho. Em relação ao movimento grevista no Banco do Brasil, a ação do Estado é interpretada, em documento dos dirigentes sindicais de São Paulo, do seguinte modo:

> O Banco do Brasil realizou a maior greve de sua história após o golpe militar de 1964. Foram 21 dias de gre-

> ve, enfrentando não um banqueiro privado, mas o governo federal, que vinha insistindo na sua política de recessão e arrocho contra todas as estatais federais. O BB passou a ser o alvo da intransigência governamental. Além deste banco representar o funcionalismo mais organizado das federais, era claro também ao Ministério da Fazenda que uma vitória dos funcionários do BB abriria um flanco na política salarial do governo e serviria de exemplo para outras empresas estatais e do setor público. Portanto, foi contra o BB que o governo federal jogou mais pesado, bancando os prejuízos diários provocados pela greve e negando-se a negociar, utilizando ameaças de demissão e descomissionamento como método de persuasão para a volta ao trabalho (Sindicato dos Bancários de São Paulo, 1989).

O papel do Estado capitalista como instrumento para institucionalização da dominação econômica e política do capital sobre o trabalho assalariado aparece de forma cristalina também no depoimento de um dirigente sindical bancário, ao comentar a experiência grevista dos funcionários do Banco do Brasil de 1989:

> Nós tivemos, em 89, uma greve de 21 dias que parou o país inteiro, uma greve de massa, passeata todo dia. A gente via as funcionárias do BB, classe média, de salto alto, vestido, nas passeatas com bandeirinhas nas mãos. Quer dizer, foi uma greve de massa e foi uma greve derrotada. O Estado foi todo jogado para derrotar, como um fenômeno de demonstração de poder, de quebra da unidade da luta dos trabalhadores. Foi jogado para derrotar a greve dos bancários, como, por exemplo, com a greve dos petroleiros, quando o governo FHC usou o TST, usou a mídia, usou o exército para quebrar uma greve de trabalhadores.[23]

Note-se que, no Banco do Brasil, um conjunto de reformulações nas relações entre o banco, o Tesouro Nacional e o Banco Central, na segunda metade dos anos 80, acelerava uma trajetória de perda de funções nas finanças públicas e de progressiva redução do seu papel como instrumento da política econômica nacional. Em particular a supressão, em 1986, da chamada "conta-movimento", por meio da qual o Banco do Brasil dispunha de autonomia para executar operações e avançar recursos creditícios em nome do Banco Central, suprimia a capacidade emissora do banco e esvaziava sua função social. Ao mesmo tempo, a extinção de tal mecanismo representou a perda de uma importante fonte de rentabilidade para a instituição, que se beneficiava com a movimentação de recursos a custo zero, em época de alta inflação (Vidotto, 1995).

A mudança nas funções econômicas e sociais do Banco do Brasil, quando se iniciava a ofensiva neoliberal contra as instituições estatais no país, além de restringir o acesso de inúmeras localidades do país a recursos creditícios, atingiria as condições e relações de trabalho na instituição. Ao refletir sobre estes movimentos, um sindicalista bancário dos anos 80 tece as seguintes considerações a respeito da situação anterior:

> Os bancos estatais, malgrado seus desvios, estavam concebidos como instituições dos governos, estaduais ou federal, visando promover o desenvolvimento e apoiar as iniciativas econômicas nos mais distintos cantos do país. Assim sendo, utilizando recurso do tesouro via conta-movimento, o BB mantinha agências (muitas vezes deficitárias) em regiões e cidades onde o sistema privado não tinha qualquer interesse em atuar. A situação dessas localidades era tão complicada, do ponto de vista de condições de vida urbana, distância etc., que o BB pagava um adicional (que chegava a ser o dobro do salário) para os funcionários que se dispusessem a trabalhar ali. De qual-

quer modo, havia um sentimento, uma identidade funcional com o papel que o banco exercia ou devia exercer.[24]

A redefinição do papel do Banco do Brasil na política econômica do país implicava a perda de sua condição de autoridade monetária, ao mesmo tempo em que submetia o banco a regras de funcionamento dos demais bancos comerciais. Confrontada com a restrição de recursos subsidiados destinados a operações de crédito e em face da perspectiva de deterioração patrimonial, a instituição passa a direcionar sua estratégia empresarial para a diversificação e conglomeração no mercado financeiro, seguindo, tardiamente, o movimento do capital bancário privado dos anos 70. Segundo a análise de Vidotto, a partir deste processo intenso de mudança, "nasce uma nova empresa estatal no sistema financeiro", impulsionada pela racionalidade de mercado e de capital.

É nesta contextualidade que se inicia no Banco do Brasil, no final da década de 80, um processo de reestruturação do trabalho que conduz à gradual transformação do perfil operacional e das relações laborais na instituição. Em 1989, o programa Novo Rosto sistematiza as novas estratégias de mercado do banco, inspiradas em princípios e métodos de gestão já praticados nos grandes conglomerados financeiros privados do país. O programa, fundado na sofisticação do atendimento e na ênfase na venda de serviços e "produtos", seria sucedido por um plano de reformulação da estrutura organizacional do banco: o Novo Modelo Organizacional de Agências (NMOA), que separava as dependências bancárias em segmentos de atendimento e suporte, fechava agências consideradas deficitárias e transferia funcionários arbitrariamente (Pereira, 1996).

O dirigente sindical dos anos 80 relaciona o esvaziamento da função social e econômica do Banco do Brasil e as transformações gerenciais e do trabalho que se seguiram na instituição a mudanças na subjetividade e nas possibilidades de resistência dos bancários:

> Quando o governo acabou com a conta-movimento, o BB inicia uma reestruturação que vai se intensificar após o governo FHC. A orientação passa a ser a de manter apenas as agências lucrativas, que arquem com seus próprios custos e ainda dêem lucro. Os bancários são pressionados a aumentar seu ritmo e a ampliar sua jornada de trabalho, a cortar contas de clientes considerados não lucrativos. Diante de ameaças de demissão, tendo a manutenção do seu emprego determinada pela capacidade de conseguir resultados financeiros para a agência, muitos bancários afastam-se da luta sindical e se esforçam individualmente, cobrando uns dos outros um bom resultado da agência. Dessa forma, a identidade, que durante anos unificou e levou milhares de bancários de bancos estatais a se mobilizar nas greves e nas passeatas, a fazer piquete em banco privado, se rompe, se fragmenta.[25]

Na campanha salarial anual de setembro de 1989, os bancários exigiam 150% de reajuste e conquistaram um índice médio de 100%, que cobria as perdas inflacionárias do período (setembro de 1988 a agosto de 1989). A campanha desenvolveu-se num quadro de intensificação da concorrência mercadológica no setor e de crescente diversificação de atividades e negócios bancários, com a regulamentação dos bancos múltiplos no sistema financeiro nacional, em 1988. Ao mesmo tempo, os trabalhadores se beneficiaram das divisões no interior da entidade patronal, reveladas no decorrer do movimento grevista de março daquele ano, quando alguns bancos privados concederam antecipações salariais próprias, ocasionando um processo de diversificação salarial na categoria. Simultaneamente, os bancos estrangeiros, cuja participação crescia no setor, ameaçavam criar uma entidade representativa de seus interesses específicos.

Por outro lado, observa-se um aumento das dificuldades dos sindicatos para a organização e mobilização de ações conflituais coletivas. Durante a campanha salarial de 1989, não houve greve abrangendo o conjunto dos bancários, mas algumas paralisações parciais, por empresa, que visavam enfrentar negociações específicas e diferenciadas entre bancos. De fato, desde 1988 passam a predominar no movimento sindical bancário paralisações deflagradas de modo descentralizado, atingindo determinados bancos, isoladamente.

Era em tal cenário, que conduzia à fragmentação e à divisão do segmento bancário da classe trabalhadora, que a campanha bancária de 1989 teria, como uma das principais reivindicações da pauta de negociação, a incorporação do contrato coletivo de trabalho nas relações laborais do setor. O significado do contrato coletivo, discutido havia várias décadas no movimento sindical bancário e, todavia, não conquistado pelos trabalhadores, foi assim explicitado na imprensa sindical:

> A idéia de Contrato Coletivo é a seguinte: os direitos e benefícios de todos os bancários devem fazer parte de um documento (chamado contrato) negociado com os patrões. O que estiver definido nesse contrato, passa a ter força de lei e permite que os sindicatos defendam os interesses coletivos da categoria. Para se chegar a este acordo ou "contrato", estabelecem-se novas formas de negociação, que excluem a Justiça do Trabalho e fortalecem os entendimentos diretos.[26]

O Brasil chegava ao final da década à beira de uma conjuntura de hiperinflação. Apesar dos planos de estabilização implementados, a economia brasileira dos anos 80 teve uma taxa de inflação média anual em torno de 200%. A fragilidade financeira do setor público crescia à medida que se desencadeavam sucessivos choques cambial, monetário e financeiro, que acompanharam os planos. A política econômica do governo Sarney adotava iniciativas de renegociação da dívida externa e implementava reformas de inspiração liberal, aproximando-se das políticas de ajuste e de medidas defendidas pelo FMI e pelo Banco Mundial. Com o país imerso numa profunda crise econômica, que apontava o esgotamento do modelo de desenvolvimento capitalista em vigor, consolidava-se um consenso liberal entre as elites empresariais e governamentais que fundamentaria o conteúdo programático do governo Fernando Collor, iniciado em 1990 (Fiori, 1993).

A década de 90: anos de refluxo no sindicalismo bancário

No âmbito de uma realidade marcada pela adoção de princípios e programas neoliberais no país e pela dominância do mercado sobre as condições de emprego e salário, os bancários brasileiros têm suas possibilidades de resistência e de ação coletiva reduzidas na década de 90. As assembléias, passeatas e movimentos grevistas que mobilizaram, nos anos 80, enormes contingentes de trabalhadores nas lutas contra a exploração capitalista dão lugar a atividades e manifestações com participação mais restrita de uma base sindical amedrontada pelo desemprego, sujeita aos critérios e imposições do que a classe patronal entende por *produtividade* e *qualidade*. Ao refletir sobre os impasses atuais do sindicalismo bancário, um dirigente sindical assinala:

> [...] toda a conjuntura, todas as forças hegemônicas hoje, dentro da sociedade, vão de encontro à nossa experiência da década de 80, nossas conquistas, nossa organização. Eu costumo falar que a gente aprendeu a ser sindicalista na década de 80, a fazer movimento de massas, a ter grandes greves, grandes passeatas, grandes conquistas, nomes na mídia. Conseguindo cavar espaço na mídia, apesar de toda a dificuldade que a gente tinha. O movimento sindical, na década de 90, é completamente oposto disso. É uma luta árdua, um processo de convencimento, de diálogo com os trabalhadores, superdifícil, supercomplexo, um individualismo muito grande entre os trabalhadores, um descrédito muito grande de que a luta coletiva, a luta social, possa trazer algum retorno.[27]

As campanhas salariais em época de crise

O plano de estabilização econômica instituído em março de 1990, chamado Plano Collor, agravaria sobremaneira as condições de emprego e salário da classe trabalhadora. A política de reajuste de preços e salários passaria a ser a da prefixação, com a determinação dos reajustes de acordo com a expectativa de inflação futura. Este mecanismo foi abandonado em maio, e a partir de então sucessivas medidas provisórias estabeleceram a "livre negociação" entre patrões e empregados e proibiram a indexação salarial como instrumento automático de reajustes. Num quadro de recessão econômica e de aumento drástico dos índices de desemprego, os resultados de tais medidas foram desastrosos para os trabalhadores, especialmente para os segmentos profissionais com uma organização sindical menos desenvolvida.

Diante deste contexto, as centrais sindicais CUT e CGT convocaram uma greve geral dos trabalhadores nos dias 22 e

23 de maio, que teve a adesão de diversas categorias. Foi como parte deste movimento mais amplo de luta da classe trabalhadora contra as reformas neoliberais do governo Collor que os bancários deflagraram uma greve nacional em junho, com duração de sete dias, reivindicando reposição de perdas salariais acumuladas e estabilidade no emprego. Numa situação conjuntural de intenso ajuste das estruturas organizacionais dos bancos e de elevação drástica dos níveis de desemprego no setor, o movimento restringiu-se a alguns bancos privados. De qualquer forma, conquistou antecipação de salários para os bancários da rede privada, além de auxílio-alimentação, que em setembro seria estendido para toda a categoria (Karepovs, 1994).

Foto nº 16: Passeata dos bancários em São Paulo, durante greve geral dos trabalhadores, em maio de 1990.
Foto: Esdras Martins
Arquivo: Centro de Documentação SEEB-SP

A luta por melhores condições de trabalho e salariais teria continuidade na negociação coletiva de setembro, quando o eixo das reivindicações foi a reposição integral das perdas salariais, reajuste mensal, piso salarial calculado pelo DIEESE e estabilidade. Com campanha marcada pelo lema "Esta primavera tem que ser nossa", os bancários satirizavam a expressão "setembro negro", por meio da qual o governo, prevendo uma onda de greves naquele mês, acusava os sindicalistas de inviabilizarem a economia do país. A campanha salarial bancária de 1990 incorporou intensamente atividades culturais e festivas e buscou o apoio da opinião pública, distribuindo flores nas ruas. O sindicalismo bancário enfrentava com criatividade a situação de crescentes dificuldades para a mobilização ampla dos trabalhadores e deflagrava uma greve nacional com expressiva participação dos bancários, em todo o país. Os resultados da campanha significaram vitória parcial contra o arrocho salarial, com a conquista de reajuste salarial médio de 105% para os bancários da rede privada e dos bancos estaduais.

Em artigo do Sindicato dos Bancários de São Paulo, a ação grevista foi assim avaliada:

> Sede das matrizes da maioria dos bancos privados do país, São Paulo teve os maiores índices de paralisação durante a greve e teve papel fundamental nas negociações. Os bancos estaduais (Banespa e Nossa Caixa) chegaram a atingir quase 100% de paralisação com a adesão muito grande de comissionados. E os bancos privados como o Itaú, Bradesco e Safra, surpreenderam com o nível de mobilização. Bancos privados e estaduais promoveram assembléias e manifestações gigantescas para mostrar que a greve existia. A alegria das flores foi a marca da greve em São Paulo. Nos 13 dias de greve os bancários promoveram concursos de lambada, ginástica aeróbica, *shows* de música (tudo isso nos piquetes).

Flores foram distribuídas e os "infernais" apitos trataram de dar vida à cidade. [...] Os banqueiros, que de início não queriam negociar, e que depois tentaram recorrer ao TRT para por [sic] fim ao movimento, tiveram que ceder diante da força da greve.[28]

Foto nº 17: Piquete em frente à Câmara de Compensação do Banco do Brasil, no movimento grevista de setembro de 1990.
Foto: Sérgio Mekler
Arquivo: Centro de Documentação SEEB-SP

Foto nº 18: Atividade de rua da campanha salarial de setembro de 1990.
Foto: Sérgio Mekler
Arquivo: Centro de Documentação SEEB-SP

O movimento grevista de 13 dias não contou com a participação dos bancários de bancos federais, que não conquistaram sequer a reposição das perdas salariais com a inflação naquele ano. Submetidos a intensa pressão da política governamental de ataque às empresas e instituições estatais, os trabalhadores dos bancos federais não conseguiram se articular e organizar para o enfrentamento da ofensiva neoliberal no país, que adquiria concretude na repressão violenta das ações de resistência nas empresas estatais. De fato, a situação dos funcionários do Banco do Brasil e de outros bancos federais não era diferente daquela que atingia trabalhadores vinculados a outras instituições estatais federais, como eletricitários, petroleiros, ferroviários etc., que desde o final da década anterior defrontavam-se com medidas de desestruturação do setor estatal da economia brasileira.[29]

Um novo programa econômico seria implementado em fevereiro de 1991, com o objetivo de deter o processo inflacionário que voltava a se desenvolver desde final do ano anterior. O denominado Plano Collor II decretava medidas de racionalização dos gastos públicos e mecanismos de aceleração do processo de modernização do parque industrial, criando o Programa de Fomento e Competitividade Industrial. Quanto à política salarial, estabelecia reajustes em fevereiro, com base na média dos salários nos últimos 12 meses, calculada pelo governo. De acordo com as novas medidas, os salários não teriam reajustes até agosto, quando passaria a vigorar a política de "livre negociação". O plano determinava, ainda, o fim da correção monetária, atingindo mecanismos de aplicação financeira, o que implicou redução dos lucros dos bancos.

Os níveis de emprego no setor financeiro sofreram redução de 11,1% no primeiro semestre de 1991, relativamente à média registrada em 1985, na região da Grande São Paulo. Em relação aos salários, observava-se um movimento contínuo de queda desde 1985. Segundo dados do DIEESE (1991), o salário médio real dos bancários no primeiro semestre de 1991 representava 65% em relação à média calculada em 1985. Em contrapartida, a rentabilidade das instituições financeiras, apesar de apresentar pequena queda em 1991, mantinha-se superior à média de rentabilidade do capital produtivo no Brasil e do sistema financeiro dos países de capitalismo avançado (DIEESE, 1992).

Na campanha salarial de 1991, os bancários dos bancos privados e dos estaduais conquistaram a reposição das perdas salariais do ano, produtividade, unificação dos pisos salariais de todos os trabalhadores dos bancos privados em nível nacional, além de uma comissão paritária para estudar a questão da segurança de bancários e clientes. No decorrer do processo de negociações, foi deflagrada uma greve nacional da categoria, que durou três dias, e teve índice médio de adesão de 60%, segundo levantamento do Sindicato dos Bancários de São Paulo.[30]

Os bancários dos bancos federais seguiriam na greve por mais duas semanas, derrotada pelos mecanismos repressivos e institucionais do Estado. Com a interferência da Procuradoria-Geral da República e do Tribunal Superior do Trabalho, foi determinado em dissídio coletivo reajuste salarial que não cobria a defasagem em relação aos salários praticados em setembro de 1990. A imprensa sindical assim analisa a campanha salarial dos bancos federais:

> O julgamento da greve do BB e da CEF explicitou muito bem as intenções do governo e o seu projeto neoliberal. Um exemplo da aplicação deste projeto foi a sentença deferida pelo TST, na qual os sindicatos sofreram pesadas multas por continuarem em greve. Além disso, suspendeu diversas conquistas sociais [...] — no

BB o governo retirou uma cláusula importante: a que permitia a liberação de dirigentes sindicais. Na CEF, houve a demissão de 110 funcionários, em São Paulo, Belo Horizonte e Londrina, como punição pela continuidade do movimento grevista. Se, por um lado, no setor privado não houve a interferência da Justiça do Trabalho no processo, concretizando a negociação livre e direta, no estatal o próprio governo, através da Procuradoria Geral da República, ajuizou o dissídio, passando para as mãos do TST o poder normativo de julgar as greves abusivas ou não, sentenciar índices de reajustes e retirar cláusulas há muito tempo conquistadas pelos trabalhadores.[31]

Foto nº 19: Passeata durante a greve bancária de setembro de 1991.
Foto: Esdras Martins
Arquivo: Centro de Documentação SEEB-SP

Uma nova política salarial passou a vigorar desde setembro de 1991, garantindo a reposição da inflação a cada quatro meses para os trabalhadores que recebessem até três salários mínimos. Para os demais, a lei assegurava a reposição apenas sobre a parcela salarial equivalente aos três salários mínimos. Quanto aos níveis de emprego, mantinha-se a tendência de queda, mais acentuada desde o início da década. Nos anos de 1990 e 1991, foram perdidos 132.849 postos de trabalho, o que significou uma queda de 14,45% no nível do emprego, segundo cálculo do Dieese (1992). O estudo interpreta o processo acentuado de demissões no setor como um movimento de "ajuste estrutural e de readequação estratégica do sistema", destinado a viabilizar os altos índices de lucratividade dos bancos, num contexto de estabilização monetária (idem, op. cit., p. 3).

A campanha salarial bancária de 1992 desenvolveu-se sob profunda crise política e econômica, no final do governo Collor. Enquanto avançava a liberalização comercial e financeira e eram totalmente desregulamentados os preços, o país enfrentava séria recessão econômica, com queda nas taxas de investimento e crescimento da dívida pública. Para a classe trabalhadora, a conjuntura recessiva significava perda média dos salários reais estimada em 30% a 40%, além de aumento de 141% nos níveis de desemprego em relação a dezembro de 1990. No plano político, predominava a instabilidade e agravava-se a crise, com o avanço de investigações sobre uso indevido de recursos públicos pelo governo. Esta contextualidade de efervescência e de intensa mobilização popular resultou em um processo parlamentar de *impeachment*, que depôs legalmente o presidente Fernando Collor (Fiori, 1993).

O processo preparatório da campanha salarial bancária daquele ano incluiu uma consulta nacional aos trabalhadores, por meio de questionário, sobre questões salariais, organizativas e referentes a condições de trabalho que deveriam ser centrais na negociação. Os resultados orientaram a elaboração da minuta de reivindicações, cujos eixos foram: reposição das perdas salariais, reajuste salarial, direito de organização nos locais de trabalho, estabilidade no emprego, ampliação do horário de atendimento ao público nas agências bancárias, fim das privatizações e da corrupção, *impeachment* para o presidente.

Após várias rodadas de negociação, a Executiva Nacional dos Bancários defendeu em assembléias a aceitação da proposta da FENABAN, ainda que considerada insuficiente por não incorporar um mecanismo que protegesse os salários mensalmente. Naquele ano, foi firmado um acordo válido para todo o país, por intermédio da convenção coletiva nacional de trabalho, assinada por 120 sindicatos, sete federações e a recém-criada Confederação Nacional dos Bancários.[32] Conforme avaliação das direções sindicais bancárias, esta foi uma importante conquista política, que fortaleceu a luta pela adoção do contrato coletivo de trabalho nacional.[33]

A média mensal da inflação entre janeiro e junho de 1993 alcançou o patamar de 29,2%, enquanto permaneciam elevados os níveis de desemprego e crescia o trabalho informal e precário no país. O governo Itamar Franco (1993-1994), que dava prosseguimento às reformas liberalizantes do governo anterior, instituía o Programa de Ação Imediata (PAI) em maio, cujos objetivos centrais eram combater a inflação e ajustar as contas públicas. Baseando-se no diagnóstico de que a origem do processo inflacionário residia no desequilíbrio financeiro e na desorganização administrativa do setor público, o plano visava transferir para o setor privado da economia as responsabilidades da recuperação econômica. Em relação aos bancos públicos, o PAI determinava um conjunto de medidas restritivas, dentre as quais se destacam: maior autonomia do Banco

Central para executar, prevenir ou intervir na atuação dos bancos estaduais e federais; proibição de concessão de socorro financeiro pelo Banco Central ou Tesouro Nacional aos bancos estaduais em dificuldades; promoção de reestruturação do sistema de bancos estaduais, com a transformação dos bancos de desenvolvimento em carteiras e fechamento de agências; redefinição e enxugamento dos bancos federais, com o fechamento de agências; privatização do banco Meridional (DIEESE, 1993).

Os bancários, juntando-se à luta geral dos trabalhadores pelo reajuste mensal integral de salários, deflagraram sua campanha salarial daquele ano num contexto de crescentes impasses com a resistência coletiva. O movimento grevista, decidido em assembléia, seguia uma nova estratégia: iniciaria com os bancos onde a organização e a mobilização estivessem mais avançadas, contaminando no processo de luta as demais instituições. A ação grevista, que se restringiu aos bancos Mercantil de São Paulo, Nossa Caixa, Econômico e Real, resultou na conquista de um aumento real de 37% nos pisos salariais dos caixas, acordado com os bancos em greve e posteriormente estendido aos demais bancos privados, além de um mecanismo de reajuste mensal dos salários. Entre os bancos estatais, apenas a Nossa Caixa assinou acordo considerado satisfatório pelos sindicalistas, que previa aumento real de salários de 17,8%.

O ano de 1994 foi marcado pela implementação do Plano Real e pelo processo de eleição presidencial no país. Naquela contextualidade, os bancários contabilizavam suas perdas salariais e reivindicavam 119,4% de reposição, baseando-se no índice do custo de vida do DIEESE para o período de setembro de 1993 a agosto de 1994. Exigiam ainda 13,2% de produtividade, por ser esta a taxa de rentabilidade das instituições financeiras nos últimos 12 meses. Por seu lado, os bancos intensificavam seus programas de ajuste administrativo e operacional, reduzindo o quadro funcional e adotando a terceirização como mecanismo de barateamento dos custos com força de trabalho. Desde o início da década, quando existiam mais de 815 mil bancários no país, cerca de 200 mil postos de trabalho haviam sido perdidos, no setor, até meados de 1994.

No decorrer do longo e difícil processo de negociação das bases da convenção coletiva daquele ano, os bancários utilizaram uma forma diferente de pressão: as *paralisações-surpresa*, apelidadas de "Kinder ovo".[34] Avaliando os obstáculos à mobilização geral da categoria, os dirigentes sindicais inspiraram-se numa antiga tática de luta chamada *greve de guerrilha*, ou "*grevilha*", adotada pelo sindicalismo bancário dos anos 60. Naquela época, o elemento *surpresa* convertia-se num instrumento fundamental de fragilização mercadológica do banco atingido, segundo a descrição de Letícia Canêdo: "[...] a grevilha tonteava o banqueiro, uma vez que a paralisação era decidida secretamente. A insegurança em saber qual o banco a ser atingido criava clima para boatos, pois o cliente assustado retirava o dinheiro a juros de um banco ameaçado e passava para outro" (1986, pp. 158-59).

Na campanha salarial bancária de 1994, as paralisações-surpresa foram dirigidas aos locais de grande concentração de trabalhadores: os centros administrativos e de processamento de dados. Itaú, Bradesco, Nacional, Unibanco, BCN, Bamerindus, Nossa Caixa e Banespa foram os bancos atingidos pelo movimento, que consistia em atrasar por cerca de duas horas a entrada dos funcionários, com a realização de assembléias de discussão da campanha em frente ao banco. Em documento sindical, o uso dessa tática foi assim avaliado:

> O grau de insatisfação salarial era (e continua sendo) muito grande, com os bancários enfrentando dificulda-

> des em controlar o orçamento e a grande parte utilizando o limite do cheque especial. No entanto, esta insatisfação salarial não se refletia na disposição de luta em função do medo do desemprego. As dificuldades de mobilização não podiam justificar a falta de grandes atividades nesta campanha. Para quebrar a intransigência dos banqueiros, utilizou-se uma tática batizada de "kinder ovo", concentrando todos os recursos possíveis para paralisar um determinado banco. [...] O movimento conseguia a adesão dos bancários, que tinham a presença do piquete como "álibi" para não entrar durante o período da manifestação, prejudicava o andamento dos serviços do banco, criava um clima de campanha e conseguia espaço na mídia, que tentava descobrir qual o próximo banco a ser atingido (Sindicato dos Bancários de São Paulo, 1994).

Os resultados das negociações, em termos propriamente salariais, foram bastante insatisfatórios, já que aos 119% reivindicados para repor as perdas do período (setembro de 1993 a agosto de 1994), os banqueiros contrapropuseram apenas 16% de reajuste salarial. A conquista da campanha de 1994 mais destacada na imprensa sindical foi o cheque-alimentação, no valor de 80 reais, a ser pago mensalmente. De acordo com a interpretação de dirigentes sindicais, em face da conjuntura adversa às lutas da classe trabalhadora e dos resultados das campanhas salariais de outros segmentos desta no período, o acordo poderia ser considerado uma vitória.[35]

A campanha salarial de 1995 transcorreu num quadro de agravamento da crise econômica e social no país. O modelo de política econômica adotado no governo Fernando Henrique Cardoso, que intensificava a implementação de reformas neoliberais, conduzia à desarticulação da estrutura industrial brasileira e a um aumento drástico dos níveis de desemprego. No sistema financeiro, tais medidas, especialmente as de estabilização monetária constitutivas do Plano Real, produziam um movimento intenso de reestruturação que aprofundava a concentração e a centralização do capital privado e aumentava a presença de grandes conglomerados financeiros estrangeiros no setor.

As medidas de política monetária, que restringiam o crédito e elevavam as taxas de juros, aumentando descontroladamente o endividamento externo e interno, resultavam em instabilidade e desequilíbrios financeiros. A crise gerava obstáculos à atuação de empresas de pequeno porte e sem solidez patrimonial e desdobrava-se em crescentes índices de inadimplência e desemprego. No setor bancário, os resultados dos balanços relativos ao primeiro semestre de 1995 apontavam queda de rentabilidade e lucro líquido em diversos bancos de varejo. Alegando assegurar liquidez e solvência ao sistema financeiro e resguardar os interesses dos depositantes e investidores, o governo brasileiro instituía o Programa de Estímulo à Reestruturação e ao Fortalecimento do Sistema Financeiro Nacional (PROER). O já referido programa, que criava linhas de crédito e subsídios para fusões e incorporações entre bancos, constituía instrumento institucional de favorecimento do grande capital privado, nacional e estrangeiro. Quanto aos assalariados bancários, sofreram a perda de mais de 100 mil postos de trabalho entre janeiro de 1994 e dezembro de 1995, segundo Cerqueira e Amorim (1998).

Naquela conjuntura crítica, as negociações salariais para assinatura da convenção coletiva dos bancários, em 1995, tiveram como pontos centrais: a reivindicação de reajuste salarial de 67% (incluindo índice relativo à inflação do período entre setembro de 1994 e agosto de 1995, calculado pelo DIEESE, mais 12,7% a título de produtividade) e abono aproximado de 200% a título de participação nos lucros dos bancos em

1994.[36] A contraproposta da Fenaban, referida no índice nacional de preços ao consumidor (Inpc/Ibge), fixou-se num reajuste salarial de 30%, acrescido de abono — como pagamento da participação dos trabalhadores nos lucros e resultados das empresas — de 72% do salário mais 200 reais.[37]

Avaliando que as diversas formas de pressão utilizadas no decorrer da campanha salarial (assembléias, passeatas, paralisações-surpresa no Unibanco, Itaú, Bamerindus, BCN e Bandeirantes) eram insuficientes para uma mudança efetiva na proposta da Fenaban, a Executiva Nacional dos Bancários sugeriu consulta ao conjunto dos bancários, nos locais de trabalho, sobre os rumos da campanha. Isso porque, segundo a interpretação da direção sindical, somente um movimento grevista forte e unitário seria capaz de modificar a correlação de forças, naquele processo de negociação, a favor dos trabalhadores:

> A assembléia de ontem decidiu não aceitar a proposta da Fenaban e realizar, a partir de hoje, uma ampla consulta sobre a campanha salarial nos locais de trabalho. O objetivo é obter uma avaliação precisa da reação do bancário em relação às propostas até agora apresentadas. A posição unânime da assembléia, da qual participaram cerca de 700 pessoas, foi de que a proposta da Fenaban não resolve os problemas da categoria. Antes de se chegar até essa decisão, o Sindicato percorreu locais de trabalho, discutiu, realizou assembléias e manifestações importantes. Em sete rodadas de negociações, os banqueiros alteraram três vezes sua oferta inicial. Mas na negociação de ontem disseram ter chegado ao "limite". Uma assembléia com 700 pessoas tem poder para não aceitar uma proposta, mas não tem força para deflagrar uma greve.[38]

Desta forma, organizou-se um plebiscito que objetivava responder, de um lado, se o bancário aceitava a proposta da

FENABAN e, de outro, se estaria disposto a ir à greve para modificá-la. Na cidade de São Paulo, onde havia na época cerca de 107 mil bancários (DIEESE, 1996c), foram respondidas 25.886 cédulas, com o seguinte resultado, ratificado em assembléia geral:

1) aceitavam a proposta da FENABAN 14.778 bancários, enquanto 10.878 discordavam dela e 230 abstinham-se;
2) apenas 7.745 dispunham-se a fazer greve e 17.745 não participariam do movimento, enquanto 596 abstiveram-se de responder.[39]

Para a ampla maioria dos bancários da cidade de São Paulo (85%), a greve tem-se constituído em instrumento de luta necessário nas campanhas salariais da categoria, de acordo com estudo desenvolvido pela Companhia Brasileira de Pesquisa e Análise (CBPA, 1996), encomendado pelo Sindicato dos Bancários de São Paulo. Todavia, na campanha de 1995, a greve não deveria ser utilizada, de acordo com a opinião (coerente com os resultados do plebiscito) de 71% dos entrevistados.

A convenção coletiva nacional de 1995 teve resultados considerados satisfatórios, do ponto de vista salarial, para apenas 42% dos bancários de bancos privados que participaram da enquete da CBPA. Mesmo assim, o cumprimento das cláusulas econômicas do contrato passou a ser reivindicado pelos assalariados dos bancos federais e estaduais, que permaneciam em regime de negociação, lutando ainda pela manutenção de vários direitos conquistados em acordos anteriores. Os bancários da Caixa Econômica Federal realizaram uma greve que teve 12 dias de duração e abarcou agências de todo o país, enquanto a força de trabalho do Banco do Brasil paralisava as atividades por 24 horas, no dia 18 de outubro.

De modo geral, nas atividades daquela campanha salarial, assim como nas anteriores, os bancários dos bancos estatais tiveram participação muito mais intensa que aqueles dos bancos privados. Segundo a pesquisa da CBPA, enquanto, entre os primeiros, apenas 35% não participaram de nenhuma atividade, entre os segundos este percentual foi de 57%. As assembléias da categoria, por exemplo, tiveram a participação de 38% dos trabalhadores de bancos estatais e de somente 16% dos bancários da rede privada. A participação mais efetiva do contingente empregado nos bancos estatais, no entanto, não derivou em conquistas salariais. A expressiva maioria destes trabalhadores (74%) considerou insatisfatórios os resultados econômicos da campanha salarial de 1995.

A discussão sobre participação nos lucros ou resultados (PLR) das instituições financeiras foi um dos focos das negociações da campanha salarial de 1995, em face da decretação de medida provisória sobre o assunto, em dezembro do ano anterior. Sua regulamentação, por iniciativa do governo brasileiro e por meio de sucessivas medidas provisórias a partir de 1994, destinava-se a estimular a implantação de um sistema flexível de remuneração da força de trabalho e a deslocar a negociação salarial para o âmbito restrito da empresa.[40] Com efeito, *além de permitir expressiva redução dos custos fixos das empresas com força de trabalho — por não se incorporar ao salário-base do trabalhador e não implicar obrigações trabalhistas —, o sistema de remuneração baseado na PLR constituía importante instrumento capitalista de enfraquecimento da luta coletiva da classe trabalhadora por melhores condições de trabalho e salariais.*

Mesmo assim, a inclusão de cláusula relativa a PLR na convenção coletiva de trabalho dos bancários de 1995-1996, que abrangia o conjunto dos bancários do país, foi interpretada pelos dirigentes sindicais de São Paulo, em seu jornal diário, como a principal conquista da campanha salarial daquele ano:

> Com abono de 72% do salário mais R$ 200,00, os bancários incluíram em sua convenção coletiva, que tem força de lei, participação nos lucros e resultados. É a primeira categoria no país a obter essa conquista. Essa é a marca que faz a diferença na Convenção 95/96. Significa engatar a primeira marcha numa antiga reivindicação, ora tratada como 14º salário, ora como gratificação semestral. Este ano, o primeiro passo foi a inclusão, pelos bancários, do abono na pauta de reivindicações. Depois veio a proposta de 72% do salário e, com as diversas atividades de pressão, o acréscimo de R$ 200,00.[41]

Durante a campanha salarial de 1996, os sindicalistas bancários organizaram uma paralisação-surpresa na região central de São Paulo, que atingiu dez agências bancárias e reuniu cerca de 2 mil trabalhadores, no início da manhã. O objetivo era mobilizar os bancários para a greve da categoria, prevista para 26 de setembro. As negociações das cláusulas para a convenção coletiva haviam chegado a um impasse: os trabalhadores reivindicavam 21% de reposição de perdas salariais, 6,7% de produtividade e participação de 21% sobre o lucro líquido de cada banco; a FENABAN oferecia reajuste de 8%, 60% do salário a título de participação nos lucros e resultados, mais abono.

Em uma conjuntura crescentemente adversa ao desencadeamento de manifestações de massa, o movimento grevista bancário ficou concentrado em locais de trabalho mais mobilizados e em setores considerados estratégicos para a lucratividade dos bancos. A greve, que teve duração de nove dias e atingiu mais fortemente o Unibanco e o Real, repercutiu sobre o mercado financeiro de São Paulo:

> A greve parcial dos bancários afetou as operações de todos os mercados ontem. Principalmente o interbancário e o de câmbio. O movimento grevista fez com que o ritmo das operações fosse bem menor que o normal. Nas regiões central e da avenida Paulista, onde se concentram os bancos mais atuantes do mercado, os piquetes dos grevistas impediram a entrada dos bancários nos seus locais de trabalho. Com isso, alguns bancos, que têm base da administração das operações centralizada nessas regiões, preferiram ficar de fora do mercado, para não correr o risco de ter comprometido o processamento dos negócios fechados ontem.[42]

A pressão do movimento sobre o funcionamento dos bancos não resultou, todavia, na conquista das reivindicações dos trabalhadores. O reajuste de 10,8% acordado nem sequer repunha a inflação do período, medida pelo INPC/IBGE (14,28%). Como complementação, os bancários receberam abono adicional de 45%, que não se incorpora ao salário e, portanto, não incide sobre outros vencimentos de natureza salarial. Apesar das limitações do acordo, válido para os bancos privados, os bancários das instituições federais e estaduais reivindicaram sua extensão. Isso porque, nas negociações dos acordos específicos, a maioria dos bancos estatais propunha apenas abono salarial, sem nenhum reajuste. Apesar da deflagração de paralisações na Caixa Econômica Federal e de manifestações de protesto dos funcionários do Banco do Brasil, Banespa e outros estatais, o ano de 1996 terminou sem que fosse fechado acordo salarial para estes bancos.[43]

A maioria dos bancários filiados ao Sindicato dos Bancários de São Paulo avaliava que suas condições de vida e trabalho haviam piorado recentemente, segundo o citado estudo desenvolvido pela CBPA em 1996. Esta avaliação negativa encontrava-se mais presente entre os bancários de bancos estatais

(86%) e entre aqueles que atuavam na área operacional (68%). A perda de poder aquisitivo da categoria, associada por muitos ao Plano Real, justificou a opinião de 73% dos entrevistados, enquanto a diminuição dos níveis de emprego no setor (cortes de pessoal causados pela automação e redução do número de vagas) foi citada por 45% como principal motivo da deterioração das condições de trabalho. Outros problemas apontados foram o aumento da carga de trabalho, a falta de reconhecimento profissional e a insuficiência de promoções. Por outro lado, um pequeno contingente de sindicalizados (14%), composto quase que exclusivamente de bancários de bancos privados, considerava que a situação havia melhorado, alegando conquistas salariais e de benefícios.

Note-se que a avaliação do Plano Real e do atual governo brasileiro é mais severa entre os bancários de instituições estatais. Nas entrevistas realizadas com os empregados em bancos privados, as opiniões dividiram-se quase uniformemente entre aqueles que consideraram o Plano Real ótimo/bom (31%), regular (33%) e ruim/péssimo (35%). Já os bancários de estatais criticaram duramente o plano e seus efeitos sobre a categoria: apenas 12% consideraram-no ótimo/bom, ao passo que, para 22%, ele era regular, e 63% avaliaram-no como ruim/péssimo (CBPA, 1996).

Para a ampla maioria dos bancários filiados ao sindicato de São Paulo, as perspectivas de futuro eram pessimistas, especialmente para aqueles com maior tempo de sindicalização e vinculados ao setor estatal. A situação tendia a se manter problemática ou a piorar para aproximadamente 69% dos bancários, enquanto apenas 16% esperavam melhoria das condições gerais de trabalho e 15% evitaram fazer quaisquer prognósticos. A expectativa de continuidade no acelerado processo de demissões foi o principal motivo da avaliação negativa de grande parcela da categoria, que apontou a automação, as fusões entre instituições financeiras, os programas de demissão voluntária e a recessão/desaquecimento econômico como fatores principais de redução da força de trabalho empregada no setor. Entre os bancários de bancos privados, uma minoria acreditava em futuras melhorias e esperava aumento salarial; entre aqueles de bancos estatais, a expectativa era de que tais melhorias resultassem de medidas governamentais (ibidem).

Em relação à atuação do sindicato, um contingente razoável de bancários (cerca de 21%) esperava maior combatividade e pressão mais intensa nas ações de resistência. As campanhas por melhores salários e pela garantia do emprego foram consideradas centrais, citadas, respectivamente, por 23% e 13% dos entrevistados. Ainda, a expectativa de maior proximidade entre as direções sindicais e as bases e de uma presença mais constante dos representantes do sindicato nos locais de trabalho foi apontada por aproximadamente 9% dos bancários entrevistados pela CBPA (1996).

No início de 1997, haviam sido extintos 733 mil postos de trabalho formal em todo o país, desde a decretação do Plano Real. O sistema financeiro era responsável por 21,58% do total dos empregos eliminados. Os dois maiores conglomerados financeiros privados nacionais, Bradesco e Itaú, haviam reduzido o quadro funcional em aproximadamente 50% entre o começo da década e o final de 1996 (DIEESE, 1997d). Nos bancos estatais, o movimento de perda do emprego é mais intenso ainda, diante das atuais medidas governamentais direcionadas à privatização da economia. Os programas de *ajustes* operacionais e administrativos que vão sendo implementados nestes bancos demitem enormes contingentes de bancários. No Banco do Brasil, foram extintos 39.100 postos de trabalho entre o final de 1994 e junho de 1997. Nas dez maiores instituições estaduais, o enxugamento do quadro funcional representou 22,42% do total de empregos eliminados na categoria, no mesmo período (Executiva Nacional dos Bancários, 1997).

A gradativa precarização das condições de trabalho dos bancários de bancos estatais na década de 90 é uma das marcas que tornam concretos e visíveis os traços destrutivos da política econômica e social do governo brasileiro, subordinada aos princípios neoliberais. A sobrecarga de trabalho e a realização de horas extras não pagas, outrora características apenas das relações de trabalho nos bancos privados, são problemas vividos intensamente na jornada laboral diária dos trabalhadores de bancos estaduais e federais, na atualidade.

De acordo com diversos dirigentes sindicais, o desrespeito à jornada contratada e o excesso de trabalho têm sido pouco denunciados pelos funcionários das instituições estatais, que temem demissões ou outras retaliações dos administradores dos bancos. Foi buscando enfrentar esta situação que a Comissão de Empresa dos Funcionários do Banco do Brasil lançou campanha nacional para combater o trabalho gratuito, orientando os sindicatos a conseguir provas desta prática e a denunciá-la às delegacias regionais do trabalho e à população em geral. Com esta finalidade, o Sindicato dos Bancários de Brasília realizou levantamento na agência de Taguatinga, cidade-satélite do Distrito Federal. Durante um dia inteiro, os dirigentes sindicais anotaram horários de entrada e saída, almoço e lanche dos funcionários da agência, tendo constatado o seguinte:

> Dos 27 funcionários da agência, apenas um trabalhou menos de 7 horas — exatamente 6 horas e 50 minutos. Quando as portas se fecharam, às 17 horas, havia uma fila de 300 clientes dentro da agência. [...] O último cliente saiu às 19 horas. Nada menos que 20 funcionários trabalharam naquele dia mais de 9 horas. Um deles

chegou a trabalhar 12 horas e 45 minutos — chegou às 9h e só saiu às 22h, fazendo apenas 15 minutos de almoço.[44]

No cenário internacional, os movimentos de mundialização e desregulamentação financeiras implicavam profunda transformação nos sistemas bancários nacionais, mais vulneráveis pela intensificação da concorrência nos mercados financeiros nacionais e internacionais. Em 1997, no Brasil, a política de abertura indiscriminada ao capital estrangeiro e de incentivo à maior concentração de capital no sistema financeiro nacional resultou em ações de mudança de controle acionário, fusões e incorporações que envolveram 39 instituições financeiras (Andima, 1999a).

Enquanto os grandes conglomerados financeiros privados cresciam em poder econômico no sistema — os lucros dos cinco bancos privados nacionais de maior porte (Bradesco, Itaú, Unibanco, BCN e Real) aumentavam em 73% entre o primeiro semestre de 1995 e o primeiro semestre de 1997[45] —, eram implementadas políticas de desmontagem do sistema bancário estatal. Em fevereiro de 1997, era criado o Programa de Incentivo à Redução do Setor Público Estadual na Atividade Bancária (Proes), que consumia recursos do governo federal nos processos de privatização, liquidação ou transformação em agência de fomento de bancos estaduais. Até o final do ano, haviam sido privatizados dois bancos estaduais (Credireal e Banerj, adquiridos pelo Bradesco e Itaú, respectivamente) e o banco federal Meridional, cujo comprador foi o banco privado nacional Bozano, Simonsen, posteriormente incorporado ao conglomerado financeiro espanhol Santander.

No decorrer da campanha salarial bancária de 1997, quando os bancários reivindicavam reajuste de 22,86%, participação nos lucros e garantia de emprego, o então presidente do Sindicato dos Bancários de São Paulo afirmava:

> A Fenaban tenta acirrar a lógica neoliberal na categoria. Além de reduzir o número de bancários e, por conseqüência, burlar a jornada e aumentar o ritmo de trabalho, o pressuposto é reduzir despesas de pessoal e evitar novas conquistas. O comportamento dos banqueiros é claro: não admitir novos custos se não houver sinal de mobilização da categoria. [...] Só a pressão coletiva, da base, forçará a negociação do reajuste, participação nos lucros, auxílio-educação e, inclusive, a preservação do emprego.[46]

Foto nº 20: Lançamento da campanha salarial de setembro de 1997, com atividade dramatizada na Rua 15 de novembro, centro de São Paulo.
Foto: Esdras Martins
Arquivo: Centro de Documentação Seeb-SP

Foto nº 21: Atividade da campanha salarial de setembro de 1997 em Osasco.
Foto: Esdras Martins
Arquivo: Centro de Documentação Seeb-SP

Após a adoção das já tradicionais *paralisações-surpresa* — desta vez apelidadas de "*a indomada*"[47] — como mecanismo de pressão e mobilização dos trabalhadores ao longo da campanha, os bancários decidiram em assembléia geral aceitar a contraproposta da FENABAN de reajuste salarial de 5%, superior ao INPC/IBGE (4,3%). Segundo a avaliação das direções sindicais, a melhoria da proposta só seria possível com a maciça participação da categoria e a deflagração de forte movimento grevista, que não ocorreu.[48]

A campanha salarial bancária de 1998 transcorreu num cenário de intenso debate político no país, em ano de eleições presidenciais, e de agravamento da instabilidade financeira mundial, após os *crashes* financeiros nos países asiáticos, no segundo semestre do ano anterior.[49] No Brasil e em outros países periféricos, cuja vulnerabilidade financeira sistêmica é grande, o temor de propagação da crise afetou os mercados de capitais. Em resposta à conjuntura internacional, o governo brasileiro determinava a duplicação da taxa básica de juros — que passava de 20,69% para 43,4% ao ano — e editava um pacote econômico que implicava forte desaquecimento da economia e aumento dos índices de desemprego e inadimplência bancária (DIEESE, 1998c).

Neste contexto de crise econômica e social, os bancários iniciaram sua campanha reivindicando 7,7% de reajuste salarial, 14,8% de produtividade — calculado pela relação entre o volume de depósitos e operações de crédito e o número de bancários —, 25% do lucro bruto de cada banco a título de participação nos lucros, ampliação do horário de atendimento nos bancos, com dois turnos de trabalho, e respeito à jornada laboral de seis horas como pontos prioritários da minuta de reivindicação.[50] Por seu lado, a classe patronal propunha o congelamento dos salários, que seria compensado com um abono de 700 reais, e mudança na jornada de trabalho contratada, que passaria de seis para oito horas diárias.

A organização de manifestações-surpresa concentradas em determinados bancos no decorrer de toda a campanha constituiu-se, mais uma vez, na forma predominante de resistência utilizada pelo movimento sindical bancário, na luta defensiva por melhores condições salariais e de trabalho. De fato, paralisando vários locais de trabalho simultaneamente e reunindo, em algumas ocasiões, milhares de bancários, realizando assembléias na entrada dos bancos, o sindicalismo bancário confrontava a política patronal de exacerbação da exploração do trabalho. Entretanto, as limitações desta tática de luta — que substitui a mobilização ampla dos trabalhadores pelo uso intensivo da estrutura organizativa do sindicato —, em uma conjuntura política e econômica adversa à classe trabalhadora, conduziam a resultados distantes das aspirações e reivindicações dos bancários. O reajuste salarial de 1,2%, abono de 700 reais, 40% do salário como participação nos lucros, manutenção de todas as cláusulas da convenção coletiva nacional dos bancários e nenhuma supressão de direitos foram as principais conquistas da campanha salarial bancária de 1998, de acordo com a avaliação do sindicato de São Paulo.[51]

O contexto no qual se desenvolveram as negociações e os impasses enfrentados pelos trabalhadores no decorrer da campanha foram explicitados na imprensa sindical:

> Com certeza, a deste ano foi uma das mais longas e angustiantes campanhas salariais dos bancários, cujo desfecho levou noventa dias. Foi, também, cansativa e angustiante. O país ficou em compasso de espera por causa das eleições e do ajuste fiscal. As urnas confirmaram mais quatro anos para FHC que, aliado a banqueiros e empresários, pretende continuar o projeto de eliminar

cada vez mais os direitos dos trabalhadores. Assim, a campanha salarial ficou num impasse. De um lado, os banqueiros querendo acabar com a jornada de 6 horas, o anuênio e, ainda, congelar salários. De outro os bancários que não aceitavam, em hipótese alguma, a extinção de conquistas e exigiam índice de reajuste.[52]

Foto nº 22: Primeira assembléia geral de discussão da campanha salarial de setembro de 1998, no Centro Sindical dos Bancários, região central de São Paulo, em 22/7/98.
Foto: Esdras Martins
Arquivo: Centro de Documentação SEEB-SP

Foto nº 23: Atividade lúdica da campanha salarial de setembro de 1998, na Rua Boa Vista, centro de São Paulo, em 11/11/98. Inspirados no tema "salário não é peixe para congelar", os bancários distribuíam peixe frito aos transeuntes.
Foto: Augusto Coelho
Arquivo: Centro de Documentação SEEB-SP

Num quadro de crescente instabilidade financeira internacional e de mudança na política cambial brasileira, que gerou forte desvalorização da moeda nacional diante do dólar, os trabalhadores bancários aprovaram os principais itens da minuta de reivindicações para a campanha salarial bancária de 1999. Na 1ª Conferência Nacional dos Trabalhadores do Sistema Financeiro, realizada em São Paulo, foram definidos os seguintes eixos da campanha: reposição salarial, garantia de emprego, auxílio-educação, segurança, saúde, defesa dos bancos públicos, igualdade nas relações de gênero e raça nos locais de trabalho.

Como nos anos anteriores, as atividades e manifestações da campanha desenvolveram-se centradas em determinados locais de trabalho, selecionados estrategicamente pelas direções sindicais, nas diversas regiões do país. Destacou-se naquele ano, como mecanismo mais geral de pressão dos trabalhadores ao longo das negociações com a classe patronal, uma paralisação de 24 horas na cidade do Rio de Janeiro, por ocasião do Encontro Nacional dos Bancários. O movimento foi viabilizado pela ação de aproximadamente 2 mil militantes sindicais, participantes do encontro, e atingiu cerca de 150 dependências bancárias no centro da cidade, envolvendo de 20 mil a 25 mil bancários, segundo informação da Confederação Nacional dos Bancários.[53]

No final de outubro, após longo processo de negociações e data indicativa de greve nacional para o dia 4 de novembro, foi firmado acordo com a FENABAN, contemplando parcialmente as reivindicações salariais dos trabalhadores. Segundo avaliação da direção nacional dos bancários, os "elementos essenciais para o fechamento do acordo" — manutenção de direitos e recomposição dos salários — estavam presentes na proposta da entidade patronal.[54]

Foto nº 24: Atividade dramatizada da campanha salarial de setembro de 1999, na Rua Boa Vista, centro de São Paulo, em 22/9/99.
Foto: Jailton Garcia
Arquivo: Centro de Documentação SEEB-SP

Quanto aos bancos públicos, especialmente nos federais, as negociações seguiriam impactadas pela política de desmontagem do sistema produtivo estatal, intensificada no Brasil na segunda metade da década. Em novembro e dezembro, bancários do Banco do Brasil e da Caixa Econômica Federal, em diversas localidades do país, realizaram paralisações de até 48 horas, reivindicando reajuste salarial e protestando contra o "congelamento" dos salários determinado pelo governo federal. O acordo salarial anual dos bancos federais seria assinado somente no início do ano 2000, após julgamento do dissídio coletivo pelo Tribunal Superior do Trabalho, que mantinha a imposição de "reajuste zero" aos trabalhadores de empresas estatais, em conformidade com princípios e programas neoliberais.

Com efeito, ao longo de toda a segunda metade dos anos 90, uma política de arrocho salarial buscou aproximar as condições de remuneração nas instituições bancárias estatais àquelas dos bancos privados.[55] As negociações para a celebração dos acordos salariais, sujeitas a resoluções do Conselho de Coordenação e Controle das Empresas Estatais (CCE), passam a se orientar pela redução drástica das despesas com força de trabalho. Assim, à imposição de "reajuste zero"[56] nas instituições estatais, como tática que conduz à queda progressiva das verbas de natureza salarial, soma-se a adoção de programas de remuneração variável, em padrões semelhantes aos dos bancos privados, objetivando a crescente individualização dos rendimentos do trabalho. Tal política desenvolve-se em um quadro de visível diminuição das possibilidades de resistência dos bancários de bancos estatais, tolhidos, como os demais trabalhadores, pela ameaça permanente do desemprego e do subemprego.

Para o conjunto dos bancários, as campanhas salariais dos anos 90 não têm garantido a reposição de perdas salariais acumuladas. Note-se que, na década de 80, os altos índices inflacionários e a decretação de reajustes salariais abaixo do índice do custo de vida (ICV) ocasionaram um rebaixamento do poder aquisitivo médio dos trabalhadores bancários. Segundo dados do DIEESE, a partir de 1982 o salário real médio do bancário apresentou tendência de queda, interrompida brevemente em 1985, em face das conquistas econômicas obtidas pelo movimento grevista da categoria, em setembro daquele ano. A trajetória de queda do poder aquisitivo dos salários seria retomada meses depois, quando da implementação de medidas de fixação dos salários dos trabalhadores, por ocasião do Plano Cruzado, como explicita artigo da imprensa sindical:

> Em março de 1986, após a decretação do Plano Cruzado, os salários foram reajustados de forma a reconstituir

> a média real do semestre imediatamente anterior (setembro de 1985 a fevereiro de 1986). A escolha deste período para a fixação dos salários foi extremamente adversa, do ponto de vista dos assalariados, pois este semestre caracterizou-se por uma elevadíssima inflação (105,5% pelo IBGE e 115,8% pelo DIEESE) que corroeu rapidamente o poder de compra dos salários e os eventuais ganhos conquistados ao longo destes meses. No caso específico dos bancários [...] este procedimento acarretou uma perda de 26,5% segundo os índices do governo.[57]

Um movimento de queda do salário médio real dos bancários persistiria ao longo de praticamente toda a década de 80, ainda que amenizado no segundo semestre de 1988 e de 1989, em conseqüência dos resultados das campanhas salariais daqueles anos. Com o início dos anos 90 e a ofensiva dos pressupostos neoliberais no país — tematizada pelos governantes e pelos órgãos de comunicação de massa como "modernização" —, verificou-se uma degradação mais acentuada dos rendimentos do trabalho. Para os bancários, este movimento revelou-se, concretamente, numa forte redução dos níveis salariais no setor, que, no primeiro semestre de 1991, representavam 65% do índice médio alcançado em 1985 (DIEESE, 1991).

Na década de 90, as condições de trabalho e salariais da classe trabalhadora brasileira são permeadas por um conjunto de elementos estruturais e conjunturais que se inter-relacionam de modo complexo. Em nível mais totalizante, a inserção subordinada do país nos movimentos da reorganização mundial do capital, sob os preceitos neoliberais, atando às determinações do grande capital transnacional a vida social, econômica e política do Brasil, conduziu a um movimento de crescente precarização do emprego e queda generalizada da renda do trabalho assalariado. Os governos brasileiros dos anos 90, adotando medidas de desregulamentação e liberalização da economia, privatizando a relação salarial e criando mecanismos de ataque aos direitos dos trabalhadores e a sua organização política e sindical, têm-se convertido em importantes instrumentos da intensificação da exploração capitalista do trabalho na década.

Nos ambientes produtivos, os métodos *flexíveis* de racionalização combinam intensa mudança organizacional e tecnológica para incrementar o poder e a dominação do capital sobre o trabalho. De fato, disseminando formas precárias de contratação e salário, em contexto de acelerada expansão de uma população trabalhadora excessiva para as necessidades de reprodução do capital, a reestruturação capitalista contemporânea propicia condições privilegiadas para a superexploração do trabalho. Enquanto dispensa força de trabalho e reduz seu preço, aumentando brutalmente a apropriação de sobretrabalho pelo capital — seja prolongando a jornada laboral, seja intensificando o trabalho —, introduz práticas de controle e gestão que objetivam tolher a resistência dos trabalhadores ao domínio capitalista e obter a máxima produtividade do trabalho ao menor custo. As novas técnicas gerenciais, apoiadas em programas de "qualidade total" e "remuneração variável", vinculam crescente parcela da renda do trabalhador ao desempenho profissional, avaliado conforme critérios e metas de produtividade determinados unilateralmente pela classe patronal.

Deste modo, *nos anos 90 opera-se uma conjunção entre a política neoliberal dos governos brasileiros e os diversos e sofisticados mecanismos de controle e poder organizacional constitutivos da reestruturação produtiva, para aperfeiçoar os instrumentos de apropriação econômica e dominação política que regem as relações capitalistas de produção*. Sob a realidade de dura ofensiva do Estado e do capital contra a classe trabalhadora, a luta sindical bancária viveu forte refluxo na década. A crescente dificuldade de mobilização e articulação ampla dos trabalhadores bancários no decorrer das campanhas salariais anuais é reveladora dos impasses atuais do movimento sindical.

Um crescente distanciamento entre as reivindicações dos trabalhadores e os resultados das campanhas salariais bancárias observou-se ao longo da década de 90. No que se refere a cláusulas propriamente salariais, os índices de reajuste acordados para os bancos privados repuseram parcialmente a inflação medida no período anterior. Quanto ao valor da participação nos lucros e resultados (PLR), condicionado à situação de rentabilidade dos bancos, tem sido negociado nas convenções coletivas de trabalho dos bancários, desde 1995. Por constituir forma de remuneração que não se incorpora ao salário e não implica obrigações fiscais e trabalhistas à classe patronal, este mecanismo de remuneração toma, muitas vezes, a forma pragmática de abonos compensatórios à ausência de aumentos reais de salários, pagos periodicamente aos trabalhadores.

De acordo com análise do DIEESE (2000c), a cláusula relativa à participação nos lucros e resultados tende a perder importância nas negociações das campanhas salariais bancárias. Isso porque é facultado aos bancos descontar do pagamento da PLR os valores pagos pelos programas próprios de remuneração variável. Com efeito, aumenta a quantidade de grandes bancos com programas de remuneração variável, associados ao desempenho individual do trabalhador e da unidade ou equipe de trabalho relativamente a metas de produtividade determinadas, assim como ao resultado global da empresa. Atingindo de modo diferenciado os trabalhadores, beneficiando aqueles segmentos funcionais considerados estratégicos para a lucratividade da empresa, este sistema de remuneração intensifica a exploração do trabalho, quebra laços de solidariedade nos ambientes laborais e cria novos obstáculos à ação sindical.

Entre as propostas dos bancários para as convenções coletivas de trabalho, consta, desde 1996, a reivindicação de uma comissão paritária, composta de representantes patronais e dos trabalhadores, com o objetivo de discutir as formas de remuneração variável adotadas nos bancos. Alegando tratar-se de matéria estratégica das políticas de recursos humanos das instituições bancárias, os dirigentes do organismo sindical dos banqueiros (FENABAN) negam-se terminantemente a negociar questões relativas a este sistema de remuneração (ibidem).

De fato, o conteúdo dos programas e suas determinações quanto a metas de produtividade, critérios de avaliação dos desempenhos individuais e da equipe de trabalho, valores pagos e segmentos funcionais atingidos são definidos unilateralmente pela administração dos bancos, sem nenhuma interferência dos trabalhadores e seus representantes sindicais. É o que assinala a crítica ao programa AGIR, do banco Itaú, contida em órgão da imprensa sindical:

> O AGIR produz aumentos constantes na produtividade dos funcionários, mas sua remuneração não é incorporada aos salários. O programa premia os "saltos" de produtividade, de forma pontual, congelando a parcela fixa do salário e diminuindo constantemente o custo relativo do trabalho. [...] Como não há qualquer forma de negociação com os funcionários na definição de metas, critérios de pontuação, avaliação e desempenho, as informações gerais do programa ficam concentradas nos níveis hierárquicos superiores. As constantes mudanças nos critérios, aliadas à ausência de negociação, geram mais desinformação, desconfiança e desinteresse — agravando as relações de trabalho.[58]

A difusão das formas *flexíveis* de remuneração nos bancos, no contexto de crescentes índices de desemprego e de subemprego no setor — que fragmentam os trabalhadores e intimidam suas práticas de resistência —, é mais um obstáculo ao desenvolvimento da luta sindical bancária e de seus mecanismos coletivos de enfrentamento da exploração capitalista do trabalho, nos anos 90. Confrontando-se com processos intensivos de reestruturação, que racionalizam brutalmente o trabalho nos bancos e cultuam o individualismo e a competição nos ambientes laborais, diante de políticas estatais e do capital de ataque aos trabalhadores e a seus movimentos de defesa de classe, o sindicalismo bancário tem sua capacidade conflitual reduzida e pratica ações defensivas, no final do século XX.

Os dilemas do sindicalismo bancário

Como milhões de trabalhadores em todo o mundo capitalista, os bancários brasileiros têm a vida cotidiana e as possibilidades de resistência abaladas pela profunda transformação na base material da sociedade capitalista e suas repercussões políticas e ideológicas. A estreita articulação entre a reestruturação produtiva do capital e os programas e princípios neoliberais, que permitiram o desenvolvimento daquele, revela-se nos ambientes laborais simultaneamente como intensificação do trabalho, insegurança do emprego e culto das "leis" do mercado, afastando muitos trabalhadores da luta sindical.

Pensando essa articulação entre o econômico e o político ao analisar os movimentos mundiais do capital, Octavio Ianni assinala o alcance da ideologia neoliberal e a generalização dos padrões do mercado, que passam a permear todas as esferas da vida social:

> Na mesma proporção em que se dá o desenvolvimento extensivo e intensivo do capitalismo no mundo, genera-

> liza-se a racionalidade formal e real inerente ao modo de operação do mercado, da empresa, do aparelho estatal, do capital, da administração das coisas, gentes e idéias, tudo isso codificado nos princípios do direito. Juntam-se aí o direito e a contabilidade, a lógica formal e a calculabilidade, a racionalidade e a produtividade, de tal maneira que em todos os grupos sociais e instituições, em todas as ações e relações sociais, tendem a predominar os fins e os valores constituídos no âmbito do mercado, da sociedade vista como um vasto e complexo espaço de trocas (1997, p. 20).

Sob a contextualidade política, social e econômica de reorganização do capital conduzida por pressupostos neoliberais, os bancários vivem no dia-a-dia uma realidade de intensificação da exploração de sua força de trabalho. As transformações das suas condições de vida e trabalho, decorrentes da reestruturação capitalista, repercutem na esfera dos valores e do ideário que fundamentam suas ações e afetam o modo como eles se relacionam com a luta sindical. Nos ambientes laborais, as estratégias patronais de dominação tentam mascarar os antagonismos inerentes às relações de produção capitalistas, combinando um estilo "democrático" de gestão com práticas de maximização da produtividade do trabalho, que cultuam o individualismo e a competição entre trabalhadores.

São muitos os dilemas do movimento sindical bancário, diante do processo de acelerada mudança nas condições materiais de existência dos trabalhadores e nas representações e valores que invadem sua vida privada e seus locais de trabalho, decretando ultrapassada a luta coletiva e quebrando laços de solidariedade. As atuais dificuldades da organização[59] e mobilização sindical dos trabalhadores e as possibilidades da resistência coletiva neste contexto foram objeto das reflexões de dirigentes, militantes e assessores sindicais entrevistados. Seus depoimentos iluminam diferentes aspectos desta problemática, como análise e experiência direta da realidade subordinada ao processo de valorização do dinheiro.

Ao contrapor a ação sindical bancária na década de 90 às suas condições nos anos 80, alguns dirigentes sindicais destacam os seguintes fatores como determinantes do refluxo vivido pelo movimento na última década:

> [...] o setor patronal desenvolveu várias técnicas para desarticular a capacidade de mobilização das suas categorias. Isso você vê não só nos bancários, no setor industrial está muito forte. A terceirização contribui muito com isso, porque segmenta as categorias e tira contingentes expressivos de trabalhadores da representação do sindicato mais forte daquele ramo. Nos bancários, a automação eliminou, praticamente, aquele empregado de pior remuneração, aquele que ganhava muito pouco mesmo, aquele que praticamente não tinha o que perder. [...] E o desemprego? O desemprego está sendo a grande tônica do período. O medo de perder o emprego, hoje, é um dos elementos mais significativos para o trabalhador procurar uma forma diferente na relação com o sindicato, ao invés de participar das mobilizações de massa. É um período de resistência, onde a mobilização de massa é muito rara e muito difícil.[60]

> [...] nos anos 90, o país entrou no processo da rota da globalização da economia, que culmina com mudanças nas relações de trabalho, arrocho salarial e, principalmente, diminuição do nível de emprego. Então, o trabalhador, na minha avaliação, ele faz uma análise: "Olha, aqui está difícil, mas o que eu estou vislumbrando lá fora?" A gente tem um processo de diminuição de postos de trabalho no país inteiro, em todas as áreas. Daí

você não consegue fazer com que o trabalhador vá à luta, tanto para ter um reajuste salarial conquistado como também para manter as suas cláusulas sociais do contrato de trabalho.[61]

Com a restruturação produtiva e as novas formas de gestão, de um modo geral, os bancos conseguiram que o próprio bancário tivesse uma ligação muito maior com a empresa. Não se coloca tanto aquele contraponto entre a empresa e o empregado. O próprio bancário, muitas vezes em curso de formação dado pelo sindicato, diz que não sente mais vergonha ou raiva de trabalhar no banco, já tem uma identificação maior. Isso aí é um trabalho, principalmente, do banco em cima da cabeça dos bancários.[62]

Os sindicalistas destacam, nas suas análises, elementos e conseqüências essenciais do processo de reestruturação produtiva que se desencadeia no setor financeiro: a terceirização e seu efeito fragmentador sobre os trabalhadores; a automação, que atinge de modo diferenciado a força de trabalho; o desemprego, que tolhe a resistência; a mudança na forma de ser e pensar do bancário dos anos 90.

Os processos de subcontratação e terceirização constituem instrumentos essenciais de precarização do trabalho nas instituições financeiras, que atingem um conjunto cada vez mais amplo de atividades bancárias, separando os trabalhadores quanto a condições de emprego, salário e contratação. O modo concreto como estes mecanismos fragmentam o trabalho e repercutem na luta sindical bancária é apontado na entrevista a seguir, pelo exemplo de situação ocorrida na Caixa Econômica Federal:

Na Caixa Econômica Federal, todos os que trabalham no centro de computação são terceirizados. Eles nem

> reconhecem o sindicato dos bancários como sindicato deles. Eles são regidos por outro acordo e não têm a menor identificação com os trabalhadores bancários. Uma paralisação ali nós nunca fizemos. Em todas as avaliações sobre se fazer greve ali, sempre se colocou, inclusive, a iminência de conflito físico, porque eles não iriam parar, porque, se conquistarmos reajuste, eles não vão receber nada. É um pessoal que presta um serviço fundamental para a Caixa, que é a informatização da sua rede de agências em todo o país. E não tem a menor identificação com a categoria bancária.[63]

Portanto, as formas precárias de contratação convertem-se em mecanismos indispensáveis da reestruturação produtiva para aprofundar as condições de domínio do trabalho pelo capital. De um lado, desregulamentando condições de trabalho, implicando instabilidade do emprego e perda de direitos salariais, a terceirização penaliza enormes segmentos da classe trabalhadora. De outro, confrontando diferentes condições de emprego e salário nos ambientes produtivos, ataca diretamente a capacidade de organização e mobilização sindical, dificultando o desenvolvimento da consciência social entre os trabalhadores.

Ao analisar as relações corporativistas de trabalho no Brasil, por intermédio do estudo das lutas sindicais dos bancários do Banco do Estado de Santa Catarina (Besc), Ivan Junckes assinala o desenvolvimento de uma "dupla segmentação" que enfraquece a ação coletiva destes trabalhadores — por um lado, uma estratificação no interior do banco, na qual se estabelecem relações de rivalidade entre os funcionários, na disputa por melhor desempenho funcional, e destes com a força de trabalho subempregada — estagiários e terceirizados; por outro, uma fragmentação derivada das diferentes condições de trabalho entre bancários de bancos privados e aqueles de estatais, que se manifesta na dinâmica específica das mobilizações dos trabalhadores do Besc, na busca de acordos salariais qualitativamente distintos da convenção coletiva da categoria (Junckes, 1997).

Especialmente no que se refere aos efeitos fragmentadores da subcontratação, o autor observa:

> [...] entre os trabalhadores estáveis e os estagiários, contratados e terceirizados se estabeleceu uma disputa paradoxal: os trabalhadores não estáveis, que representam um terço dos trabalhadores no banco, são excluídos das mobilizações e dos acordos formais, enquanto são aceitos como mão de obra barata ou fraudulenta para geração de maior lucratividade e absorção de uma parcela do trabalho mais precarizado. Tal estratificação entre os trabalhadores indica uma redução progressiva nas condições de estabelecimento da solidariedade e mediação de interesses comuns (idem, op. cit., p. 124).

As ações defensivas do sindicalismo bancário perante esta realidade e a tentativa de estender aos trabalhadores subcontratados os direitos trabalhistas sintetizados nas convenções coletivas anuais dos bancários foram explicitadas em depoimento do presidente da Confederação Nacional dos Bancários:

> A posição da CUT é contrária à terceirização. Mas fazer o que com os trabalhadores terceirizados que existem de fato? Num determinado momento das negociações salariais, você tinha uma opção: ou reconhece que esses terceirizados existem, sem abrir mão da idéia de que isso não é bom, e negocia as condições de trabalho desses trabalhadores; ou diz não à terceirização e se recusa a negociar a extensão de condições contratadas para eles. Na categoria bancária, é praticamente consenso a idéia de negociar com os bancos a extensão dos direitos

para os terceirizados, mesmo que se mantenha a idéia geral de que o melhor é eliminar a terceirização.[64]

Os movimentos de tecnicização e de reorganização do trabalho nos bancos, intensificados desde os anos 80, aumentaram drasticamente a produtividade do trabalho e possibilitaram forte redução do emprego bancário. Enquanto as agências bancárias tendem a se transformar em pequenas lojas eletrônicas de produtos financeiros, os locais que concentravam grandes quantidades de trabalhadores nos anos 80 — centrais de processamento de dados, de serviços e de compensação — são desativados ou têm sua força de trabalho substituída por trabalhadores terceirizados. As dificuldades dos sindicatos para impedir os efeitos nefastos destes movimentos de "racionalização" do trabalho sobre os bancários foram assinaladas em entrevista com o presidente do sindicato de São Paulo:

> Não existe nenhum tipo de suporte legal para que os sindicatos tenham acesso aos planos das empresas. E a própria mobilização dos trabalhadores é difícil... Como as mudanças não acontecem todas de uma vez só — algumas tecnológicas, outras organizacionais, outras políticas —, é difícil você organizar uma reação coletiva. Quando a coisa atinge, por exemplo, a agência, o cara que está lá no departamento não se preocupa porque não está sendo atingido. Quando se extingue o departamento, quem está na agência diz: "Não é comigo". [...] Nós tivemos várias ondas de mudança na categoria bancária, que dificultam a resistência coletiva: a implantação do CPD há 20 anos atrás, a implantação do *on-line* e o começo da desativação dos CPDs há dez, 11 anos atrás.[65]

Em seu estudo das mudanças tecnológicas, organizacionais e gerenciais dos bancos, seus impactos sobre o emprego bancário e as estratégias sindicais de enfrentamento da questão, Mauri Antônio da Silva constata um recuo nas reivindicações dos sindicatos. Segundo o autor, embora a temática do emprego esteja presente ao longo de muitas décadas da luta sindical bancária e conste sempre das pautas de negociação nas campanhas salariais anuais, nenhuma conquista significativa foi obtida na defesa do emprego, nos últimos anos. Limitado a práticas defensivas em face do ataque neoliberal aos direitos trabalhistas, o movimento sindical bancário não consegue se contrapor ao processo de intensa destruição de postos de trabalho nos bancos. De acordo com a análise do autor, o debilitamento dos sindicatos evidencia-se nas campanhas salariais e na dinâmica de suas negociações com os banqueiros:

> A possibilidade de diminuir as jornadas de trabalho dos bancários como forma de atenuar o quadro de desemprego é enfaticamente negada pelos donos do capital [...]. Ao contrário, nas últimas campanhas salariais os banqueiros tentam acabar com os limites legais à jornada de trabalho de 6 horas, retornar à jornada de 8 horas e instituir o trabalho aos sábados, extinto na década de 60. O contra-ataque dos banqueiros leva os sindicatos a um recuo de suas propostas. Passam a defender o respeito à jornada de trabalho e, ao invés da luta pela estabilidade, adotam a genérica proposta de cumprimento da Convenção 158 da OIT. Reivindicam dos bancos cursos de qualificação e requalificação profissional, que não resolvem o problema do bancário desempregado ou em vias de desemprego (Silva, 1999, p. 147).

Há cerca de 15 anos, centenas de bancários conviviam nas grandes agências e nos centros de compensação, serviços e computação dos bancos. Nestes locais, a reunião de muitos trabalhadores, em condições de trabalho e salariais semelhantes, tornava facilmente perceptíveis seus interesses comuns e encorajava a ação coletiva de resistência. Como assinalou Marx (1989d), é a consciência desta situação em comum que impele a união dos assalariados e as lutas em defesa dos interesses de classe. Portanto é no convívio, pelo trabalho, que se desenvolve a autoconsciência do trabalhador.

No ambiente laboral fragmentado e instável, criado pela informática e pelo regime produtivo flexível, o desenvolvimento dessa autoconsciência fica obstaculizado. Nas agências bancárias, dominadas pelas máquinas automatizadas e "ajustadas" para a busca da máxima produtividade ao menor custo, um contingente reduzido de trabalhadores tenta cumprir as exigências e determinações patronais relativas à "qualidade do atendimento". As centrais de atendimento eletrônico, nas quais são realizados os serviços de *telemarketing*, convertem-se nos locais de trabalho bancário com maior concentração de trabalhadores. Entretanto, esta aglomeração de assalariados não estimula relações de solidariedade e a criação dos elementos necessários a sua organização como fração de classe com interesses comuns. O depoimento de uma sindicalista sobre os obstáculos à organização sindical no ambiente de trabalho de incertezas, isolamento e competição ilumina e torna concreto o refinamento da alienação humana nos dias de hoje:

> [...] uma coisa era quando, num banco, trabalhava aquele monte de escriturários numa mesa, fazendo compensação. Ali a idéia estava rolando, o papo estava rolando, a brincadeira. Hoje, cada um trabalha na sua baia, em frente ao computador, com o fone de ouvido na orelha. Quer dizer, o contato é mínimo. Então, numa mesa de trabalho, dentro de uma brincadeira ou outra, um assunto sério ou outro, surgia a reivindicação. Um fazia um questionamento, outro concordava, e aí a coisa ia crescendo.

> Eu estou simplificando bem, mas era assim que surgia um núcleo mínimo de organização. Hoje em dia, você não tem um ambiente de trabalho que propicie isso. Onde você tem ambiente de trabalho de muitas pessoas, todas estão com o fone de ouvido; são os setores de *telemarketing*, que são os únicos setores dos bancos com muita gente no local de trabalho, atualmente. Cada trabalhador com um fone de ouvido. Quando a gente entrava numa sessão de digitação, eram milhares de pessoas. Compensação, idem. Hoje, esses setores são mínimos. [...] As agências diminuindo também, o padrão europeu de agência chegando.[66]

Os movimentos de reorganização do trabalho nos bancos, que desempregam grande quantidade de bancários, não atingiram de modo homogêneo os trabalhadores, excluindo prioritariamente aqueles considerados menos integrados aos atuais padrões empresariais relativos à qualificação da força de trabalho. Especialmente as funções mais facilmente substituíveis pelas máquinas automatizadas, exercidas por escriturários, caixas e chefias intermediárias, têm sido fortemente afetadas pelo processo de acelerada extinção de postos de trabalho nos bancos. Em contrapartida, cresce a presença de gerentes e assessores financeiros, com altos rendimentos que dependem, em grande medida, de comissões e premiações por vendas. A propósito destes novos personagens do universo bancário e das relações que estabelecem com o movimento sindical, o comentário de um dirigente sindical é elucidativo:

> Este executivo de banco, este cara qualificado, que está plugado na Internet, que está entendendo essa globalização financeira, que realiza grandes negócios, esse cara vê uma possibilidade de ascensão profissional e de aumento do seu poder aquisitivo muito mais na sua ação

> individual do que na luta coletiva. A minha esposa é do Unibanco, é gerente de produção. Em mais ou menos dois anos, ela vai ser executiva do Unibanco e certamente vai ganhar três vezes o que eu ganho. Na campanha salarial do ano passado, tivemos 10,8% de reajuste. E ela dialogou com o gerente e conseguiu mais 10% de reajuste em função da produção dela na empresa, da contribuição dela para o lucro daquele segmento. Então, este tipo de negociação individual se dissemina na categoria.[67]

Com efeito, para a luta sindical, a mudança nos traços profissionais dos bancários implica maiores obstáculos. O aumento relativo dos cargos chamados "comissionados" nos bancos, tradicionalmente mais distanciados das atividades dos sindicatos, foi apontado como importante fator de dificuldades para a mobilização dos trabalhadores:

> Ainda existe uma grande quantidade de bancários escriturários, caixas, funções não comissionadas, mas você está tendo uma mudança importante nisso. Hoje, a maioria dos bancos está modificando muito rapidamente o perfil e você tem um crescimento relativo maior das funções comissionadas. No setor de informática, o pessoal que é analista de sistema você poderia encaixar nessa situação; é um pessoal diferenciado, ocupando um posto mais elevado. Nas mesas de operação, você tem também um pessoal mais qualificado. São setores que não deixam de estar sensíveis aos processos de negociação, mas que, evidentemente, são mais difíceis de você recrutar militantes, levar para uma assembléia, estabelecer uma relação mais direta com o sindicato.[68]

O processo em curso de reestruturação no sistema financeiro nacional resulta em aumento da concentração e centralização de capital, maior participação do capital estrangeiro e desmontagem do sistema estatal, com a privatização ou liquidação de bancos federais e estaduais. Tais medidas, que vêm acompanhadas de altos índices de desemprego e subemprego no setor, têm significado mudanças profundas nas possibilidades de resistência dos trabalhadores.

Particularmente, o desmantelamento do sistema financeiro estatal atinge drasticamente a ação sindical bancária. Os trabalhadores de bancos federais e estaduais, nos anos 80, exerceram papel fundamental na organização e direção dos movimentos de resistência dos trabalhadores. Em nível nacional, por constituírem segmento preponderante da categoria — à exceção do estado de São Paulo e, em menor escala, de Rio de Janeiro e Belo Horizonte —, a mobilização destes bancários era suficiente para viabilizar grandes manifestações de massa e paralisações no setor privado, com menor capacidade de organização sindical.

A política atual de privatizações desmontou, portanto, a base fundamental de sustentação do sindicalismo bancário. Em um contexto de crescente precarização social, que enfraquece as práticas reivindicativas e de luta dos sindicatos no conjunto dos setores da economia, o extenso programa de desestruturação do setor estatal debilitou fortemente as ações de resistência nos bancos. O significado político deste desmonte pode ser apreendido no depoimento a seguir:

> [...] com a quebra dos bancos estatais, vão se tentando destruir também conquistas que os trabalhadores haviam acumulado. [...] Os bancos estatais haviam acumulado condições de contratação melhores do que nos bancos privados, em termos de regulamento de pessoal, plano de cargos e salários, benefícios. Até pela idéia de que o bancário ia se manter no banco por um longo período e a adesão desse bancário ao banco, o trabalho dele deveria ser valorizado através de vários mecanismos. A priva-

> tização dos bancos estatais vai quebrando esses paradigmas. Você vai tendo como paradigma cada vez mais geral o nível de contratação dos bancos privados. Então, impacta pelo ponto de vista de você quebrar um conceito de empresa que tinha um nível de responsabilidade social e privilegiar a empresa que só dá lucro — e na relação de lucro você tem outra medida do resultado do trabalho — e impacta no aspecto de você quebrar paradigmas de contratação mesmo.[69]

A ofensiva dos governos neoliberais contra os direitos sociais dos trabalhadores e suas lutas de resistência mostra-se como realidade clara e objetiva nas campanhas salariais bancárias dos anos 90 e, particularmente, nas negociações dos acordos específicos dos bancos estatais, como apontam alguns dirigentes sindicais:

> A bandeira de luta, a reivindicação de luta, é segurar o que tem. Não é ampliar, é manter. Porque todo ano é a tentativa de diminuir os direitos e todo ano é a briga para manter os direitos. Então, mudou o patamar, porque a gente brigava para aumentar os direitos; agora, a gente briga para não perder direitos. É um ataque muito forte que o setor estatal vem sofrendo, e isso não é animador para esse trabalhador que, a cada ano, acumula um desânimo. Uma coisa é você fazer uma campanha, você está reivindicando x coisas, conseguiu só uma, mas você pontua a vitória. Agora, a gente tem que pontuar como vitória não ter perdido. Então, ao invés de você acrescentar organização, acrescentar estímulo, a cada ano você vai desestimulando, as pessoas vão ficando cansadas dessa lengalenga todo ano. A cada ano a campanha tem sido mais difícil.[70]

> [...] hoje em dia, no Banco do Brasil, a resistência acaba se traduzindo muito num sentido de conservar as conquistas que tivemos lá atrás. Na medida que o banco avança

contra elas, vai detonando, vai destruindo uma a uma, a gente não tem nada construído como alternativa.[71]

A fragilização dos movimentos de resistência dos trabalhadores de bancos estatais fica muito concreta no relato a seguir, que assinala os efeitos das políticas de privatização e desestruturação do setor estatal da economia nas ações grevistas e assembléias gerais:

> [...] hoje, se nós realizamos algumas campanhas ainda razoáveis, com uma certa mobilização maior, elas se dão nos bancos privados. Porque, com o desmonte nos bancos estatais, a mobilização nestes bancos foi reduzida a quase zero. No Banco do Brasil, onde fazíamos assembléias com 3 mil pessoas no final de semana, hoje se faz assembléias com cem pessoas, 150, sendo que a maioria ali é de gerentes que são mandados pela superintendência para votar contra as propostas do sindicato. Então, a gente não ganha mais assembléia do Banco do Brasil. A situação do Banespa, de federalização, foi uma ducha de água fria, a mobilização no Banespa praticamente inexiste. Greve, no Banespa, é uma palavra proibida atualmente.[72]

O Banespa, maior instituição bancária do sistema financeiro estadual, sofreu um processo intenso de reestruturação desde que foi objeto de intervenção do Banco Central, em dezembro de 1994. Instaurou-se no banco um "regime especial de administração temporária", que promoveu uma série de ajustes operacionais e modificou drasticamente as relações de trabalho na instituição, moldadas agora às formas de gestão e às estratégias de rentabilidade dos bancos privados. A federalização do banco, em 1997, foi mais uma medida direcionada a sua privatização, finalmente concretizada em novembro de 2000, quando o Banespa foi adquirido em leilão pelo grande banco espanhol Santander.

Um movimento forte e contínuo de resistência à privatização do banco, organizado pelo Sindicato dos Bancários de São Paulo e pela Associação dos Funcionários do Banco do Estado de São Paulo (AFUBESP), adiou e dificultou a medida. Mesmo com a organização no local de trabalho debilitada pela reestruturação do banco, manifestações, assembléias e congressos reuniram grandes contingentes de "banespianos", ao longo dos quase seis anos que decorreram entre a intervenção federal no Banespa e a privatização. Simultaneamente, ações judiciais que contestavam os procedimentos para a venda do banco articularam-se a uma intensa pressão no âmbito dos poderes legislativo e executivo do Estado. Denúncias dos sindicalistas sobre irregularidades que marcaram o processo de intervenção e de privatização do banco, assim como controvérsias técnicas sobre os métodos de avaliação do banco para venda, foram amplamente divulgadas pelos meios de comunicação de massa. Entretanto, nada impediu que o Banespa fosse arrematado em leilão pelo Santander, aprofundando o processo de desnacionalização e de privatização da economia brasileira.

Fotos nº 25 e nº 26: Manifestação em frente ao prédio central do Banespa, na Rua João Brícola, seguida de passeata pelas ruas do centro de São Paulo, em 20/11/2000, dia da privatização do banco.
Fotos: Jailton Garcia
Arquivo: Centro de Documentação SEEB-SP

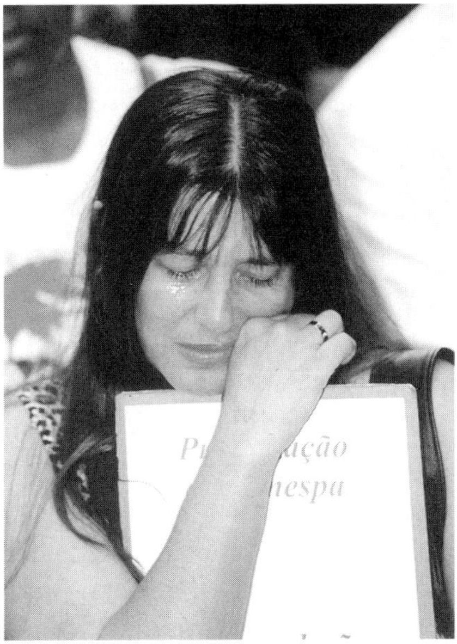

Fotos nº 25 e nº 26: Manifestação em frente ao prédio central do Banespa, na Rua João Brícola, seguida de passeata pelas ruas do centro de São Paulo, em 20/11/2000, dia da privatização do banco.
Fotos: Jailton Garcia
Arquivo: Centro de Documentação SEEB-SP

Ao consolidar um modelo de sistema financeiro marcado pelo fortalecimento do grande capital privado nacional e estrangeiro, a reestruturação capitalista no país agudizou a concentração geográfica do sistema na região Sudeste. Tal situação debilita a organização sindical dos bancários em nível nacional, como assinala a observação de uma dirigente sindical:

> [...] em nível nacional, a questão se complica bastante. Porque, além de toda essa mudança no perfil do bancário, você tem uma mudança geográfica no setor bancário muito significativa. [...] nos estados ou na grande maioria das cidades do Nordeste, você quase que reduziu a categoria em dois terços. O sindicato de Pernambuco, ele tinha na sua base quatro sedes de banco e está sem nenhuma. Você tinha os bancos Mercantil e Mercantil de Pernambuco, que fecharam; o Bandepe, estadual, sofreu forte enxugamento e vai ser liquidado ou transformado em agência de fomento. Nos bancos públicos

> federais — Banco do Brasil, BNB, Basa, CEF — os processos de transferências de funcionários concentraram-se mais no Norte e Nordeste. Mais da metade das cidades do Rio Grande do Norte não tem uma agência bancária, os bancos privados saíram todos. Então, isso aumenta a dificuldade na organização do movimento em nível nacional.[73]

Um fator de desmobilização da luta sindical bancária da segunda metade dos anos 90, assinalado em diversas entrevistas, é a queda da inflação, resultante das medidas de estabilização monetária implementadas com o Plano Real. Com efeito, os altos índices inflacionários e a contínua perda do poder aquisitivo dos salários ao longo da década de 80 convertiam-se em forte estímulo à participação ampla dos trabalhadores nas manifestações coletivas organizadas no decorrer das campanhas salariais. Confrontando as ações de resistência dos bancários nos anos 80 e nos 90, um dos sindicalistas entrevistados comenta:

> [...] a inflação alta produzia reivindicações muito significativas em termos numéricos. Você tinha reivindicação de reposição de 70, 80, 100, 120%. Isso era muito mobilizador. A pessoa sabia que, dependendo do sucesso da campanha salarial, ela podia até dobrar seu salário. Dobrar, não. Na verdade, recuperar o que foi perdido. Mas o efeito psicológico é: "Eu ganho cem e, se a campanha for bem-sucedida, eu vou passar a ganhar 200". Agora, neste período pós-Plano Real, as pessoas sabem que, na próxima campanha salarial, o índice de reivindicação de perdas salariais, decorrentes da inflação, deve ser em torno de 6%.[74]

O contexto mais geral de mudança econômica e política no Brasil dos anos 90 e seus reflexos no sistema financeiro nacional somam-se às transformações nas formas de organização e controle do trabalho, postas pela reestruturação produtiva, como obstáculos ao desenvolvimento da luta sindical. Com efeito, os métodos *flexíveis* de acumulação de capital, que combinam inovações tecnológicas e organizacionais, têm contribuído para fragmentar e desorganizar a resistência dos trabalhadores.

Nos bancos, opera-se uma conjunção entre telemática, programas de "qualidade total" e "remuneração variável", terceirização e novas formas de pressão e controle, para aprofundar a subordinação do trabalho ao capital. Com efeito, mobilizados por premiações ou comissões sobre vendas ou tolhidos pelo medo da perda do emprego, muitos bancários sujeitam-se às condições de trabalho impostas e distanciam-se da luta sindical. Nos ambientes laborais, as equipes de venda e de qualidade buscam legitimar-se como instrumentos de "democratização" das relações de trabalho, esvaziando os mecanismos sindicais de organização no local de trabalho.

O sentido prático do discurso empresarial, que se difunde amplamente e atribui às "exigências do mercado consumidor" a pressão quanto à "qualidade" e "excelência" dos serviços e produtos oferecidos, transparece nos locais de trabalho bancário em novas formas de controle e dominação do trabalho. À autoridade do capital, personificada na figura de chefias e gerências, sobrepõe-se outra forma de autoridade, submetida às "leis" do mercado e concretizada em metas de produtividade impostas aos trabalhadores. Diante destas relações de poder mistificadas pela mediação do mercado, os bancários são compelidos a aderir incondicionalmente às estratégias de rentabilidade dos bancos e têm seu desempenho avaliado segundo novos requisitos de atributos, habilidades e modos de comportamento, que sintetizam os atuais conceitos do que a classe dominante entende por qualificação.

O significado ideológico das práticas empresariais de gestão e controle do trabalho, que pressionam o trabalhador a alcançar a máxima produtividade e eficácia na sua atividade, como condição de manter o emprego e ascender na carreira, sob a permanente ameaça de demissão, foi assinalado nos depoimentos a seguir:

> [...] o trabalhador, hoje, é bombardeado constantemente com a lógica de que, se ele se preparar muito, ler muito, se qualificar muito, ele consegue subir na carreira, e isso vai determinar o seu salário, enfim, as suas condições profissionais. Se você pensar na relação luta coletiva e carreira individual, a tendência das pessoas é achar que a carreira individual está mais sobre o seu próprio controle do que da luta coletiva. [...] Então, eu acho que essa é uma das grandes batalhas do movimento sindical. É uma luta ideológico-social, que nos coloca diante de um certo impasse histórico. Ou você rompe com isso, ou as pessoas até se sindicalizam, acompanham o sindicato, cobram da direção do sindicato que organize as lutas a partir da direção, mais institucionais, e se envolvem pouco.[75]

> [...] Sem dúvida, o individualismo cresce. Mesmo porque o banco oferece ao bancário uma perspectiva de ascensão, de formação, e joga para ele a resolução de problemas pela via individual. Crescer no banco, segundo o próprio banco, é uma incumbência dele próprio e não de uma luta coletiva, de uma decisão coletiva. E eu acho que tem um número muito maior de bancários que compram essa visão, hoje, do que havia há uns dez anos atrás, por exemplo, que tinha uma outra perspectiva.[76]

Os padrões de dominação de classe recriados nos ambientes produtivos, mascarados sob o discurso institucional do "trabalhador compromissado e empreendedor", da "competitividade" e da "qualidade total", aperfeiçoam as condições da intensificação e disciplina do trabalho. Nas agências, o bancário-vendedor é coagido a vender títulos, cartões de crédito, seguros, aplicações e todos os demais "produtos" e serviços oferecidos pelos bancos, submetido a metas de produtividade. Neste cenário, no qual predominam a pressão e a sobrecarga de trabalho, a ofensiva ideológica neoliberal revela-se de modo concreto em táticas de poder que conduzem a relações laborais de tensão e competição. A noção de coletivo se esgarça, neste quadro, como analisam os seguintes depoimentos:

> [...] é o neoliberalismo, é o mercado quem manda, quem implementa a política da reestruturação produtiva. E a reestruturação produtiva é quem isola o trabalhador, quem cria a competição entre um trabalhador e outro. O que vale não mais é o salário. O salário pode ser mínimo, o que vale são as comissões de vendas. Então, eu ganho 10, 15 mil no mês, mas tudo de comissão de venda. O salário real é de mil reais. E o cara acha que ele está muito bem. É o neoliberalismo que impõe essa regra de mercado que, por sua vez, coloca essa competitividade, onde cada vez mais as pessoas vão pensando enquanto indivíduo, deixam de pensar no coletivo. E acham que, sendo competentes, fazem carreira e adquirem poder. A luta coletiva deixa de ter importância. O trabalhador negocia diretamente o salário dele com a gerência.[77]

> Se você observa uma agência, lá está divulgado o nome do funcionário que vendeu mais Credicard, que vendeu mais Itaú produtos... É obvio que você tem um fechamento do ponto de vista do gerenciamento comercial das áreas, da superintendência, você tem um acordo de região que é o que interessa para o superintendente, mas é colocada como uma atividade individual. E aí vira uma

> selva mesmo, não tem coletivo nessa história: "Eu tenho que fazer isto; eu tenho que passar para a frente; eu tenho que ganhar mais; se alguém for mandado embora, não sou eu, é você". Então, cria um individualismo muito forte no local de trabalho que acaba se refletindo no movimento sindical.[78]

Conforme já assinalado, nos anos 80 os bancários dos bancos estatais conquistaram, nos acordos salariais específicos, o direito de representação por local de trabalho, elegendo delegados ou comissões sindicais nas diversas regiões do país. Na atualidade, em face das políticas de desmontagem do sistema financeiro estatal e suas repercussões nas condições e relações de trabalho das instituições bancárias, o sistema conquistado de representação por local de trabalho praticamente inexiste de fato. É o que se depreende do relato de um assessor sindical:

> Nos estatais, existe a figura do delegado sindical — Banco do Brasil, Caixa Econômica Federal. Mas, a cada dia, a cada eleição que passa, se torna mais difícil eleger as pessoas, exatamente porque não existe interesse. Está garantido, o representante tem estabilidade, a eleição pode ser realizada no local de trabalho. Na Caixa Econômica Federal, esse ano conseguimos eleger um número maior do que no ano passado, mas ainda um número muito aquém do que é possível [...]. Porque a individualização é muito forte, a discussão do coletivo, que se tinha muito forte em 85, perdeu espaço. Hoje, é a individualização mesmo, cada um está pensando em si, pensando na sua carreira, pensando na sua perspectiva profissional individualmente. Então, o coletivo perdeu muito espaço.[79]

Nos bancos privados, as relações laborais pautadas por formas mais explícitas e diretas de controle e os altos índices de rotatividade do emprego impediram a criação de instrumentos sindicais nos locais de trabalho. Ali, ainda que precariamente, havia o que alguns sindicalistas chamam de "militante voluntário", que, discretamente, apoiava a ação sindical no seu local de trabalho:

> Naquela época, até 1990, a coisa do militante voluntário ainda era muito forte. Até porque era o seguinte: a reestruturação bancária, embora ela já estivesse caminhando a passos largos, ela ainda não tinha atingido em cheio os bancários. [...] Embora perceptível, não se tinha a medida do impacto que isso ia ter junto à categoria. [...] Naquela época, os bancários eram muito jovens, trabalhavam seis horas por dia e estudavam, mas tinham um determinado período do seu dia para se dedicar a essa militância. Era comum os bancários irem para as regionais, a gente fazia festas nas regionais. E eles eram politicamente convencidos da importância de estarem se envolvendo com o cotidiano do sindicato. Então, você tinha toda uma efervescência política no Brasil, os movimentos democráticos, a esquerda se movimentando, aquela coisa toda. Isso fazia com que os bancários se sentissem atraídos por essa militância.[80]

A atuação desses bancários nos locais de trabalho, na década passada, dinamizou a ação sindical e possibilitou a criação de grupos por bancos, que se reuniam periodicamente no sindicato para discutir questões específicas, orientando a ação sindical nos bancos privados. Em São Paulo, uma "ramificação de militantes" distribuía diariamente a *Folha Bancária* — publicação do sindicato que se converteu em importante instrumento da luta sindical nos anos 80 —, segundo relato de um assessor sindical:

> Eu trabalhei em Pinheiros em 85. Eu, sozinho, era responsável para cobrir em torno de 370 agências bancárias,

> mais ou menos, com o contingente de 15 a 16 mil bancários. Havia militantes dentro do local de trabalho, ativistas que tinham proximidade com o sindicato, que estavam sempre no sindicato. Então, eu pegava um pacotinho de *Folha Bancária*, ia lá no banco Real da Joaquim Floriano, deixava numa banca de jornais, e o militante do banco Real ia lá na banca de jornais, pegava aqueles jornais e entregava em toda a Rua Joaquim Floriano. Ia na Nossa Caixa da Avenida Santo Amaro, e tinha um militante ali da Nossa Caixa que pegava os jornais e entregava em todos os bancos da proximidade. A Cláudia, [que] trabalhava no Bradesco da Pan-Americana, ia na subsede de bicicleta, pegava um tanto de jornais e entregava nos bancos, menos na agência dela. E um funcionário do Itaú entregava na agência dela. Ou seja, a gente tinha uma ramificação de militantes que garantia a distribuição da metade dos jornais da base, e eu cobria a outra metade. Hoje, a gente faz esse mesmo serviço naquela região contando com quatro diretores, três funcionários políticos e quatro boys, para fazer essa distribuição. Porque esse militante que a gente tinha em 85 não existe mais.[81]

O *medo do desemprego*, que sempre dificultou, nos bancos privados, a organização nos locais de trabalho e a participação dos bancários nas lutas sindicais, cresce e generaliza-se nos dias de hoje. Entre militantes e dirigentes bancários presentes ao VII Congresso Nacional dos Funcionários do Banco do Brasil, em julho de 1996, o *medo* foi considerado o maior obstáculo à mobilização e participação sindical.[82] Naquela ocasião, cerca de metade dos dirigentes de sindicatos, delegados sindicais e bancários de base entrevistados assinalou o medo de demissão, de ser transferido de local arbitrariamente, de ser colocado "em disponibilidade" e de ser considerado "excedente" como o principal motivo da diminuição da capacidade de resistência dos bancários do Banco do Brasil.

Os depoimentos a seguir vão na mesma direção das interpretações dos bancários do Banco do Brasil e reafirmam o impacto do *medo*, disseminado nos locais de trabalho, sobre o movimento sindical bancário:

> [...] neste último período, a mobilização cada vez tem sido mais difícil, principalmente por conta do desemprego. A questão do desemprego estrutural do país dificulta bastante a mobilização das categorias, porque o pessoal acaba achando que é melhor ter um emprego sem ter reajuste do que ter reajuste e não ter emprego. Então, lutar contra esse pensamento, que em certa medida tem que ser compreendido, é uma coisa bastante difícil.[83]

> [...] hoje, se você vai em um banco, ninguém vai falar: "Eu vou fazer greve". Ninguém vai falar. Eu mesma, eu também não faria. Você olha em volta e vê como está difícil arrumar emprego. Eu tenho dois casos na minha casa de desemprego. A pessoa há um ano, dois anos desempregada, não consegue arrumar emprego, com faculdade, com tudo. Você pára e pensa: "Eu prefiro continuar no meu emprego do que participar". [...] Se você participar de uma greve, você vai para a rua.[84]

> Até hoje não participei de nenhuma greve, porque em todo mês de campanha salarial eu estou de férias. [...] Não sou muito a favor, não, porque eu perdi muito colega por causa de greve. Perdi muito colega. Não adiantou nada, na época, a gente conseguir 100% de aumento e meia dúzia de colegas irem para a rua e nem receberem aquilo, perderem o emprego.[85]

> Hoje, o principal fator mesmo de desmobilização é o desemprego. Você percebe em qualquer local que você vá: "Eu vou lá, mas quem vai garantir o meu emprego?"; "Não quero participar de assembléia porque o RH do

banco vai estar lá, vai saber que eu estou lá, eu vou ser demitido".[86]

Uma dimensão da atual fragilização do sindicalismo bancário, segundo a interpretação de alguns dirigentes sindicais, é a "crise de representatividade sindical", que se manifesta como um processo de distanciamento entre os sindicatos e seus dirigentes e os trabalhadores nos locais de trabalho. Na análise contida nas entrevistas a seguir, o "descolamento" dos sindicatos diante da realidade concreta nos ambientes produtivos e a erosão do seu papel como negociador das novas condições de trabalho e salariais postas pelos movimentos de reorganização do capital são apontados como determinantes dessa crise:

> Em alguns casos, a crise passa por falta de perspectivas do sindicalizado, de que o sindicato possa ter algum poder, de fato, de modificar a vida dele ou de preservar direitos, de conquistar novos direitos. Em outros casos, passa pelo descolamento do dirigente sindical em relação à realidade do local de trabalho. Às vezes, ele está liberado há dez, 12 anos e faz um discurso descolado do tempo e do espaço nos locais de trabalho. O discurso tem mais referência na conjuntura geral do país, nas políticas macroeconômicas e macrossociais do governo ou na falta de política. E aquilo que está ocorrendo no local de trabalho acaba ficando distante. [...] Eu acredito que a CUT ganhou a maioria dos sindicatos pela combinação entre a pouca combatividade e o afastamento das direções sindicais "pelegas" do local de trabalho. E nós corremos o risco de que parte dessa geração que chegou ao poder nos sindicatos, sem perder a combatividade, a vontade de lutar, está perdendo essa representatividade social forte, que é decorrente de você estar muito próximo, presente e com um vínculo real com o local de trabalho.[87]

> Você vê bancários, hoje, cuja remuneração depende, fundamentalmente, do seu desempenho. Não só a remuneração, porque boa parte da remuneração é variável, mas porque a manutenção dele em determinado posto financeiramente compensador depende do desempenho permanente dele. [...] Então, o sindicato não consegue defender parte dos direitos desse trabalhador. Ele tem que se defender sozinho, ou seja, ele tem que dar o sangue, tem que alcançar aquelas metas de produtividade. Quando você não consegue fazer isso, quando você não consegue ser parte contratante de boa fração da remuneração e das condições de trabalho dele, você tem uma crise de representatividade. Você não está representando esse trabalhador nessa sua nova relação de trabalho. Isto é o que está desenhado hoje. Você tem muitas alterações no conteúdo do trabalho, nas condições de trabalho e nas necessidades do trabalhador. E os sindicatos não conseguiram ainda ser parte contratante significativa disso.[88]

Com a adoção das formas flexíveis de remuneração do trabalho no conjunto do sistema financeiro, os sindicatos perdem a capacidade de determinar, pela negociação coletiva, o valor total dos rendimentos do trabalhador. Uma parcela crescente desses rendimentos, na forma de abonos ou comissões, passa a depender unicamente das condições estabelecidas pelas empresas nos programas de remuneração variável. Soma-se a isso, como fator de esvaziamento da negociação coletiva e das campanhas salâriais bancárias, a enorme quantidade de força de trabalho terceirizada nos bancos, cujas condições de emprego e salário não estão estabelecidas na convenção coletiva de trabalho dos bancários.

Deste modo, gradativamente os sindicatos perdem espaço junto dos trabalhadores, como instrumentos de luta destes últimos por melhores condições de trabalho e salariais.

Estas são considerações contidas nos depoimentos de alguns sindicalistas:

> [...] a tendência, na medida que os bancos implantam mecanismos como remuneração variável e dão uma perspectiva de carreira para o bancário, é a situação fugir um pouco do controle do sindicato. Porque tem questões que muitas vezes não passam por negociação salarial. A ascensão na carreira passa a ser vista pelo bancário como uma questão individual. [...] A gente tem procurado colocar nas pautas de reivindicações, nas negociações salariais, essas questões de plano de cargo e de salário, participação nos lucros, remuneração variável e tal.[89]

> A remuneração variável está na empresa e ela não está sendo contratada. Eu acho que o sindicato acaba perdendo um pouco a sua força. Jornada a gente não tem conseguido contratar, ou seja, a gente tem uma jornada de seis horas contratada, porém todo mundo faz mais. Aí é que entra a questão do individualismo. Nem o bancário vem ao sindicato reclamar que ele está trabalhando oito, dez horas. Por quê? Porque isto influi na avaliação de desempenho dele. E o sindicato acaba não tendo força para se contrapor a isso.[90]

O sentido ideológico dos atuais mecanismos de individualização dos rendimentos do trabalho e de suas táticas de poder, que reúnem premiações e penalizações para aperfeiçoar as condições de exploração do trabalho, foi destacado na entrevista de um sindicalista:

> [...] essa coisa da remuneração variável é um instrumento ideológico dos bancos. Não é só um instrumento propulsor de negócios. [...] é um instrumento ideológico para ter sob suas asas o controle daqueles funcionários

[...]. Tanto que os bancos se negam, peremptoriamente, a discutir com o sindicato a remuneração variável. [...] Então, o patronato consegue, através da remuneração variável, a exacerbação do trabalho, o aprofundamento dessa exploração, dessa dedicação do bancário no seu dia-a-dia, mostrando que "você pode aumentar o seu salário se produzir mais, vender mais". Essas regras, esses controles, estão nas mãos dos bancos, e eles se negam a discutir isso. Hoje, um desafio para o sindicato é conseguir interferir, começar a ser interlocutor dos bancários na questão da remuneração variável. [...] Quando a gente for interlocutor disso, os bancários voltam a se mobilizar, com certeza.[91]

Os impasses e desafios advindos da "remuneração variável", da terceirização e do desemprego, da ofensiva ideológica dos programas de "qualidade total" e da modificação no perfil profissional da força de trabalho implicaram mudanças importantes na ação sindical bancária dos anos 90. As grandes manifestações e movimentos grevistas da década de 80 deram lugar a práticas reativas, com participação menos intensa dos trabalhadores. A organização sindical nos locais de trabalho, que se desenvolveu em bancos estatais nos anos 80, viveu significativo refluxo recentemente.

Em um contexto político e econômico hostil à classe trabalhadora, as possibilidades de afloramento de uma consciência sindical entre os trabalhadores ficam mais reduzidas, pelo que se depreende do depoimento de um assessor sindical quando se refere à relação do bancário com a luta sindical, nos dias de hoje:

O bancário, hoje, vê o sindicato como uma empresa, ele paga para o sindicato negociar para ele, paga para o sindicato fazer as coisas para ele, ele paga inclusive para

> o sindicato fazer o piquete para ele. Nessa greve que a gente tem feito, que chamamos de "Kinder ovo", paralisações de grandes centros, de manhã, até as 9 horas ou até 2 horas, como aconteceu na campanha salarial passada, na retrasada e na desse ano, o bancário é um mero agente passivo. Ele chega de manhã, encontra o "piquetão" na porta e fica esperando o piquete ir embora para entrar. E acha, inclusive, que o papel do sindicato é esse, ele paga para isso. [...] A questão sindical para ele é assim: o sindicato é como uma empresa onde ele é associado e a empresa tem que prestar o serviço para ele. Ele está no trabalho, trabalha em equipe, tranqüilo, tem as metas em equipe. Mas se tiver que ter o corte, aí cada um defende o seu. Se existem seis pessoas em determinado setor e sabem que vai ter corte, o cara fica quieto, não tem denúncia, não tem nada. As pessoas ficam caladas, não tem mais aquelas denúncias de antes: está demitindo aqui, lá... Porque as pessoas estão extremamente preocupadas com essas mudanças que estão acontecendo.[92]

Portanto, a crítica contextualidade que obstaculiza a mobilização dos trabalhadores em direção aos interesses de classe debilita e restringe a ação sindical bancária dos anos 90. Acuado, o sindicalismo bancário atua defensivamente em face da reestruturação produtiva do capital.

Assim, após a década de 80, quando o ímpeto confrontacional dos trabalhadores viabilizou a realização de greves, passeatas e assembléias com participação maciça em todo o país, o sindicalismo bancário vive um momento de refluxo nos anos 90. Pois, quer pelas condições sociais, políticas, ideológicas e econômicas que marcam a contemporaneidade brasileira, subordinada a princípios e programas neoliberais, quer pela intensa mudança nos ambientes laborais — automatização, novos métodos de organização, controle, remuneração e contratação da força de trabalho — e suas repercussões nas condições salariais, de emprego e saúde dos trabalhadores, o sindicalismo bancário tem sua capacidade conflitual e organizativa fortemente reduzida e pratica ações reativas diante da ofensiva do capital e do Estado neoliberal contra o trabalho.

NOTAS

[1] A propósito dos impactos das reformas neoliberais na Inglaterra, desde 1979, sobre as ações de resistência dos trabalhadores, ver ainda Waddington (1998).

[2] Em 1991, foram realizadas apenas 369 greves. Nos anos de 1992, 1993 e 1994, a quantidade de movimentos grevistas deflagrados foi de 253, 211 e 205, respectivamente, segundo McIlroy (1997, p. 53).

[3] Entrevista com dirigente da Confederação Nacional dos Bancários (CNB), funcionário do Banco do Brasil, realizada pela autora em setembro de 1997.

[4] Um balanço da ação sindical do período, com ênfase na trajetória da CUT, encontra-se em I. Rodrigues (1997).

[5] Diversas análises do *novo sindicalismo* e das experiências sindicais em variados setores da economia nos anos 80 e 90 encontram-se em I. Rodrigues (1999, p. 263).

[6] A lei que cria o contrato por tempo determinado, sancionada em janeiro de 1998, fixa em 50% a redução das alíquotas do chamado sistema S (SESI, SENAI etc.), do salário-educação, do seguro de acidente de trabalho e das contribuições ao INCRA, diminui de 8% para 2% os depósitos mensais do FGTS e desobriga as empresas do pagamento de aviso prévio e de multa em caso de demissão.

[7] Abordagens históricas das origens e da consolidação de sindicatos bancários nas diversas regiões do país encontram-se em Canêdo (1986), Oliveira (1990), Karepovs (1994), Tosi et al. (1995), Mick (1995) e Neves (1998).

[8] Entre 1979 e 1982, o emprego bancário cresceu 24,3%, enquanto o volume de cheques compensados aumentava 61,3% e a poupança e os empréstimos cresciam em 81,1% e 24,4%, respectivamente, no mesmo período (*Folha Bancária*, órgão do Sindicato dos Bancários de São Paulo, nº 1.365, 14 jul., 1986).

[9] *Veja*. São Paulo: Abril, 18 set., 1985, p. 36.

[10] Composto de um representante para cada mil trabalhadores, com cinco diretorias regionais (Blass, 1992, p. 107).

[11] Entrevista com secretário-geral do Sindicato dos Bancários de São Paulo entre 1985 e 1988, à época funcionário do Banco do Brasil, realizada pela autora em janeiro de 1999.

[12] Entrevista com diretor de base do Sindicato dos Bancários de São Paulo, funcionário do Banco do Brasil, realizada pela autora em junho de 1997.

[13] Entrevista com diretor da Confederação Nacional dos Bancários, funcionário do Banco do Brasil, realizada pela autora em junho de 1997.

[14] Entrevista com ex-delegada sindical, funcionária do Banco do Brasil, realizada pela autora em junho de 1998.

[15] Inúmeras paralisações setoriais dos bancários em protesto contra as demissões ocorreram no mês de abril de 1986. Sobre o assunto, ver Karepovs (1994, p. 20).

[16] "Um cruzado na greve", *Veja*. São Paulo: Abril, 17 set., 1986.

[17] "Rigor com as greves", entrevista de Julio Lobos, concedida a Marco Damiani, *Veja*. São Paulo: Abril, 24 set., 1986.

[18] *Unidade Bancária,* órgão da Confederação dos Trabalhadores em Estabelecimentos de Crédito (CONTEC), nº 16. Brasília, out., 1986.

[19] "Greve paralisa os bancos em quase todo o país", *Folha de S. Paulo*, 12 set., 1986, Trabalho, p. 27.

[20] O reajuste salarial ficou em 8,5%, enquanto a inflação alcançava a taxa de 8,8%. *Folha Bancária*, nº 1.451, 4 dez., 1986.

[21] *Folha Bancária*, nº 1.403, 15 set., 1986.

[22] "A greve dos 9 dias", *Folha Bancária*, ed. especial, abr., 1987.

[23] Entrevista com secretário de Imprensa da Confederação Nacional dos Bancários, funcionário do Banco do Brasil, realizada pela autora em setembro de 1997.

[24] Entrevista com secretário-geral do Sindicato dos Bancários de São Paulo no período entre 1985 e 1988, à época funcionário do Banco do Brasil, realizada pela autora em janeiro de 1999.

[25] Op. cit.

[26] *Revista Bancária,* publicação especial do Sindicato dos Bancários de São Paulo, dez., 1990, p. 7.

[27] Entrevista com secretário de Imprensa da Confederação Nacional dos Bancários, funcionário do Banco do Brasil, realizada pela autora em setembro de 1997.

[28] *"Greve forte em São Paulo força bancos a negociar"*, Revista Bancária, *op. cit.*

[29] Um exemplo trágico desta ofensiva contra a força de trabalho das instituições estatais foi a greve de 17 dias deflagrada pelos trabalhadores da Companhia Siderúrgica Nacional contra a política de arrocho salarial, em novembro de 1988, brutalmente reprimida pelas forças militares da chamada Nova República. A propósito, ver Graciolli (1997).

[30] "Movimento dos bancários é parcial", *Gazeta Mercantil.* São Paulo, 13 set., 1991.

[31] *Revista da Campanha Salarial 91.* São Paulo: Departamento Nacional dos Bancários, 1991, p. 17.

[32] A Confederação Nacional dos Bancários (CNB) foi criada em 1992 pelos sindicalistas bancários vinculados à CUT, com o objetivo de fortalecer sua articulação sindical em todo o país.

[33] *Rumo ao Contrato Coletivo de Trabalho*, publicação CNB-CUT. São Paulo, 1992.

[34] Significativamente, a designação de "Kinder ovo" tinha origem em um produto lançado havia pouco no mercado, cujo sucesso de vendas era atribuído ao seu elemento *surpresa*: um chocolate em forma de ovo, contendo no interior um brinde-surpresa.

[35] "A melhor saída", *Revista dos Bancários*, nº 6. São Paulo: Sindicato dos Bancários de São Paulo, ano 2, dez., 1994-jan., 1995, ed. bimestral.

[36] Em dezembro de 1994, a soma do lucro dos 40 maiores bancos atingiu 3,2 bilhões de dólares — 78% a mais que em 1993, conforme cálculos da empresa Engenheiros Financeiros Consultoria (EFC). Quanto aos custos com força de trabalho, que em 1993 representavam 38% das despesas totais desses bancos, caíram para 29% em dezembro de 1994. *Folha Bancária*, nº 3.442, 20 set., 1995.

[37] *Folha Bancária*, nº 3.453, 5 out., 1995.

[38] Folha Bancária, *nº 3.449, 29 set., 1995.*

[39] Folha Bancária, *nº 3.453, op. cit.*

[40] A Medida Provisória nº 860, de 1995, determinava que a PLR — que abrangeria o conjunto dos trabalhadores de determinada empresa — deveria ser negociada diretamente entre os representantes patronais e uma comissão de assalariados da empresa, com a participação de um representante indicado pelo sindicato da categoria.

[41] *Folha Bancária*, nº 3.454, 6 out., 1995.

[42] *Folha de S. Paulo*, 27 set., 1996, Caderno 2, p. 8.

[43] *Folha Bancária*, nº 3.694, out., 1996; *Revista dos Bancários*, nº 14, out., 1996, p. 4.

[44] *O Espelho Nacional,* informativo da Comissão de Empresa dos Funcionários do Banco do Brasil, nº 171. São Paulo, jan., 1998.

[45] *Folha Bancária,* nº 3.885, 15-16 set., 1997, p. 3.

[46] *Folha Bancária,* nº 3.884, 11-12 set., 1997, p. 3.

[47] Mais uma vez, o humor e a criatividade convertiam-se em instrumentos da ação sindical bancária: "a indomada" referia-se a uma telenovela transmitida à época pela Rede Globo.

[48] *Folha Bancária,* nº 3.907, 5 nov., 1997.

[49] Uma análise da crise asiática de 1997 encontra-se em F. Chesnais, "Posfácio: Os *crashes* financeiros asiáticos e os mecanismos de propagação internacional de crise econômica", in Chesnais, 1999.

[50] *Folha Bancária,* nº 3.982, ed. especial — Campanha salarial, ago., 1998.

[51] Sindicato dos Bancários de São Paulo, *Unidos e fortes, folder* de avaliação da campanha salarial de 1998. São Paulo, nov., 1998.

[52] "Bancários mantêm conquistas", *Revista dos Bancários,* nº 39, dez., 1998.

[53] *Informativo CNB (CUT) Brasil,* nº 1.537, 22 out., 1999.

[54] *Informativo CNB (CUT) Brasil,* nº 1.540, 27 out., 1999.

[55] Em estudo no final dos anos 70, o Dieese (1980, p. 47) constatava que 75% dos bancários de bancos estatais recebiam salário bruto mensal correspondente a mais de cinco salários mínimos, enquanto, nas instituições privadas, a remuneração da maioria dos bancários (67%) situava-se numa faixa de até quatro salários mínimos.

[56] Entre 1996 e 1999, os salários dos bancários de bancos federais não sofreram nenhum reajuste. Os trabalhadores receberam abonos que não se incorporam à remuneração como direito salarial.

[57] "A situação salarial dos bancários", *Folha Bancária,* nº 15, edição especial — A greve dos 9 dias, abr., 1987.

[58] *Itaunido,* publicação nacional dos funcionários do Itaú/Banerj/Bemge, CNB/CUT, nº 3. São Paulo, ano I, jun., 1999.

[59] A propósito das estratégias organizativas do sindicalismo bancário dos anos 90, nas respostas à estrutura sindical brasileira, consultar Junckes (1997) e Serpa (1998).

[60] Entrevista com o presidente do Sindicato dos Bancários de São Paulo, funcionário do Banco do Brasil, realizada pela autora em junho de 1997.

[61] Entrevista com diretor da Confederação Nacional dos Bancários, funcionário do Banco do Brasil, realizada pela autora em junho de 1997.

[62] Entrevista com diretor de base do Sindicato dos Bancários de São Paulo, funcionário do Banco do Brasil, realizada pela autora em junho de 1997.

[63] Entrevista com assessor sindical, coordenador da Secretaria-Geral do Sindicato dos Bancários de São Paulo, realizada pela autora em novembro de 1997.

[64] Entrevista com o presidente da Confederação Nacional dos Bancários (CNB-CUT), funcionário do Banco do Brasil, realizada pela autora em dezembro de 1998.

[65] Entrevista com o presidente do Sindicato dos Bancários de São Paulo, funcionário do Banco do Brasil, realizada pela autora em dezembro de 1998.

[66] Entrevista com a secretária-geral do Sindicato dos Bancários de São Paulo, funcionária do Banespa, realizada pela autora em dezembro de 1998.

[67] Entrevista com o secretário de Imprensa da Confederação Nacional dos Bancários, funcionário do Banco do Brasil, realizada pela autora em setembro de 1997.

[68] Entrevista com o presidente da Confederação Nacional dos Bancários, funcionário do Banco do Brasil, realizada pela autora em dezembro de 1998.

[69] Op. cit.

[70] Entrevista com a secretária-geral do Sindicato dos Bancários de São Paulo, funcionária do Banespa, realizada pela autora em dezembro de 1998.

[71] Entrevista com diretor de base do Sindicato dos Bancários de São Paulo, funcionário do Banco do Brasil, realizada pela autora em junho de 1997.

[72] Entrevista com assessor sindical, coordenador da Secretaria-Geral do Sindicato dos Bancários de São Paulo, realizada pela autora em novembro de 1997.

[73] Entrevista com a secretária de formação da Confederação Nacional dos Bancários, funcionária do Banespa, realizada pela autora em dezembro de 1997.

[74] Entrevista com o presidente do Sindicato dos Bancários de São Paulo, funcionário do Banco do Brasil, realizada pela autora em junho de 1997.

[75] Op. cit.

[76] Entrevista com diretor do Sindicato dos Bancários de São Paulo, membro da Comissão de Empresa dos Funcionários do Banco do Brasil, realizada pela autora em junho de 1997.

[77] Entrevista com a secretária-geral do Sindicato dos Bancários de São Paulo, funcionária do Banespa, realizada pela autora em dezembro de 1998.

[78] Entrevista com tesoureiro do Sindicato dos Bancários de São Paulo, funcionário do Itaú, realizada pela autora em junho de 1997.

[79] Entrevista com assessor sindical, coordenador da Secretaria-Geral do Sindicato dos Bancários de São Paulo, realizada pela autora em novembro de 1997.

[80] Entrevista com o secretário de Estudos Socioeconômicos do Sindicato dos Bancários de São Paulo, funcionário do Itaú, realizada pela autora em junho de 1998.

[81] Entrevista com assessor sindical, coordenador da Secretaria-Geral do Sindicato dos Bancários de São Paulo, realizada pela autora em novembro de 1997.

[82] Aqui, referimo-nos ao questionário elaborado pela autora e respondido pelos bancários do Banco do Brasil — dirigentes de sindicatos, delegados sindicais e militantes nos locais de trabalho — presentes ao congresso.

[83] Entrevista com a secretária-geral do Sindicato dos Bancários de São Paulo, funcionária do Banespa, realizada pela autora em dezembro de 1998.

[84] Entrevista com bancária do Bradesco, na função de caixa B, realizada pela autora em dezembro de 1998.

[85] Entrevista com bancária do Bradesco, na função de caixa C, realizada pela autora em dezembro de 1998.

[86] Entrevista com dirigente de base do Sindicato dos Bancários de São Paulo, funcionário do Unibanco, realizada pela autora em junho de 1998.

[87] Entrevista com o presidente do Sindicato dos Bancários de São Paulo realizada pela autora em novembro de 1998.

[88] Entrevista com o presidente da Confederação Nacional dos Bancários, funcionário do Banco do Brasil, realizada pela autora em dezembro de 1998.

[89] Entrevista com diretor de base do Sindicato dos Bancários de São Paulo, membro da Comissão de Empresa dos Funcionários do Banco do Brasil, realizada pela autora em junho de 1997.

[90] Entrevista com secretária de formação da Confederação Nacional dos Bancários, funcionária do Banespa, realizada pela autora em dezembro de 1997.

[91] Entrevista com o secretário de Estudos Socioeconômicos do Sindicato dos Bancários de São Paulo, funcionário do Itaú, realizada pela autora em junho de 1998.

[92] Entrevista com assessor sindical, coordenador da Secretaria-Geral do Sindicato dos Bancários de São Paulo, realizada pela autora em novembro de 1997.

Conclusão

De modo subordinado e dependente, o Brasil insere-se no movimento geral do capitalismo mundial, dominado pelas operações de um capital financeiro extremamente concentrado e centralizado. Como acontece com muitos outros países que participam subordinadamente deste regime de acumulação mundializado, a vulnerabilidade externa da economia brasileira aumenta na década de 90, enquanto se agravam os problemas sociais. As medidas internas de abertura comercial e desregulamentação financeira, que ampliam aceleradamente os fluxos de capital estrangeiro no país, conduzem a um maior endividamento externo e à desarticulação da estrutura industrial, agravando as desigualdades de renda e os níveis de pobreza.

Assim, enquanto nos anos 60 e 70 a inserção do Brasil na economia mundial vincula-se predominantemente à dinâmica produtiva e realiza-se por meio do endividamento externo das empresas, nos anos 90 os movimentos de internacionalização da economia brasileira são determinados pela mundialização financeira e pelas relações de dependência e dominação entre nações que ela recria e agudiza.

O contexto mundial de expansão e fortalecimento do capital financeiro e a adoção de políticas e reformas de cunho neoliberal desde o final dos anos 80 no Brasil têm forte repercussão no sistema financeiro nacional. Mais intensamente na segunda metade da década de 90, quando o governo Fernando Henrique Cardoso consolida os processos de liberalização comercial e financeira, privatização da economia, estabilização monetária, ajuste fiscal e reestruturação produtiva no país, em conformidade com os interesses e pressões do grande capital privado transnacional, acirra-se um movimento de reorganização do sistema.

Tal movimento, destinado a *adaptar* o sistema financeiro brasileiro à dinâmica dos mercados mundiais de capitais, liberalizados e desregulamentados, resulta na sua maior internacionalização, em aumento significativo da concentração e da centralização do capital privado no setor e na desmontagem do sistema financeiro estatal. Assim, à medida que cresciam em poder econômico os grandes grupos financeiros privados nacionais e estrangeiros, mais de dez bancos públicos iam sendo privatizados ou liquidados, entre 1994 e 1999. O governo brasileiro seguia os preceitos neoliberais para o desenvolvimento capitalista, tornando o sistema financeiro nacional crescentemente dominado pelo regime de finanças de mercado e cada vez mais desancorado da esfera produtiva.

Simultaneamente, um intenso movimento de mudança no perfil operacional e nas estratégias mercadológicas dos bancos visa enfrentar o ambiente de forte pressão concorrencial no setor. De modo semelhante aos processos de reestruturação nos sistemas bancários nacionais de países capitalistas centrais, ao longo da década de 80 os bancos no Brasil expandem suas atividades de negócios e venda de "produtos" financeiros, segmentam a clientela e adotam um conjunto de medidas destinadas à redução de custos administrativos e ao aumento da produtividade do trabalho. Estes "ajustes", apoiados na intensificação tecnológica e fundamentados nos pressupostos do que os banqueiros chamam de "qualidade do atendimento", elitizam o atendimento bancário, aumentam aceleradamente a população trabalhadora supérflua no setor e repercutem drasticamente nas condições laborais, de contratação e de remuneração da força de trabalho.

As transformações produtivas nos bancos conjugam novos métodos de organização do trabalho com o uso generalizado da tecnologia de base microeletrônica e informática, convertida em instrumento de elevação da força produtiva do trabalho e de maximização dos lucros das empresas. Como no século XVIII, quando a mecanização do trabalho humano reduzia os trabalhadores fabris à condição de "complementos vivos de um mecanismo morto" (Marx, 1989b), o desenvolvimento científico e tecnológico em nome do capital conduz ao aprofundamento das relações sociais de dominação.

Nos bancos, os programas de modernização tecnológica possibilitam grande redução de custos operacionais e a destruição de postos de trabalho, enquanto a sobrecarga de tarefas e o prolongamento da jornada laboral seguem como realidade cotidiana dos que se mantêm empregados. Com a automatização da atividade, os bancários manipulam símbolos de valor ainda mais fantasmagóricos: sua tradicional matéria-prima — o papel-moeda — vai sendo rapidamente substituída por impulsos eletrônicos derivados da memória dos computadores. E o produto do seu trabalho disfarça-se, agora, nos dados informatizados que representam as cifras e os valores da mercadoria-dinheiro em circulação.

Um processo contínuo de redução e precarização do emprego tem acompanhado a reestruturação do sistema financeiro nacional e a mudança tecnológica e organizacional nos bancos. A força de trabalho bancária, constituída por cerca de 815 mil trabalhadores ao final dos anos 80, compõe-se de pouco mais de 400 mil no início do ano 2000. Com efeito, *na década de 90 diversos elementos derivados das políticas de desregulamentação, privatização, flexibilização e automatização combinam-se de modo complexo, como fatores de aumento significativo dos índices de desemprego e subemprego no sistema bancário nacional.*

O movimento de fusões e incorporações e de privatização ou liquidação de bancos estatais, que fortaleceu o grande capital privado estrangeiro e nacional, resultou na veloz redução da quantidade de instituições e dependências bancárias no país e na demissão em massa de trabalhadores. Ao mesmo tempo, as medidas de reorganização do trabalho nos bancos transformam as agências bancárias em pequenas lojas eletrônicas de serviços financeiros e desativam grandes centrais de serviços, compensação e processamento de dados, terceirizando ou demitindo a força de trabalho vinculada a funções mais normatizadas, substituível pelos processos automatizados.

A adoção de formas produtivas inspiradas no que alguns autores chamam de *regime de acumulação flexível de capital* possibilita aos bancos contratar e demitir trabalhadores conforme as necessidades concretas dos processos de trabalho e as exigências variáveis do mercado consumidor. Especialmente a disseminação da subcontratação e da terceirização nos bancos constitui importante mecanismo de diminuição dos custos com força de trabalho, implicando, para os trabalhadores, desregulamentação e precarização das condições de contratação e de remuneração, perda de direitos sociais e fragmentação do trabalho.

Neste contexto de profunda transformação no trabalho e nas condições do emprego, *novas práticas de poder organizacional se difundem nos ambientes laborais, para obter a máxima produtividade do trabalho e construir o trabalhador que pensa e age em nome do capital.* Perseguindo o comprometimento e a adesão do trabalhador às estratégias de rentabilidade das empresas, mascarando seus mecanismos coercitivos, estas formas de dominação do trabalho tentam converter-se em meios de "canalização energética" do trabalho em prol do capital (Aubert e Gaulejac, 1991). Em número expressivo de bancos, os programas de treinamento e um sofisticado sistema de comunicação transmitem insistentemente aos bancários os princípios patronais relativos à "qualidade total", "excelência no atendimento", "competitividade" no mercado. As equipes "de qualidade", que tomam aparência de efetivo instrumento de participação e de manifestação dos trabalhadores, esvaziando a organização sindical por local de trabalho, possibilitam a apropriação, pela empresa, do saber prático acumulado pelo assalariado. Um sistema complexo de premiação e penalização, vinculado ao alcance de metas determinadas pelas direções dos bancos, atrela remuneração, carreira profissional e, em última instância, a manutenção do emprego ao desempenho individual e coletivo dos trabalhadores, avaliado segundo os critérios e conceitos patronais de *qualidade* e *produtividade*.

Este estudo procurou mostrar um conjunto de artifícios para maior intensificação e disciplina do trabalho, instituídos nos ambientes produtivos bancários e sistematizados em programas de "qualidade total" e "remuneração variável". Estes novos métodos gerenciais, que mistificam mais ainda as relações de antagonismo e dominação próprias do capitalismo, fragmentam e individualizam o trabalho, agravando situações de competição e tensão entre trabalhadores. Especialmente o sistema *flexível* de remuneração, baseado em normas e metas arbitrariamente determinadas e em avaliações autoritárias e ideológicas do desempenho dos trabalhadores, aperfeiçoa e potencializa as condições de exploração e de controle do trabalho.

Estes são alguns dos atuais mecanismos de poder que se destinam a intensificar o trabalho e aumentar sua produtividade para o capital. Neste novo ambiente criado pela reestruturação produtiva contemporânea, redefinem-se a atividade bancária e as habilidades requeridas para a sua realização. As estratégias mercadológicas dos bancos direcionadas para a "qualidade no atendimento" convertem grande quantidade de trabalhadores, alocados em agências e centrais de atendimento, em *bancários-vendedores* dos serviços e "produtos" financeiros dos bancos. Observa-se redução dos trabalhadores envolvidos nos serviços operacionais e administrativos, enquanto aumenta relativamente a participação de gerentes e assessores técnicos — em informática e mercado financeiro — na estrutura funcional dos bancos. Todas estas transformações não extinguem os mecanismos sociais de discriminação que tornam mais intensificadas as relações de dominação sobre o trabalho feminino e revelam-se na desigualdade de condições de carreira e salário entre homens e mulheres. Como analisa Segnini (1998a), apesar de seu alto nível de escolaridade, a força de trabalho feminina segue ocupando, sobretudo, cargos hierarquicamente pouco relevantes na estrutura ocupacional dos bancos.

O discurso institucional propaga a exigência de uma "nova qualificação" dessa força de trabalho, faz apologia do profissional polivalente e exalta múltiplos conhecimentos, habilidades e atributos tidos como imprescindíveis à realização eficiente do trabalho e à "competitividade" dos serviços disponibilizados no mercado financeiro. Entretanto, diversos autores assinalam a predominância de atividades rotineiras, simplificadas e empobrecidas de conteúdo nos bancos, as quais se desenvolvem, muitas vezes, ao lado do trabalho mais complexo, direcionado para o *atendimento personalizado* dos clientes considerados "preferenciais".

O modo contemporâneo de organização e gestão do trabalho preserva e aprofunda a subordinação do trabalho ao capital, degradando as condições laborais de enormes contingentes assalariados, em todo o mundo capitalista. Como outros segmentos da classe trabalhadora, os bancários vivem a *intensificação do trabalho* e a *instabilidade do emprego* como fatores essenciais desta degradação. A violenta pressão por produtividade — que impõe o aumento do ritmo de trabalho e o prolongamento da jornada laboral —, em um quadro de contínua ameaça de desemprego ou subemprego, marca os ambientes bancários dominados pelos princípios e normas da *excelência* no atendimento.

Entretanto, essa pressão intensa apresenta-se obscurecida pelos mecanismos de dominação contidos nos programas de "qualidade total" e "remuneração variável", assim como por exigências atribuídas ao "mercado" e aos clientes bancários. Portanto, ao controle burocrático e despótico do trabalho, inspirado nos métodos produtivos tayloristas, sobrepõe-se outra forma de autoridade do capital, legitimada pelo ideário neoliberal e mistificada pela mediação das "leis" do mercado. Desta nova forma de autoridade do capital são portadoras as *metas de produtividade* impostas e as *avaliações de desempenho funcional*, que mensuram e qualificam a atuação dos trabalhadores, determinando suas possibilidades profissionais.

A maneira como a lógica destrutiva do capital e sua reestruturação produtiva repercutem sobre a vida e a saúde dos trabalhadores revela-se no cotidiano do trabalho bancário, marcado pela ansiedade e pelo medo. O sofrimento psíquico causado pelo contexto de precarização social e pelas formas brutais da reorganização do trabalho degrada progressivamente a saúde física e mental. As LERs, provocadas por movimentos manuais e repetitivos e por mobiliário inadequado, mas também pela sobrecarga psíquica, atingem imenso contingente de bancários. O crescente índice de manifestações patológicas e de suicídios, especialmente entre trabalhadores de bancos estatais, em face das mudanças abruptas de suas condições laborais, é significativo das formas atuais de fragmentação e destruição da subjetividade do trabalho.

Neste quadro, as possibilidades de resistência dos trabalhadores ficam mais reduzidas, e o sindicalismo bancário não tem conseguido organizar e mobilizar os trabalhadores em direção aos interesses de classe. A ação sindical nos ambientes laborais não tem sido capaz de impedir os efeitos lesivos dos movimentos de transformação do trabalho para as condições de vida e trabalho dos bancários. A luta coletiva, que, nos anos 80, mobilizou grande quantidade de bancários em assembléias, passeatas e greves, em todas as regiões do país, dá lugar a atividades e manifestações com participação mais restrita de uma base sindical tolhida pelo medo do desemprego.

O contexto de precarização social e dominância do mercado sobre as condições de emprego e salário soma-se aos obstáculos postos pela reestruturação produtiva ao desenvolvimento das práticas de resistência dos bancários. Os atuais métodos de reorganização do trabalho e as estratégias de poder recriadas nas empresas para intensificar o trabalho e mascarar a exploração capitalista fragmentam os trabalhadores e debilitam sua capacidade de organização sindical. A individualização dos rendimentos dos trabalhadores, posta pelos programas de "remuneração variável"; as formas precárias de contratação, que segregam os assalariados quanto a direitos salariais, sindicais e de trabalho; a "qualidade total" e seus mecanismos ideológicos de manipulação da subjetividade do trabalho; a redefinição profissional do bancário e o sentido político dos novos atributos e habilidades requeridos pela "excelência no atendimento"; a pressão por produtividade e a intensificação do controle e do trabalho; a ansiedade e o medo, diante da ameaça permanente do desemprego — todos estes elementos desestruturam relações solidárias entre companheiros de trabalho e obstaculizam a coesão e o sentido de classe.

O sindicalismo bancário vive forte refluxo desde os anos 90, sem se contrapor aos fundamentos das atuais estratégias capitalistas de dominação, que invadem os locais de trabalho e a vida privada dos trabalhadores. Atuando defensivamente, os sindicatos desenvolvem formas de ação reativas, que se baseiam cada vez menos na mobilização e participação ampla dos bancários.

Os rumos seguidos pela história política e social deste início de século colocam a classe trabalhadora e seus movimentos de rebeldia contra o domínio do capital em face de novos impasses e desafios. A análise que apresentamos sugere que ações de resistência dos bancários, tais como as paralisações "Kinder ovo", expressam os limites e as dificuldades do movimento sindical nos dias de hoje. Entretanto são dimensões de possibilidade da ação dos trabalhadores, em um contexto econômico e político hostil a suas lutas contra a exploração capitalista do trabalho.

Portanto, em suas debilidades atuais e suas singularidades, o sindicalismo bancário revela a força destrutiva da reestruturação capitalista contemporânea e o modo como ela precariza a existência dos trabalhadores e impacta suas práticas de resistência. Mas revela também que *as condições essenciais da luta histórica da classe trabalhadora pela emancipação econômica e política permanecem presentes nos ambientes produtivos*, pois as tensões e conflitos que ali afloram, no dia-a-dia da labuta, desmascaram e iluminam as contradições entre o culto da "excelência" e da "qualidade total" e a realidade de exploração exacerbada do trabalho. Negam, assim, o caráter "irreversível" do desenvolvimento capitalista e a "inevitabilidade" das transformações atuais, como sustentam tantas interpretações da sociedade capitalista contemporânea.

A partir das experiências sindicais brasileiras da década de 80 — marcadas por importantes ganhos políticos e organizativos dos trabalhadores — e de 90 — sob transformações que destroem as mediações coletivas das relações de trabalho —, o sindicalismo bancário repensa suas estratégias de ação. Em um contexto no qual a expressão do conflito é problemática, mas não ausente, cabe imaginar o que reservam as próximas décadas aos trabalhadores bancários e seus movimentos de resistência.

Bibliografia

ACCORSI, A. Automação: bancos e bancários. Tese de mestrado, Faculdade de Economia e Administração, USP. São Paulo, 1990.

ALVES, G. Reestruturação produtiva e crise do sindicalismo no Brasil. Tese de doutorado, Instituto de Filosofia e Ciências Humanas, UNICAMP. Campinas, 1998.

ANDERSON, P. "Balanço do neoliberalismo", in E. Sader e P. Gentili (orgs.), *Pós-neoliberalismo: as políticas sociais e o estado democrático*, 3ª ed. Rio de Janeiro: Paz e Terra, 1996.

ANDIMA — Associação Nacional das Instituições do Mercado Aberto. *Retrospectiva 1998*. Rio de Janeiro, 1999a.

______. *Sinopse, junho, 1999*. Rio de Janeiro, 1999b.

______. *Retrospectiva 1999*. Rio de Janeiro, 1999c.

ANTUNES, R. *O novo sindicalismo no Brasil*, 2ª ed. Campinas: Pontes, 1995a.

ANTUNES, R. *Adeus ao trabalho? Ensaio sobre as metamorfoses e a centralidade do mundo do trabalho*. São Paulo: Cortez; Campinas: Editora da UNICAMP, 1995b.

_____. *Os sentidos do trabalho: ensaio sobre a afirmação e a negação do trabalho*. São Paulo: Boitempo, 1999.

ARRIGHI, G. *O longo século XX: dinheiro, poder e as origens de nosso tempo*. Rio de Janeiro: Contraponto; São Paulo: Editora da UNESP, 1996a.

_____. "Trabalhadores do mundo no final do século", *Praga, Revista de Estudos Marxistas*, nº 1. São Paulo: Boitempo, set.-dez., 1996b.

ARRUDA, M. Estrutura oligárquica do sistema financeiro brasileiro. Rio de Janeiro, Programa Alternativas para o Cone Sul (PACS), Centro de Estudos, Pesquisa e Planejamento (CENPLA), 1988, mimeo.

AUBERT, N. e GAULEJAC, V. *Le coût de l'excellence*. Paris: Éditions du Seuil, 1991.

AUED, B. (org.). *Educação para o (des)emprego*. Petrópolis: Vozes, 1999.

BAER, M. *A internacionalização financeira no Brasil*. Petrópolis: Vozes, 1986.

BARÃO, E. Bancários e sindicato nos caminhos da resistência (São Paulo, 1979-1989). Dissertação de mestrado, Programa de Pós-Graduação em Ciências Sociais, Universidade Estadual Paulista "Júlio de Mesquita Filho". Araraquara, 1991.

BEYNON, H. "A destruição da classe operária inglesa", *Revista Brasileira de Ciências Sociais*, nº 27. São Paulo: ANPOCS, ano 10, fev., 1995.

BIHR, A. *Da grande noite à alternativa: o movimento operário europeu em crise*. São Paulo: Boitempo, 1998.

BLANCO, M. "O processo de terceirização nos bancos", in H. Souza Martins e J. R. Ramalho, *Terceirização — Diversidade e negociação no mundo do trabalho*. São Paulo: HUCITEC, 1994.

BLASS, L. *Estamos em greve! Imagens, gestos e palavras do movimento dos bancários*. São Paulo: HUCITEC, 1992.

BOITO, A. (org.). *O sindicalismo brasileiro nos anos 80*. São Paulo: Paz e Terra, 1991.

BRAVERMAN, H. *Trabalho e capital monopolista: a degradação do trabalho no século XX*, 3ª ed. Rio de Janeiro: Guanabara, 1987.

BRUNO, L. "Educação, qualificação e desenvolvimento econômico", in L. Bruno (org.), *Educação e trabalho no capitalismo contemporâneo*. São Paulo: Atlas, 1996.

CANÊDO, L. B. *O sindicalismo bancário em São Paulo*. São Paulo: Edições Símbolo, 1978.

_____. *Bancários: movimento sindical e participação política*. Campinas: Editora da UNICAMP, 1986.

CARDOSO DE MELLO, J. M. "A contra-revolução liberal-conservadora e a tradição crítica latino-americana", in M. C. Tavares e J. L. Fiori (orgs.), *Poder e dinheiro:*

uma economia política da globalização, 3ª ed. Petrópolis: Vozes, 1997.

CARVALHO, C. E. "As dimensões do sistema bancário no Brasil", *São Paulo em Perspectiva*, 6 (3). São Paulo: Fundação SEADE, 1992.

CBPA — Companhia Brasileira de Pesquisa e Análise. Pesquisa de opinião sobre atividade sindical com bancários filiados ao Sindicato dos Bancários de São Paulo, 1996, mimeo.

CEAB-SEI — Comissão Especial de Automação Bancária. Relatório da subcomissão: aspectos sociais, econômicos e trabalhistas. Brasília, out., 1984, mimeo.

CEDI — Centro Ecumênico de Documentação e Informação. *A CUT nas campanhas salariais de 1985*. São Paulo, 1985, Programa Memória e Acompanhamento do Movimento Operário no ABC, Contribuição ao Debate — 1.

CERQUEIRA, H. e AMORIM, W. "Evolução e características do emprego no setor bancário", *Revista de Economia Política*, vol. 18, nº 1 (69). Editora 34, jan.-mar., 1998.

CHESNAIS, F. *A mundialização do capital*. São Paulo: Xamã, 1996.

______. "A emergência de um regime de acumulação mundial predominantemente financeiro", *Praga — Estudos Marxistas*, nº 3. São Paulo: HUCITEC, 1997.

______. *A mundialização financeira: gênese, custos e riscos*. São Paulo: Xamã, 1999.

CHOSSUDOVSKY, M. "A globalização da pobreza", *Princípios: Revista Teórica, Política e de Informação*, nº 38. São Paulo: Anita, ago.-set.-out., 1995.

CORIAT, B. *Pensar pelo avesso: o modelo japonês de trabalho e organização*. Rio de Janeiro: Revan, UFRJ Editora, 1994.

DANFORD, A. "The 'new industrial relations' and class struggle in the 1990s", *Capital & Class*, nº 61. Londres, 1997.

DATAFOLHA. Perfil do bancário. São Paulo, 1996a, mimeo.

_____. Avaliação do atendimento bancário pela população. São Paulo, 1996b, mimeo.

DEJOURS, C. *A loucura do trabalho: estudo de psicopatologia do trabalho*. São Paulo: Oboré Editorial, 1987.

DIEESE — Departamento Intersindical de Estatística e Estudos Socioeconômicos. *Profissão: bancário — Perfil da categoria*. São Paulo: DIEESE, 1980.

_____. — Linha Bancários. Evolução do emprego e dos níveis de salário dos trabalhadores no setor creditício e financeiro da região da Grande São Paulo. São Paulo, 1991, Campanha Salarial de 1991, texto nº 6, mimeo.

_____. — Linha Bancários. O emprego dos bancários: a longa onda de demissões. São Paulo, 1992, Campanha Salarial de 1992, mimeo.

_____. — Linha Bancários. Nota de conjuntura — Campanha salarial dos bancários (1993). São Paulo, 1993, mimeo.

DIEESE — Linha Bancários. Os programas de qualidade total e o setor bancário. Espírito Santo, 1994, mimeo.

______. *Estudos Setoriais*, nº 6. São Paulo, set., 1995.

______. — Subseção SESE/SEEB-SP. Programa de Participação nos Resultados (PPR) do Unibanco: alguns comentários. São Paulo, 1996a, mimeo.

______. — Subseção SESE/SEEB-SP. Evolução do perfil da ocupação nos bancos na cidade de São Paulo: 1986 a 1995. São Paulo, 1996b, mimeo.

______. — Subseção SESE/SEEB-SP. Evolução do perfil da ocupação nos bancos na cidade de São Paulo: 1986 a 1995. São Paulo, 1996c, mimeo.

______. — Subseção CNB/CUT. Os impactos das fusões de bancos sobre o trabalho bancário. São Paulo, 1996d, mimeo.

______. — Subseção SESE/SEEB-SP. O programa de remuneração variável do Itaú (AGIR): alguns comentários. São Paulo, 1997a, mimeo.

______. — Subseção SESE/SEEB-SP. Mudanças no perfil da categoria bancária: ocupação, gênero, escolaridade e faixa etária (1986-1994). São Paulo, 1997b, mimeo.

______. — Linha Bancários, subseções ANABB e CNB/CUT. "Banco do Brasil: plano de reestruturação e posição no mercado", *Estudos Setoriais*, nº 8. Brasília, 1997c.

______. — Linha Bancários. Mapa do emprego bancário no Brasil — Versão 1997. São Paulo, 1997d, mimeo.

DIEESE. — Subseção ANABB. O Banco do Brasil e a remuneração variável. Brasília, 1998a, mimeo.

_____.— Linha Bancários, subseção SEEB-BH. Tendências da produtividade do trabalho no setor bancário. Belo Horizonte, 1998b, Campanha Nacional dos Bancários 1998, mimeo.

_____. — Subseções CNB/CUT e SEEB-RJ. Conjuntura do setor bancário. São Paulo, 1998c, Campanha Nacional dos Bancários 1998, mimeo.

_____. — Linha Bancários. *Emprego Bancário no Brasil — Informativo nº 2*. São Paulo, 1999a.

_____. — Linha Bancários. Setor bancário: conjuntura, resultados, remuneração e emprego. São Paulo, 1999b, Campanha Nacional 1999 dos Bancários, mimeo.

_____. — Linha Bancários. "Um balanço do emprego bancário no Brasil em 1999", *Emprego Bancário — Informativo nº 3*. São Paulo, 2000a.

_____. — Subseção ANABB. O desempenho do Banco do Brasil em 1999. Brasília, 2000b, mimeo.

_____. — Linha Bancários. Setor financeiro: conjuntura, resultados, remuneração e emprego. São Paulo, 2000c, Campanha Nacional 2000 dos Bancários, mimeo.

_____. — Linha Bancários. Setor financeiro: conjuntura, resultados, remuneração e emprego. São Paulo, 2001, Campanha Nacional 2001 dos Bancários, mimeo.

DONIZETTI, P. "Receita antropofágica", *Revista dos Bancários*, publicação mensal do SEEB-SP, nº 7. São Paulo, ano II, jun., 1995.

DRESSEN, M. e ROUX-ROSSI, D. *Restructuration des banques et devenir des salariés*. Paris: La Documentation Française, 1996, Collection Cahier Travail et Emploi.

DRUCK, M. G. *Terceirização: (des)fordizando a fábrica*. São Paulo: Boitempo, 1999.

DURAND, M. "Uma retomada curta", *Em Tempo: Publicação da Tendência Democracia Socialista*, nº 288. São Paulo, maio, 1996.

ENGELS, F. "A origem da família, da propriedade privada e do Estado", in K. Marx e F. Engels, *Obras escolhidas*, vol. 3. São Paulo: Alfa-Omega, s.d.

ERNST & YOUNG. *I Pesquisa Nacional de Tecnologia Bancária*. São Paulo, 1997a.

_____. *Bancos: análise da indústria bancária no Brasil — 1997*. São Paulo, 1997b.

EXECUTIVA NACIONAL DOS BANCÁRIOS. Balanço anti-social dos bancos. São Paulo, 1997, Campanha Salarial de 1997, mimeo.

FEBRABAN — Federação Brasileira dos Bancos. *Qualidade em atendimento*. São Paulo: IBCB, 1993.

_____. *Balanço social dos bancos 1997*. São Paulo, 1998.

FEBRABAN. *Balanço social dos bancos 1998*. São Paulo, 1999a.

______. *Dados gerais do sistema bancário*. São Paulo, 1999b.

______. *Balanço social dos bancos 1999*. São Paulo, 2000.

FERNANDES, F. *A revolução burguesa no Brasil — Ensaio de interpretação sociológica*, 3ª ed. Rio de Janeiro: Zahar, 1981.

FERRETTI, C. et al. (orgs.). *Novas tecnologias, trabalho e educação: um debate multidisciplinar*, 5ª ed. Petrópolis: Vozes, 1999.

FIORI, J. L. "Ajuste, transição e governabilidade: o enigma brasileiro", in M. C. Tavares e J. L. Fiori, *Desajuste global e modernização conservadora*. Rio de Janeiro: Paz e Terra, 1993.

FREITAS, M. C. e PRATES, D. "Abertura financeira na América Latina: as experiências da Argentina, Brasil e México", *Revista Economia e Sociedade*, 11. Campinas, dez., 1998.

FREITAS, M. C. e SCHWARTZ, G. "Serviços financeiros, rumo à re-regulamentação", *São Paulo em Perspectiva*, 6 (3). São Paulo: Fundação SEADE, jul.-set., 1992.

FRIGOTTO, G. "Educação e formação humana: ajuste neoconservador e alternativa democrática", in P. Gentili e T. T. Silva, *Neoliberalismo, qualidade total e educação*, 4ª ed. Petrópolis: Vozes, 1996.

GENNARI, E. "Qualidade total, as novas máscaras do velho capital", *Debate Sindical*, nº 24. São Paulo: Centro de Estudos Sindicais (CES), ano 10, fev.-mar.-abr., 1997.

GOLLAC, M. e VOLKOFF, S. "Citius, altius, fortius: l'intensification du travail", *Actes de la Recherche en Sciences Sociales*, nº 114. Paris: Seuil, set., 1996.

GORZ, A. "Pourquoi la société salariale a besoin de nouveaux valets", *Le Monde Diplomatique*, 22. Paris, jun., 1990.

GOUNET, T. *Fordismo e toyotismo na civilização do automóvel.* São Paulo: Boitempo, 1999.

GRACIOLLI, E. *Um caldeirão chamado CSN: resistência operária e violência militar na greve em 1988*. Uberlândia: Editora da Universidade Federal de Uberlândia, 1997.

HARVEY, D. *Condição pós-moderna*, 2ª ed. São Paulo: Loyola, 1993.

HIRATA, H. "Rapports sociaux de sexe et division du travail", in J. Bidet e J. Texier, *La crise du travail, actuel Marx confrontation*. Paris: Presses Universitaires de France, 1995.

_____. "Da polarização das qualificações ao modelo da competência", in Ferretti et al. (orgs.), *Novas tecnologias, trabalho e educação*, 5ª ed. Petrópolis: Vozes, 1999.

HOBSBAWM, E. *A era dos extremos: o breve século XX (1914-1991)*, 2ª ed. São Paulo: Companhia das Letras, 1997.

HUEZ, D. "La précarisation de la santé au travail", in B. Appay e A. Thébaud-Mony, *Précarisation sociale, travail et santé.* Paris: Institut de Recherche sur les Sociétés Contemporaines (IRESCO), 1997.

IADES — Instituto de Análise sobre o Desenvolvimento Econômico-Social. Perfil da categoria: bancários de São Paulo. São Paulo, 1992, mimeo.

IANNI, O. *A sociedade global.* Rio de Janeiro: Civilização Brasileira, 1992.

______. *Teorias da globalização*, 4ª ed. Rio de Janeiro: Civilização Brasileira, 1997.

IZUMI, P. O bancário frente a exigência de um novo perfil de qualificação. Dissertação de mestrado, Programa de Pós-Graduação em Administração, Pontifícia Universidade Católica. São Paulo, 1996.

JINKINGS, N. *O mister de fazer dinheiro: automatização e subjetividade no trabalho bancário.* São Paulo: Boitempo, 1995.

______. "Trabalho dos bancários no mundo da eletrônica e do dinheiro", *Revista Praxis*, nº 11. Belo Horizonte: Projeto Joaquim de Oliveira, ano V, jul.-out., 1998.

______. "Trabalhadores bancários: entre o fetichismo do dinheiro e o culto da excelência", in B. Aued (org.), *Educação para o (des)emprego*. Petrópolis: Vozes, 1999.

______. "Brazilian bank tellers: between the fetishism of money and the cult of excellence", *Latin American Perspectives*, ed. 115, vol. 27, nº 6. Riverside, nov., 2000.

JUNCKES, I. O microcorporativismo no movimento sindical brasileiro: a trajetória dos trabalhadores do Besc. Dissertação de mestrado, Programa de Pós-Graduação em

Sociologia Política, Universidade Federal de Santa Catarina. Florianópolis, 1997.

KAREPOVS, D. *A história dos bancários: lutas e conquistas, 1923-1993*. São Paulo: Sindicato dos Bancários de São Paulo, 1994.

LARANGEIRA, S. Automação no setor bancário: emprego e organização do trabalho. Porto Alegre, ANPOCS, 1990, mimeo.

_____. As novas tecnologias e a ação sindical no setor bancário: as experiências britânica e brasileira. Caxambu, ANPOCS — ST05: Perspectivas do sindicalismo nos anos 90, 1993, mimeo.

LEÃO, G. M. Trabalho, educação e subjetividade: a vivência da modernização em uma agência bancária. Dissertação de mestrado, Faculdade de Educação, Universidade Federal de Minas Gerais. Belo Horizonte, 1996.

LEITE, J. Tecnologia e organizações: um estudo sobre os efeitos da introdução de novas tecnologias no setor bancário brasileiro. Dissertação de mestrado, Faculdade de Economia, Administração e Contabilidade, USP. São Paulo, 1996.

LOJKINE, J. *A classe operária em mutações*. Belo Horizonte: Oficina de Livros, 1990.

_____. *A revolução informacional*. São Paulo: Cortez, 1995.

MANDEL, E. "Marx, la crise actuelle et l'avenir du travail humain", *Quatrième Internationale*, nº 20. Paris, maio, 1986.

MARX, K. *Capítulo VI inédito de* O capital. São Paulo: Moraes, s.d.

_____. *O capital — Crítica da economia política*, livro III, vol. 5, 4ª ed. São Paulo: DIFEL, 1985.

_____. *Manuscritos econômico-filosóficos*. Lisboa: Edições 70, 1989a.

_____. *O capital — Crítica da economia política*, livro I, vol. 1, 13ª ed. Rio de Janeiro: Bertrand Brasil, 1989b.

_____. *O capital — Crítica da economia política*, livro I, vol. 2, 12ª ed. Rio de Janeiro: Bertrand Brasil, 1989c.

_____. *A miséria da filosofia*, 2ª ed. São Paulo: Global, 1989d.

MATTOSO, J. "Produção e emprego: renascer das cinzas", in I. Lesbaupin (org.), *O desmonte da nação: balanço do governo FHC*. Petrópolis: Vozes, 1999.

MCILROY, J. "O inverno do sindicalismo", in R. Antunes (org.), *Neoliberalismo, trabalho e sindicatos — Reestruturação produtiva no Brasil e na Inglaterra*. São Paulo: Boitempo, 1997.

MÉSZÁROS, I. *Produção destrutiva e Estado capitalista*. São Paulo: Ensaio, 1989.

_____. *Beyond capital*. Londres: Merlin Press, 1995.

MICK, J. *Sessenta: uma história, 1935-1995*. Florianópolis: Sindicato dos Bancários de Florianópolis e Região, 1995.

Minella, A. *Banqueiros, organização e poder no Brasil*. Rio de Janeiro: Espaço e Tempo, Anpocs, 1988.

_____. Empresariado financeiro e (neo)liberalismo no Brasil. Florianópolis, Departamento de Ciências Sociais–Ufsc, 1992, mimeo.

_____. "Elites financeiras, sistema financeiro e governo FHC", in W. Rampinelli e N. Ouriques (orgs.), *No fio da navalha — Crítica das reformas neoliberais de FHC*, 2ª ed. São Paulo: Xamã, 1998.

Neves, E. *Bancos, bancários e movimento sindical*. São Paulo: Anita Garibaldi, 1998.

Oit — Organização Internacional do Trabalho. *Los bancos multinacionales y sus prácticas sociales y laborales*. Madri: Ministerio de Trabajo y Seguridad Social, 1992, coleção Informes OIT, nº 31.

Oliveira, A. L. *Sindicalismo bancário: origens*. Rio de Janeiro: Sindicato dos Bancários do Rio de Janeiro; São Paulo: Oboré Editorial, 1990.

Oliveira, O. e Ariza, M. "División sexual del trabajo y exclusión social", *Revista Latinoamericana de Estudios del Trabajo*, publicação semestral da Associação Latino-Americana de Sociologia do Trabalho (Alast), nº 5. São Paulo, ano 3, 1997.

Pagès, M. et al. *O poder das organizações*. São Paulo: Atlas, 1993.

Pagotto, M. A. Mito e realidade na automação bancária. Dissertação de mestrado, Instituto de Filosofia e Ciências Humanas, Unicamp. Campinas, 1996.

PAOLI, M. C. (org.). *Os sentidos da democracia: políticas do dissenso e hegemonia global*. Petrópolis: Vozes; Brasília: NEDIC; São Paulo: FAPESP, 1999.

PEREIRA, M. V. Bancários do Banco do Brasil: o signo de uma identidade profissional em transformação. Dissertação de mestrado em psicologia social, Pontifícia Universidade Católica. São Paulo, 1996.

PIGNON, D. e QUERZOLA, J. "Ditadura e democracia na produção", in A. Gorz, *Crítica da divisão do trabalho*, 2ª ed. São Paulo: Martins Fontes, 1989.

PLIHON, D. "Desequilíbrios mundiais e instabilidade financeira: a responsabilidade das políticas liberais. Um ponto de vista keynesiano", in F. Chesnais, *A mundialização financeira: gênese, custos e riscos*. São Paulo: Xamã, 1999.

POCHMANN, M. "Em defesa da redução da jornada de trabalho", *Debate Sindical*, nº 33. São Paulo: Centro de Estudos Sindicais (CES), ano 14, mar.-abr.-maio, 2000.

POSSAN, M. *A malha entrecruzada das ações*. Campinas: Centro de Memória da UNICAMP, 1997.

PRATES, D. Abertura financeira e vulnerabilidade externa: a economia brasileira na década de 90. Dissertação de mestrado, Instituto de Economia, UNICAMP. Campinas, 1997.

RANIERI, J. Alienação e estranhamento em Marx: dos *Manuscritos econômico-filosóficos* de 1844 à ideologia alemã. Tese de doutorado, Programa de Doutorado em Ciências Sociais, Instituto de Filosofia e Ciências Humanas, UNICAMP. Campinas, 2000.

RODRIGUES, A. O emprego bancário no Brasil e a dinâmica setorial (1990 a 1997). Dissertação de mestrado, PUC. São Paulo, 1999.

RODRIGUES, I. *Sindicalismo e política — A trajetória da CUT*. São Paulo: Scritta, 1997.

_____. (org.). *O novo sindicalismo vinte anos depois*. Petrópolis: Vozes; São Paulo: EDUC, UNITRABALHO, 1999.

RODRIGUES, L. M. e RODRIGUES, I. A greve dos nove dias — Um estudo das greves dos bancários de março de 1987. São Paulo, 1989, mimeo.

ROMANELLI, G. O provisório: trabalho e aspirações de bancários de São Paulo. Dissertação de Mestrado, Departamento de Ciências Sociais da Faculdade de Filosofia, Letras e Ciências Humanas, Universidade de São Paulo. São Paulo, 1978.

SADER, E. *Século XX, uma biografia não autorizada: o século do imperialismo*. São Paulo: Fundação Perseu Abramo, 2000.

SALAMA, P. *Pobreza e exploração do trabalho na América Latina*. São Paulo: Boitempo, 1999.

SEADE e DIEESE. "Pesquisa de emprego e desemprego", *Estudo Especial*, SPG-Convênio, suplemento do boletim da PED, nº 114. São Paulo, 1994.

SEGNINI, L. *A liturgia do poder: trabalho e disciplina*. São Paulo: EDUC, 1988.

_____. Racionalização do trabalho no setor de serviços: uma contribuição ao debate teórico. Faculdade de Educação–UNICAMP, 1996, mimeo.

SEGNINI, L. *Mulheres no trabalho bancário: difusão tecnológica, qualificação e relações de gênero*. São Paulo: FAPESP, EDUSP, 1998a.

_____. (org.). Reestruturação nos bancos no Brasil: desemprego, subcontratação e intensificação do trabalho. Relatório final, Programa de Pesquisa em Ciência e Tecnologia, Qualificação e Produção, Departamento de Ciências Sociais Aplicadas à Educação, Faculdade de Educação, Centro de Estudos de Educação e Sociedade, UNICAMP. Campinas, 1998b, mimeo.

SELIGMANN-SILVA, E. *Desgaste mental no trabalho dominado*. Rio de Janeiro: Editora da UFRJ; São Paulo: Cortez, 1994.

_____. et al. Trabalho e saúde mental dos bancários. São Paulo, DIESAT, 1985, mimeo.

SENNETT, R. *A corrosão do caráter: conseqüências pessoais do trabalho no novo capitalismo*, 4ª ed. Rio de Janeiro: Record, 2000.

SERPA, M. A. O movimento sindical dos bancários nos anos 90, frente ao mundo globalizado. Dissertação de mestrado, Programa de Pós-Graduação em Serviço Social, Pontifícia Universidade Católica. São Paulo, 1998.

SILVA, M. A. Bancários e desemprego: flexibilização no trabalho e estratégias sindicais. Dissertação de mestrado, Programa de Pós-Graduação em Sociologia Política, Universidade Federal de Santa Catarina. Florianópolis, 1999.

SILVA FILHO, J. "Subjetividade, sofrimento psíquico e trabalho bancário", in *A saúde no trabalho bancário*. São Paulo: Confederação Nacional dos Bancários/CUT, Instituto Nacional de Saúde no Trabalho/CUT, 1993.

SINDICATO DOS BANCÁRIOS DE PORTO ALEGRE e FEDERAÇÃO DOS BANCÁRIOS DO RIO GRANDE DO SUL. *Censo bancário: avaliação de saúde dos bancários do Rio Grande do Sul*. Porto Alegre: Sindicato dos Bancários de Porto Alegre, 1997.

SINDICATO DOS BANCÁRIOS DE SÃO PAULO. *Paramos São Paulo, sacou? A participação dos bancários paulistas na greve que parou o Brasil em 85*. São Paulo: Grupo de Educação Popular do Instituto de Planejamento Regional e Urbano (GEP-URPLAN) da Pontifícia Universidade Católica de São Paulo, 1986.

_____. Elementos para um balanço da greve geral dos bancários/março 1987. São Paulo, 1987a, mimeo.

_____. Estratégia de ação e negociação. São Paulo, 1987b, mimeo.

_____. Avaliação da greve dos bancários — Abril de 1989. São Paulo, 1989, mimeo.

_____. Avaliação da campanha salarial de 1994. São Paulo, 1994, mimeo.

SINGER, P. "A raiz do desastre social: a política econômica de FHC", in I. Lesbaupin (org.), *O desmonte da nação: balanço do governo FHC*. Petrópolis: Vozes, 1999.

SWARY, I. e TOPF, B. *La desregulación financiera global: la banca comercial en la encrucijada*. México: Fondo de Cultura Económica, 1993.

TAVARES, M. C. *De la sustitucion de importaciones al capitalismo financiero*, 2ª ed. México: Fondo de Cultura Económica, 1980.

______. *Destruição não criadora: memórias de um mandato popular contra a recessão, o desemprego e a globalização subordinada*. Rio de Janeiro: Record, 1999.

TAVARES, M. C. e ASSIS, J. C. *O grande salto para o caos*. Rio de Janeiro: Jorge Zahar, 1986.

TAVARES, M. C. e FIORI, J. L. (orgs.). *Poder e dinheiro: uma economia política da globalização*, 3ª ed. Petrópolis: Vozes, 1997.

TAYLOR, F. W. *Princípios de administração científica*, 7ª ed. São Paulo: Atlas, 1970.

TEIXEIRA, F. "Modernidade e crise: reestruturação capitalista ou fim do capitalismo?", in F. Teixeira e M. Oliveira (orgs.), *Neoliberalismo e reestruturação produtiva: as novas determinações do mundo do trabalho*. São Paulo: Cortez; Fortaleza: Universidade Estadual do Ceará, 1996.

TICKELL, A. "Restructuring the British financial sector into the twenty-first century", *Capital & Class*, nº 62. Londres, 1997.

TOSI, A. et al. *Bancários: 60 anos de história (1934-1994)*. Vitória: Sindicato dos Bancários do Espírito Santo, 1995.

TRAGTENBERG, M. *Administração, poder e ideologia*. São Paulo: Cortez, 1989.

VENCO, S. *Telemarketing* nos bancos: o emprego que desemprega. Dissertação de mestrado, Departamento de Ciências Sociais Aplicadas à Educação, Faculdade de Educação, UNICAMP. Campinas, 1999.

VIDOTTO, C. A. Banco do Brasil. Crise de uma empresa estatal do setor financeiro (1964-1992). Dissertação de mestrado, Instituto de Economia, UNICAMP. Campinas, 1995.

VISSER, J. "Syndicalisme et désyndicalisation", *Le Mouvement Social*, nº 162. Paris: Editions Ouvrières, jan.-mar., 1993.

WACQUANT, L. "La généralisation de l'insécurité salariale en Amérique", *Actes de la Recherche en Sciences Sociales*, nº 115. Paris, dez., 1996.

WADDINGTON, J. "Les syndicats au Royaume-Uni depuis 1979: expérience néo-libérale et réformes", *Sociologie du Travail*, xl 2/98. Paris: Dunod, 1998.

?WHO — Pesquisa e Informações de Mercado. *Cenários do Banco do Brasil: avaliação do PDV*. Brasília: Associação Nacional dos Funcionários do Banco do Brasil (ANABB), 1996.

______. *Imagem do Banco do Brasil: sentimentos do corpo funcional*. Brasília: Associação Nacional dos Funcionários do Banco do Brasil (ANABB), 1997.

XAVIER, E. *Um minuto de silêncio: réquiem aos bancários mortos no trabalho*. Porto Alegre: Sindicato dos Bancários de Porto Alegre, 1998.

ZINI JR., A. Uma avaliação do setor financeiro no Brasil: da reforma de 1964/65 à crise dos anos 80. Dissertação de mestrado, Instituto de Filosofia e Ciências Humanas, UNICAMP. Campinas, 1982.

Secretária executiva
Elisabeth Regina Marchetti

Assessor de produção editorial
Vlademir José de Camargo

Supervisora de revisão
Katia de Almeida Rossini

Preparação dos originais
Ana Paula Gomes

Revisão
Daniela Lellis

Supervisora de editoração eletrônica
Silvia Helena P. C. Gonçalves

Editoração eletrônica
Rossana Cristina Barbosa

Designer de capa
Adailton Clayton Santos

Acompanhamento gráfico
Ednilson Tristão

Assessor de informática
Carlos Leonardo Lamari

(PREENCHER EM LETRA DE FÔRMA)

EDITORA DA UNICAMP

FICHA CADASTRAL

DADOS PESSOAIS

Nome..

End. ....Nº..................

Ap. ....Bairro....................................CEP.................

Cidade.................................UF..................Tel. (.....)................

DADOS PROFISSIONAIS: ESCOLA/EMPRESA

Escola/Empresa..

End. ....Nº.................

Bairro...CEP.................

Cidade................................UF..................Tel. (.....)................

Disciplinas..

....

....

....

Professor(a) de: 1º grau ( ) 2º grau ( ) 3º grau ( )

Receba novas informações.

Áreas de interesses:...

....

....

Livro adquirido: Trabalho e resistência na "fonte misteriosa"

Quero receber gratuitamente:

○ Catálogo ○ Informe mensal de lançamentos ○ Lista de preços

Você pode reproduzir esta ficha para seus amigos.

I M P R E S S Ã O

IMPRENSA OFICIAL
SERVIÇO PÚBLICO DE QUALIDADE

Rua da Mooca, 1921 São Paulo SP
Tel.: (11) 6099-9457/6099-9529
CNPJ 48.066.047/0001-84
http://www.imprensaoficial.com.br